믿음의 간증을 남긴 사람들

장 경 동 목사 저

믿음의 간증을 남긴 사람들 2

장 경 동 목사 저

믿음의 간증을 남긴 사람들 2

· 초판 1쇄 발행 2003년 5월 30일
· 초판 5쇄 발행 2004년 5월 28일

· 지은이 장경동
· 펴낸이 정종현
· 펴낸곳 도서출판 누가

· 등록번호 제 20-342호
· 등록일자 2000. 8. 30.
· 서울시 동작구 노량진 2동 311-29(2층)
· Tel (02)826-8802, Fax (02)825-0079

· 정가 11,000원
· ISBN 89-89344-33-6 03230

· 미주지역 총판
  JOY 기독백화점
  3170 W. Olympic Bl., #E, L.A., CA 90006
  Tel:(323)766-8793
  Fax:(323)766-8796

제가 이 책에서 추적하고 싶은 것은 '믿음의 간증을 남긴 사람들' 입니다.

"호랑이는 죽어서 가죽을 남기고 사람은 죽어서 이름을 남긴다"라는 속담
이 있습니다. 그러나 저는 이렇게 말하고 싶습니다. "사람은 죽어 이름을 남기
는 것이 아니라 간증을 남긴다." 사람이 이 세상에서 살면서 남길 수 있는 유
일한 흔적은 간증입니다.

우리는 구약성경을 Old Testament, 신약성경을 New Testament라고 하
는데, 이는 오랜 약속과 새로운 약속이라는 뜻이지만, 동시에 옛사람들의 간
증, 새사람들의 간증이라는 뜻이 있습니다. 다시 말하면, 성경은 하나님을 신
앙하는 사람들이 하나님을 증언하고 간증을 하는 말씀입니다. 그러므로 우리
가 성경을 읽는다고 하는 것은 그 신앙의 위인들의 간증에 참여하고 그 간증
이 우리 자신의 간증이 되기를 바라는 것입니다.

성경은 믿음의 사람들이 남긴 믿음의 생애가 만들어낸 간증들입니다. 그런
데 한번 생각을 해보고 싶습니다. 그들이 비록 신앙의 위인들이긴 하지만, 그
들이 살아가는 그 당시에 그 사람들은 자신의 생애가 빚어내는 간증들이 이렇
게 기록으로 구체적으로 남아 있으리라고 생각을 하면서 살았을까요? 아브라
함이 "내가 죽으면 역사는 나의 기록을 남길 것이고, 수천 년을 내려가면서 나
의 인생의 기록을 잊지 않고 기억할 것"이라고…. 그렇게 생각하고 살았다면
아브라함은 부인 사라를 누이라고 속이는 거짓말은 하지 않았을 것입니다. 다
윗 또한 밧세바와의 실수를 범하지 않았을 것입니다. 더구나 사울 왕, 아간,

가룟 유다는 더더욱 그런 삶을 살지 않았을 것입니다.

그렇다면 오늘 여러분은 어떤 생각으로 세상을 살아가고 있습니까? 성경의 기록이 끝났으니 성경에 기록될 일은 없고, 나 같은 사람의 삶을 누가 기록하여 기억하겠는가라고 생각할지 모릅니다. 하지만 하늘나라에는 지금도 우리 평생의 삶을, 언어를, 생각까지 모두 다 기록하고 있다는 사실을 잊지 말아야 할 것입니다.

사실 우리는 인생을 어떻게 살 것인가, 인생을 어떻게 살아야 잘 사는 것인가에 대해서 연구하거나 노력할 필요가 없습니다. 우리는 단지 우리보다 앞서서 생애를 살아간 믿음의 사람의 좋은 발자취를 따라서 살면 됩니다.

그래서 저는 그들의 자취를 찾아서 추적해 보았고, 이는 단지 연구에 그치는 것이 아니라 우리가 항해해 나아가야 할 좌표로서 우리 인생의 지침이 된다고 믿습니다. 우리는 새로운 길을 가는 것이 아니라, 신앙의 위인들이 남겨 놓은 간증을 보고 따라가는 것입니다.

그래서 저는 여기에 나름대로 그 믿음의 간증을 남긴 사람들의 이야기를 엮어 보았습니다. 아무쪼록 독자 여러분에게 큰 도움이 되기를 바랍니다.

대전 갈마동산에서
장 경 동 목사

I 욥

II 에서

X 다윗

I

I

욥

우스 땅에 욥이라 이름하는 사람이 있었는데 그 사람은 순전하고 정직하여 하나
님을 경외하며 악에서 떠난 자더라 〈욥기 1장 1절〉

이름의 뜻 회개한 자, 적을 가진 자, 울부짖는 자, 박해받는 자
가족관계 아내-이름을 알 수 없음, 자녀-아들 일곱과 딸 셋이 있었
　　　　　 으나 대풍에 모두 죽고 다시 아들 일곱과 딸 셋 이상 을 낳음

사람들은 저마다 다른 특징과 삶의 스타일을 가지고 살아갑니다. 수많은 사람들이 수많은 삶의 양태로 살아가지만 어느 누구도 완벽하지 못하다는 것은 공통적입니다. 이 사람은 이것이 좋은데 저것은 좀 좋지 않고, 다른 사람은 저것은 좋지만 반면 이것은 좀 좋지 않습니다. 우리도 마찬가지입니다. 다 좋은 사람이 어디 있습니까? 물론 속까지 완벽한 사람은 없지만 겉보기에라도 아무런 흠이 없는 사람을 보면 또 주변 사람들은 그를 일컬어 "그 사람은 흠이 없는 것이 흠이야!"라고 합니다.

성경 속의 인물들도 마찬가지입니다. 그들 역시 완벽하지는 못합니다. 단지 우리가 성경의 인물들을 중심으로 공부하고 연구하는 목적은 그들의 장점은 우리 실정에 맞게 장점으로 받아들이고 단점은 또 그렇게 하지 말아야겠다고 깨닫자는 겁니다. 그래서 보다 하나님의 뜻에 합당한 인간으로 스스로를 갖추어가자는 것이 그 의도요 바람입니다.

욥은 오늘을 사는 현대인들에게 많은 도전이 되는 인물입니다. 우리는 욥을 통해서 배워야 할 굉장히 중요한 삶이 있습니다. 왜 그렇습니까? 현대인들은 참으로 많은 고난을 겪으면서 살기 때문입니다. 그런데 성경에서 '고난'의 대명사가 바로 욥입니다. 엄청난 고난을 딛고 일어선 욥. 게다가 욥이 당한 고난은 그의 잘못으로 인한 징계가 아니라 의롭게 살고자 노력했지만 당하는 고난이라는 데 그 의미가 큽니다. 물론 고난은 우리를 힘들게 합니다. 하지만 스스로 수긍할 수 있는 잘못으로 인한 고난이라면 조금 낫습니다. '아, 내가 죄가 많아서 그런가보다…' 이렇게 생각합니다.

그런데 우리를 더욱 힘들게 하는 것은 본인은 나름대로 최선을 다해서 하나님 뜻대로 살고자 노력하는데도 오는 고난입니다. 이때 많은 사람들은 그 고난을 이기지 못합니다. 그들은 하나님께 반문합니다. "나는 하나님 뜻대로 살고자 최선을 다해 노력했는데 왜 내게 이렇게 감당하기 힘든 고난을 주십니까?" 하나님 뜻대로 살고자 노력하면서도 고난을 당하는 사람의 대표적인 모델이 바로 욥입니다. 그렇습니다. 하나님 뜻대로 살지라도 얼마든지 고난에 처할 수 있습니다.

어떤 분이 제게 이런 푸념을 합니다. "목사님, 저는 담배도 피우지 않고 술도 마시지 않습니다. 그런데 왜 제 몸이 이렇게 약한지 모르겠습니다." 담배 피우지 않더라도, 술 마시지 않더라도 몸이 약할 수 있습니다. 어떤 사람들은 매일 운동하면서 몸을 관리합니다. 그런데도 건강하지 못합니다. 물론 일반적으로 운동하면서 체력을 키우는 사람들이 운동하지 않는 사람에 비해서 건강한 것은 사실입니다. 하지만 운동하는 사람이라고 해서 모두 건강하지는 않습니다. 인생에는 늘 예외성이라는 것이 있습니다. 이런 예외적인 일 가운데 하나가 바로 의롭게 살면서 당하는 고난입니다.

그리고 대표적인 모델이 바로 욥입니다. 지금부터 욥의 삶을 통해 우리가 배울 것이 뭔가 함께 살펴보고자 합니다.

악에서 떠난 사람

욥을 일컬어 성경은 뭐라 말합니까?

> 순전하고 정직하여 하나님을 경외하며 악에서 떠난 자 (욥 1:1)

성경은 욥의 삶에 대해 악에서 떠났다고 합니다. 많은 사람들이 자신의 약함은 돌아보지 않고 세상 탓만 하면서 세상을 이기지 못합니다. 아주 쉽게 "세상이 그래", "세상이 그러니까"라고 합니다.

그렇다면 세상이 그런다고 해서 우리까지 그래서야 됩니까? 아무리 그럴지라도 우리는 그러지 말아야 합니다. 살아있다는 것이 무엇입니까? 아무리 작은 송사리 피라미 같은 물고기일지라도 살아만 있다면 물살을 거슬러 올라갑니다. 아무리 거센 물살이라도 거슬러 올라갈 수 있는 힘이 있습니다. 하지만 집채만한 고래라도, 상어라도 죽었다면 물살의 흐름대로 그렇게 떠내려가고 맙니다. 저는 그 센 폭포의 물줄기를 작은 물고기가 치고 올라가는 것을 보면서 얼마나 놀랐는지 모릅니다. 제가 보기에는 거의 90도로 치고 올라갑니다. 어떻게 그럴 수가 있을까요? 이유는 하나, 살아있기 때문입니다.

그렇다면 여러분은 살아있습니까, 죽었습니까? 여러분이 세상의 흐름에 아무런 저항 없이 떠내려가는가 아니면 세상을 거슬러 올라가는가에 따라 좌우됩니다. 대통령, 국회의원, 장관, 별자리일지라도 죽은 사람은 떠내려가기 마련입니다. 하지만 외형적으로 보기에는 정말 초라하고 별 볼일 없다 할지라도 살아있는 사람이라면 그는 세상을 거슬러 치고 올라갑니다.

우리나라의 크리스천이 1200만이라고 합니다. 제가 하고 싶은 말씀은 크리스천만이라도 세상에 떠내려가지 말고 세상을 거슬러 가자는 것입니다. 1200만 명이 모두 거슬러 간다면 그것은 새로운 물줄기가 될 것입니다. 한두 명이 거슬러 올라가는 것은 세상을 향해 별 힘이 되지 않을지도 모릅니다. 하지만 1200만 명이 힘을 모아 거슬러 간다면 그것은 하나의 새로운 거대한 물줄기가 됩니다.

이를테면 이런 것을 들 수 있습니다. 제가 섬기는 교회는 해마다 추석연휴 때 부흥집회를 엽니다. 추석연휴에 부흥회를 한다고 해서 괴로워하고 힘들어하는 성도님들도 계십니다. 물론 그럴 수도 있다고 생각합니다. 하지만 그 속에 굉장한 의미도 담겨 있습니다.

우리나라의 자동차 수가 이미 천만대가 넘었습니다. 하지만 국토는 이천만대를 자유롭게 수용할 만큼 넓지 못합니다. 특히 명절 때마다 엄청난 차들이 고속도로로 쏟아져 나와 고속도로는 거의 주차장이 됩니다. 이만저만 교통난이 아닙니다. 그런데 만일 그때 1200만 크리스천이 움직이지 않는다고 상상해보십시오. 도로는 훨씬 한가해질 겁니다. 믿지 않은 사람들이 이렇게 말할 것입니다. "왜 이번 명절은 도로가 한가하지?" "예수 믿는 사람들이 길이 복잡할 것 같아 믿지 않는 우리를 위해서 차를 가지고 나오지 않았대. 그 사람들은 지금 부흥회하고 있어"라고 한다면 얼마나 고마워하겠습니까? 좀 논리가 비약적입니까? 제가 말씀드리고자 하는 것은 모쪼록 우리만이라도 세상 가는 대로 쓸려 다니지 말고 좀 거슬러 올라가자는 겁니다.

군입대를 예로 들어봅시다. 아들을 둔 부모치고 자식이 군대에 가서 고생하는 것을 누가 좋아하겠습니까? 이렇게 세상의 흐름은 다 군대를 보내지 않으려고 합니다. 이때 크리스천 된 우리들은 기꺼운 마음으로 군대에 보냅시다. 군대 중에서도 해병대는 힘들어서 더더욱 기피하지 않습니까? 그때 믿는 청년들이 지원하십시오.

직장도 마찬가지입니다. 남들 다 노는 공휴일에 근무하고 싶은 사람이 어디 있겠습니까? 하지만 믿는 우리들은 자청해서 근무합시다. 이런 삶이 바로 빛과 소금의 삶입니다. 저는 이렇게 여러분들이 세상을 거슬러 가는 인생이 되길 바랍니다.

욥의 시대도 보면 너무나 악했습니다. 하지만 욥만은 악한 시대에서 떠났습니다. 노아를 기억하십니까? 노아의 시대에 세상이 얼마나 죄가 관영했으면 하나님께서 물로 모조리 심판하셨겠습니까? 이렇게 극한 악에 달하는 시대였지만 노아는 의인이었습니다. 이처럼 믿음의 사람들은 시대와 환경을 초월해서 삽니다. 우리가 욥의 삶을 통해 제일 먼저 배우려는 것은 바로 '악에서 떠난 삶'입니다.

> 복 있는 사람은 악인의 꾀를 좇지 아니하며 죄인의 길에 서지 아니하며 오만한 자의 자리에 앉지 아니하고 (시 1:1)

복 있는 사람은 악인의 꾀를 좇지 않고 죄인의 길에 서지 않는다고 합니다. 이 말이 무슨 뜻입니까? 복 있는 사람은 악에서 떠난다 이 뜻입니다. 지금 여러분의 삶의 자리가 철저하게 악이라고 생각되십니까? 그렇다면 떠나십시오. 그 악의 자리에 천만금이 있을지라도 떠날 수 있어야 합니다. 욥은 바로 이런 삶을 살았습니다.

하나님의 복을 받은 사람

욥은 하나님의 복을 받았습니다. 복에 대한 개념이 구약적인 것과 신약적인 것에는 차이가 있습니다. 다시 말해서 보는 관점에 따라 조금 달라집니다. 구약에서 말하는 복의 개념은 물질적인 복입니다. 그 대표적인 말씀이 신명기 28장 1절부터 14절에 기록되어 있습니다. 정말 복이 넘칩니다. 그런데 여기에서 말씀하시는 복은 다 눈에 보이는 복입니다.

이런 물질적인 복이 신약으로 넘어가면서 영적인 복으로 바뀝니다. 마태복음 5장을 보겠습니다.

> 심령이 가난한 자는 복이 있나니 천국이 저희 것임이요 애통하는 자는 복이 있나니 저희가 위로를 받을 것임이요 온유한 자는 복이 있나니 저희가 땅을 기업으로 받을 것임이요 의에 주리고 목마른 자는 복이 있나니 저희가 배부를 것임이요 긍휼히 여기는 자는 복이 있나니 저희가 긍휼히 여김을 받을 것임이요 마음이 청결한 자는 복이 있나니 저희가 하나님을 볼 것임이요 화평케 하는 자는 복이 있나니 저희가 하나님의 아들이라 일컬음을 받을 것임이요 의를 위하여 핍박을 받은 자는 복이 있나니 천국이 저희 것임이라 (3-10절)

다시 말해서 마음의 복, 영적인 복으로 바뀌어갑니다.

이렇게 말씀드린다고 해서 구약에는 영적인 복이 없고 신약에는 물질적인 복이 없다고 이해하면 틀립니다. 무엇이든 한쪽으로 치우치는 것은 바람직하지 않습니다. 다시 말해서 극우나 극좌로 치우치지 말고 항상 병행하는 삶, 균형 잡힌 삶, 그런 시선을 갖는 것이 옳습니다. 기도를 예로 들어봅시다. 분명히 기도는 좋은 것입니다. 그런데 주부가 집에도 들어가지 않고, 밥도 하지 않고 계속 기도만 한다면 옳습니까? 이렇게 기도만 하는 주부에게 하나님께서는 "빨리 집에 가서 밥 해먹어라"라고 응답하실 겁니다. 기도는 누가 뭐라고 해도 분명 좋은 것이지만 때와 경우를 맞추어 해야 합니다.

구제도 분명 좋은 것입니다. 크리스천이라면 마땅히 남을 도우면서 살아야 합니다. 하지만 이것 역시 도가 지나쳐서 집안 살림을 다 퍼낸다면 문제가 됩니다. 다시 말해서 아무리 좋은 것일지라도 치우치면 좋지 않습니다. 때문에 하나님께서는 성령의 열매를 가르치시면서 맨 마지막에 콱 박아놓으신 은사가 바로 절제의 은사입니다. 아무리 좋은 것도 절제가 필요합니다. 그런데 마귀가 하는 일에는 절제가 없습니다. 여러분이 살면서 어떤 일을 만날 때 절제가 된다면 하나님이 역사하시는 줄로 믿으십시오. 하지만 도무지 절제가 되지 않는다면 문제가 있습니다.

은사도 절제가 필요합니다. 은사를 받았지만 절제가 되지 않는다면 이것 역시 문제가 됩니다. 하나님은 질서의 하나님이시며 절제의 하나님이십니다. 다시 강조하지만 아무리 좋은 것일지라도 절제가 되지 않는다면 바람직하지 않습니다. 항상 좌로나 우로나 치우치지 않도록 노력하십시오. 정 중앙을 잘 지키고 병행하는 삶, 균형 잡힌 삶을 살도록 하십시오. 어떤 삶이 성숙한 삶입니까? 균형 잡고 사는 것이 성숙한 삶입니다. 저는 여러분들이 균형된 삶을 살면서 영적으로도 복을 받고 육신적으로도 복을 받으시길 기원합니다.

저는 목회하는 동안 참 많은 사람들을 만납니다. 그런데 어떤 사람들은 영적으로는 신실한데 삶이 너무도 곤고합니다. 보고 있자니 얼마나 딱한지 모르겠습니다. 또 어떤 사람들은 육신적으로는 엄청난 복을 받았는데 영적인 삶이 그렇게 안타까울 수가 없습니다. 전자도 문제이지만 후자 역시 문제가 됩니다.

1. 균형 잡힌 자손의 복

욥을 보면 영적인 복도 받고 육적인 복도 균형 잡히게 받았습니다. 욥이 받은 균형 잡힌 복 중에서 가장 먼저 들 수 있는 것은 자손의 복입니다.

그 소생은 남자가 일곱이요 여자가 셋이며 (욥 1:2)

여러분들은 균형있게 자손을 낳는 복을 받기 원합니다. 저는 결혼 주례를 설 때 다른 사람들은 하지 않는 기도를 하나 더 합니다. 지금까지 그런 기도를 하는 주례자를 본 적이 없습니다. "하나님, 오늘 한 가정을 이루는 이 부부, 첫 번째는 꼭 딸을 낳게 하시고 두 번째는 꼭 아들을 낳게 하소서. 아들이 없는 아쉬움 없게 하시고 딸이 없는 서러움 없게 하시어 꼭 균형있게 자식을 주시옵소서." 제가 자식을 낳아서 키워보고 또 성도님들의 가정을 보니까 균형 잡힌 자식을 낳는 것보다 감사한 것은 없습니다. 때문에 이런 기도를 합니다.

가정에는 아들도 있어야 하고 딸도 있어야 합니다. 그런데 아들과 딸 둘이 다 있을지라도 기왕이면 큰 아이가 딸이고 작은 녀석으로 아들을 낳는 것이 더 좋습니다. 큰 아이가 아들인 경우는 불편한 점이 있습니다. 그런데 누나가 있고 밑에 남동생이 있으면 두루 온 가족이 참 편안합니다.

딸 자매만 둔 가정을 보면 어딘지 모르게 서운합니다. 부모들은 뭐 괜찮다고 하지만 이미 '괜찮다'는 것은 괜찮지 않다는 의미를 담고 있습니다. 딸만 둔 어머니에게 "아이들이 몇입니까?"라고 물으면 "딸만 둘입니다"라고 대답합니다. 그런데 그 말 속에 "딸만"이라고 하는 것부터가 이미 좀 서운한 마음이 담겨있습니다. 서운함이 없다면 "딸이 둘이에요"라고 해야 할 것인데 "딸만 둘이에요"라고 대답한다면 본인도 모르는 사이에 맹장 옆에서 서운함이 숨어있다는 표시입니다.

하지만 큰 아이가 딸, 작은아이가 아들인 가정을 보면 참 완벽해보입니다. 무엇보다 딸이 엄마의 친구가 되어주고 때로는 또 집안일에 있어 엄마의 조력자도 되어줍니다. 또 딸은 가정의 웃음꽃이 됩니다. 다 그런 것은 아니지만 아들 형제만 있는 집을 보면 분위기가 좀 썰렁합니다. 하나님이 주시는 대로 낳는 것이니 아들 둘도 괜찮고 딸 둘도 괜찮지만 그래도 그보다는 위에는 딸, 아래는 아들을 두는 것이 두루 좋더라 이 말입니다. 그래서 저는 주례할 때 잊지 않고 이렇게 기도합니다. 물론 우리가 선택할 수 있는 부분은 아닐지라도 그렇게 기도합니다.

그런데 욥의 가정을 보니 자녀부터 균형이 딱 잡혀있습니다. 아들 일곱에 딸 셋. 지금은 좀 많다 싶을지도 모르지만 그 당시로는 정말 이상적인 자녀 구성입니다. 하나님은 그런 세세한 부분까지도 신경을 써주십니다.

2. 소유물의 복

욥은 소유물의 복을 받습니다.

> 그 소유물은 양이 칠천이요 약대가 삼천이요 소가 오백 거리요 암나귀가 오백이며 종도 많이 있었으니 이 사람은 동방 사람 중에 가장 큰 자라 (욥 1:3)

욥의 가정은 물론 재력으로 봐도 완벽한 복을 받습니다. 어떤 가정을 보면 자녀의 복은 받아서 아이들을 많이 낳았는데 집안이 너무도 가난합니다. 심지어 아이들 학비조차 대지 못합니다. 그렇다면 하나님께서 아들 딸 바람직하게 자녀를 주셔도 살아가기 참 힘이 듭니다. 그런데 욥은 얼마나 많은 재물을 받았는지 자식 키우는 데 드는 돈은 걱정할 필요도 없습니다.

제가 보니까 복이 있는 사람은 짐승을 길러도 잘됩니다. 하다못해 개를 길러도 잘됩니다. 제가 아는 어떤 분은 집에서 개를 길렀는데 그 개가 잘 자라서 새끼를 8마리나 낳았답니다. 워낙에 비싼 개였던지라 비싼 값에 그 새끼들을 팔아서 자녀의 학비를 냈다는 말을 들었습니다. 복이 있는 집이라 이렇게 되는 겁니다. 복 있는 집은 짐승까지도 도와줍니다.

그런데 그 반대의 집은 동물들도 잘되지 않습니다. 다른 사람이 개를 팔아서 자손들 학비 냈다는 소문을 듣고는 일부러 비싼 개를 사서 길렀던 집이 있습니다. 얼마나 지극 정성으로 키웠는지 자기는 집에서 파마하면서도 개털 손질은 전문점에 가서 5만원이나 들여 했답니다.

비싼 개를 사서 이렇게 지극 정성으로 기르는데 어찌 된 일인지 그 개가 대소변도 제대로 가리지 못합니다. 여기 저기 똥을 싸고 돌아다녀 온 집안이 개똥냄새로 진동합니다. 게다가 개털로 카펫은 수북합니다. 하루는 도둑이 들었는데 개가 도둑을 무서워하고 벌벌 떱니다. 그러다가도 주인만 오면 짖습니다. 이 사고뭉치가 급기야는 앞집 아이를 물었는데 그 아이가 광견병 걸려 약값만 80만원 물어주었답니다.

3. 우애 좋은 자녀를 둔 복

욥이 받은 복은 여기에서 그치지 않습니다. 욥의 자녀들을 보니까 형제 간에 우애가 참 좋습니다. 열 자녀가 재산 싸움을 일으킨다면 좀 문제가 됩니까? 사실 재산 많은 가정에서 형제들이 우애가 있기란 쉬운 일이 아닙니다.

　저는 여러분들의 가정이 화목하기를 바랍니다. 가정이 화목해지려면 누군가 기쁨조 역할을 해야 합니다. 어디를 가든 다른 사람을 기쁘게 하는 여러분들이 되시길 바랍니다. 저는 다른 것은 몰라도 남을 즐겁게 해주는 은사는 있습니다. 전국 방방곡곡, 세계 어디를 가려라도 다른 사람들에게 웃음을 줍니다. 신기한 것은 싸우는 곳일지라도 제가 가면 대체로 화해가 됩니다. 제가 아는 한 대체로 그렇습니다. 감정이 격해 싸우고 있는 사람들도 제가 웃게 만들어 결국은 그 싸움을 끝냅니다.

　믿는 우리들은 너나 할 것 없이 그런 역할을 감당해야 합니다. 뼈와 뼈가 그냥 부딪히면 어떻게 되겠습니까? 아파서 당해낼 재간이 없습니다. 그런데 그 중간에 뭐가 있습니까? 물렁뼈가 있습니다. 그 물렁뼈가 위에 있는 뼈와 아래에 있는 뼈를 연결하는 중간역할을 해줍니다. 저는 여러분들이 가정 안에서, 교회 안에서, 사회 안에서 이런 물렁뼈의 역할을 하시길 바랍니다.

　시댁과의 관계에서도 마찬가지입니다. 시어머니에게는 "세상에 따님들이 얼마나 어머님을 존경하는지 몰라요"라고 말씀드리고 시누이들에게는 "세상에 어머님이 얼마나 딸들을 자랑스러워하시는지 몰라요"라고 말씀하십시오. 간혹 시댁에 불화가 인다면 여러분들이 화해시키는 역할을 하십시오. 괜히 "아이고 어머님이 몰라서 그래요. 돌아서기만 하면 어머님 욕해요." 뭐 이런 쓸 데 없는 소리하지 마십시오. 설령 그것이 사실일지라도 좋은 것만 말하십시오.

　실제로 있었던 일입니다. 남편이 멀리 지방근무를 하게 되어 어쩔 수 없이 부부가 떨어져서 지냈다고 합니다. 그런데 보면 대체로 이렇게 떨어져 살 경우 여자들은 정조를 잘 지키는데 남자들은 그렇지 못합니다. 결국 남편이 바람이 났습니다. 저도 남자지만 의식구조 자체가 남자는 혼자 살기가 참 불편합니다. 그런데 남자에 비해 여자들은 아무래도 좀 수월합니다. 그것이 이유인지 아닌지는 모르지만 어찌 되었든 남편이 바람이 났습니다.

하루는 딸이 아버지가 사시는 집에 갔습니다. 그런데 아버지가 다른 여자와 이미 살림을 차리고 있는 겁니다. 이 모습을 본 딸은 어머니가 계시는 집으로 돌아옵니다. 아버지는 이만저만 고민이 되지 않습니다. 딸아이가 아내에게 이야기한다면 정말 큰일이기 때문에 잠도 오지 않습니다. 이런 고민 저런 고민을 하다가 혼자 이혼하기로 마음을 굳힙니다.

아버지의 집에 다녀온 딸에게 어머니가 묻습니다. "너희 아버지 잘 계시던?" 만일 딸이 "아이고 어머님만 불쌍해요. 아버지는 어떤 여자 하나 데려다 놓고 신혼살림처럼 얼마나 잘하고 사는지 몰라요"라고 말했다면 이 가정은 두 번 볼 것도 없이 끝났을 겁니다. 그런데 딸아이는 이렇게 말합니다. "엄마, 아빠 불쌍해서 못 보겠어요. 얼마나 고생을 하시고 사시는지."

사실 고생을 하기는 합니다. 마음고생이라 그렇지. 한 여자도 행복하게 해주기가 얼마나 힘이 드는데 동시에 두 여자를 행복하게 하려니 그 고생이 이만저만이겠습니까? 딸의 말을 들은 엄마는 그 동안 남편에게 무심했던 자신을 반성합니다. "내가 해도 정말 너무했구나." 미안한 마음에 남편에게 전화를 해서 올라오라고 합니다.

이제 남편은 올 것이 왔구나 싶습니다. 딸이 와서 다 보고 갔으니 분명 본대로 말했을 것이고 아내의 성격에 끝내자고 할 것이 뻔하기 때문입니다. '그래, 정리하자' 하는 마음으로 아내에게 갔습니다. 그런데 집에 탁 들어서는 순간 분위기가 이상합니다. 집은 깨끗하게 청소가 되어있고 아내는 여간 친절한 것이 아닙니다. 안마도 해줍니다. 밥을 먹으려고 하는데 반찬이 얼마나 많은지 상다리가 휘어질 지경입니다.

도대체 정신이 하나도 없습니다. 아무리 생각해도 이런 여자가 아닌데 싶어 어안이 다 벙벙합니다. '혹시 이 여자가 어차피 이혼할 것이니 잘 해주고 이혼하자는 속셈은 아닌가' 하는 생각까지 듭니다. 그런데 도통 그런 분위기가 아닙니다. 멍한 마음으로 밥을 먹고 앉아 있는데 아내가 뜻밖의 말을 합니다. "지금까지 제가 너무 당신에게 소홀했어요. 절 용서해주세요."

전후사정을 들어보니 이렇습니다. 자기는 정말 남편이 그렇게 고생하면서 사는지 모르고는 그저 아이들 돌보는 데 급급했다는 겁니다. 지금까지 남편에게 소홀한 것이 너무도 미안하다면서 잘못했다고 합니다. 부인이 이렇게 나오는데 남편이 뭐라고 합니까? 남편은 무슨 소리냐고, 이 놈이 죽일 놈이라고 잘못을 뉘우쳤답니다. 그때를 계기로 이 부부는 연애할 때보다 더 금실이 좋아졌답니다.

우리는 세상에서 이런 역할을 해야 합니다. 예수님은 우리와 하나님의 사이를 그렇게 중매하셨습니다. 지나친 비약일지 모르지만 만일 예수님께서 우리의 잘못을 하나님께 고자질하셨다면 우리들은 이 자리에서 날벼락 맞고 죽어 마땅한 인생 아닙니까? 그렇게 엄청난 죄를 지은 우리들이 어떻게 살 수 있겠습니까? 그런데 하나님이 우리를 보시는 눈앞에 예수님은 사랑의 안경을 쓰도록 하셨습니다. 그래서 우리는 주님을 일컬어 중보자라고 합니다. 크리스천은 마땅히 주님 닮은 삶을 살아야 하는 것 아닙니까?

그러니까 우리 역시 주님처럼 다른 사람들과의 관계에서 중보자가 되어야 합니다.

그런데 여러분은 어떻습니까? 여러분이 들어가기만 하면 평화로운 곳도 싸움이 생깁니까, 아니면 불붙던 싸움도 그칩니까? 크리스천의 사명은 바로 '화목'입니다. 이제부터라도 가정의 산소가 됩시다. 교회의 산소가 됩시다.

4. 손으로 하는 바를 복되게 하신 복

욥의 가정이 하나님의 복을 받은 열쇠가 됩니까?

> 주께서 그와 그 집과 그 모든 소유물을 산울로 두르심이 아니니이까
> 주께서 그 손으로 하는 바를 복되게 하사 그 소유물로 땅에 널리게 하셨
> 음이니이다 (욥 1:10)

분명히 하나님께서 그 손으로 하는 바를 복되게 하셨다고 기록되어 있습니다.

살면서 보면 복손을 가진 사람들이 있습니다. 모쪼록 하나님이 여러분들에게 복을 주시어 여러분의 손이 복손이 되기를 원합니다. 예쁘게 생긴 손은 아닐지라도 '내 손은 복손'이라고 여기십시오. 남들 보기에 예쁘지 않으면 어떻습니까? 복손이면 되는 것입니다.

좀 다른 이야기입니다만, 손은 남 보기에 예쁘라고 있는 것이 아닙니다. 일을 하기 위해서 있는 겁니다. 음식을 만드는 것만 해도 그렇습니다. 기생처럼 손은 기차게 예쁜데 음식 솜씨는 하나도 없는 손이랑 좀 예쁘지 않더라도 음식 솜씨가 좋은 손, 여러분들은 이 둘 가운데 어떤 것이 낫습니

까? 손은 예쁜 것보다는 주어진 바 그 임무를 잘하는 것이 더 중요합니다.

오죽하면 손이 예쁜 여자 치고 솜씨 좋은 여자 없다는 말도 있습니다. 그도 그럴 것이 예쁜 손을 만들기 위해 시간을 쓰느라 정작 그 손이 잘해야 하는 일에는 별 관심이 없습니다. 3시간을 투자해서 매니큐어를 바르는 사람이 어찌 그 손으로 쌀을 박박 씻어 밥을 하겠습니까? 김치만 해도 손으로 버무려 양념이 고루 배이도록 해야 제맛이 나는데 예쁜 손에만 관심이 있는 사람이 어찌 마음 놓고 김치를 담그겠습니까? 손톱 밑에 고춧가루라도 끼고, 그것 빼고 또 손질하는 것이 겁이나 대강 합니다. 그러니 그렇게 한 음식이 맛이 있을 턱이 없습니다. 다 그런 것은 아니겠지만 손이 예쁜 여자는 음식 솜씨가 없다는 것이 어느 정도 일리가 있습니다.

물론 그렇다고 해서 '어차피 내 손은 음식이나 잘 하면 되는 거야'라고 생각하고는 아예 포기하지는 마십시오. 자기를 위해서도 그렇지만 남편을 위해서도 그런 생각은 좋지 않습니다. 제가 봐도 남자들은 조금 웃기는 면이 있습니다. 부인이 집안일을 하느라 고생하는 것은 생각하지 않고 일단 아내의 손이 보드랍기를 바랍니다. 이런 이중적인 사고가 있습니다. 부인의 손이 거칠면 눈물이 나도록 안쓰러워야 정상 아닙니까? "이렇게 고생하다니 마음이 아프다" 뭐 이래야 정상인데 대부분의 남자들은 "손이 이게 뭐냐?"고 합니다. 그러니 핸드 크림 같은 것도 사서 챙겨 바르십시오. 아내가 고생하는 것을 알면서도 뽀얗고 예쁘기를 바라는 것이 또 남자의 마음입니다.

다른 것은 아껴 산다고 해도 화장품만은 질 좋은 것으로 쓰는 것이 좋습니다. 아무리 귀찮아도 피부 관리도 좀 하십시오. 오이 사서 반찬으로만 쓰지 말고 때때로 얼굴에 붙이기도 하십시오. 돈 아낀다고 아무 곳에나 가서 싼 약으로 머리손질을 하지 말고 신경을 쓰십시오. 남자들은 사회생활을 하면서 예쁘게 꾸민 여자들을 많이 봅니다. 그런데 정작 집에 오니까 아내는 푹 퍼져있다면 누가 좋다고 합니까? 이기적이기는 하지만 남자들이 그렇습니다. 그러니까 아내들도 자신을 위해서 투자하고 가꾸십시오.

제가 비밀을 알려드리겠습니다. 물론 가정 경제를 맡은 재정부 장관으로서 살림하고 집안 경제를 일으키는 것도 더없이 중요합니다. 엄마로서 자식을 잘 키우는 것 역시 훌륭합니다. 하지만 그것만큼 못지않게 중요한 것은 '여전히 아름답다' 라는 겁니다. 에어로빅 비디오라도 구입해서 집에서 운동도 하십시오.

또 욥은 하나님이 지켜주시는 복을 받았습니다. "그 모든 소유물을 산울로 두르심이 아니니이까." 하나님께서 여러분을 산울로 둘러주시고 지켜주심을 믿으십니까? 비단 경제적인 것만 해당되는 것은 아닙니다. 건강 역시 하나님께서 지켜주셔야 유지할 수 있습니다. 만일 하나님께서 지켜주시지 않는다면 아무 것도 우리는 자신할 수 없습니다. 욥은 하나님으로부터 소유물을 산울로 둘러 지켜주시는 복을 받았습니다.

하나님의 칭찬을 받은 사람

욥은 하나님으로부터 칭찬을 듣습니다. 저는 다른 것보다 이 부분에 참 욕심이 납니다. 여러분도 하나님께 칭찬받는 성도님들이 되시기를 바랍니다. 하나님이 욥을 향해 하시는 칭찬을 봅시다.

여호와께서 사단에게 이르시되 네가 내 종 욥을 유의하여 보았느냐
그와 같이 순전하고 정직하여 하나님을 경외하며 악에서 떠난 자가 세상

에 없느니라 (욥 1:8)

그런데 이 말씀 바로 앞 구절을 보십시다.

여호와께서 사단에게 이르시되 네가 어디서 왔느냐 사단이 여호와께
대답하여 가로되 땅에 두루 돌아 여기저기 다녀왔나이다 (욥 1:7)

사단의 말 가운데 '여기저기'라는 부분을 유념해서 보십시오. 그 놈이 서울, 대전, 대구, 부산 그렇게 두루 다닌다는 말입니다. 그런데 하나님은 이렇게 두루 다닌 사단에게 뭐라 말씀하십니까? 네가 욥을 봤느냐고, 그와 같이 순전하고 정직하여 하나님을 경외하며 악에서 떠난 자가 세상에 있더냐고 물으십니다.

하나님은 사단에게 욥을 자랑하십니다. 그렇다면 여러분은 하나님이 자랑하실 만한 사람입니까? 1장 8절 말씀에 욥의 이름 대신 자기 이름을 넣어서 한번 읽어보십시오. "네가 내 종 ○○○를(을) 유의하여 보았느냐 그와 같이 순전하고 정직하여 하나님을 경외하며 악에서 떠난 자가 세상에 없느니라." 어떻습니까? 자연스럽습니까, 아니면 도저히 어렵습니까? 저는 이것이 자연스럽기를 바랍니다. 지금까지 그렇게 살지 못했다면 이 순간부터라도 하나님이 자랑할 만한 사람이 되시길 결단하십시오.

인격적인 부부관계를 맺은 사람

욥의 장점 중 하나는 인격적인 부부관계를 맺었다는 겁니다. 부부관계가 인격적이라는 것을 보아 욥의 인격이 짐작되지 않습니까?

그가 이르되 그대의 말이 어리석은 여자 중 하나의 말 같도다 우리가

하나님께 복을 받았은즉 재앙도 받지 아니하겠느뇨 하고 이 모든 일에
욥이 입술로 범죄치 아니하니라 (욥 2:10)

어떤 상황에서 욥이 이렇게 말했습니까? 앞에서 말한 모든 복을 한꺼번에 다 받고 누리고 살다가 한순간에 엄청난 시험을 당합니다. 그 많던 자식이 한꺼번에 죽는가 하면, 그 많던 재산이 한순간에 없어집니다. 게다가 몸은 병들어 폐인이 됩니다.

남편에게 이런 어려움이 생겼다면 마땅히 아내들은 "여보 힘내세요. 하나님께서 당신을 분명히 복 주실 것입니다. 저는 그것을 믿어요. 우리 좋으신 하나님을 믿어요. 제가 오늘부터 기도할게요. 얼마나 아프세요"라고 위로하고 격려하고 힘을 주어야 하는 것 아닙니까? 그런데 욥의 아내는 하나님을 원망하면서 남편에게 죽으라고 합니다. 저는 도대체 무슨 마음으로 이런 말을 했는지 그 여인의 저의가 의심스럽습니다.

아내가 이렇게 나온다면 대부분의 남편들은 어떻게 합니까? 그런데 이때 욥이 하는 말을 들어보십시오. "그대의 말이 어리석은 여자 중 하나의 말 같도다." 어쩌면 욕을 해도 이렇게 수준 있게 하는지 모르겠습니다. 우리는 말을 할 때도 늘 조심스럽고 신중하게 해야 합니다. 어떤 상황에서도 직선적으로 감정적인 말을 하지 마십시오. 직선적인 말은 사람이 감당하기가 참 어렵습니다. 하지만 간접적인 욕은 직선적인 욕에 비해 감당하기 쉽습니다.

어찌 되었든 그런 악처에게 그렇게 선대할 수 있는 여유를 가진 사람이 바로 욥입니다. 다시 말해서 욥은 악을 선으로 갚을 줄 알았습니다. 여러분들도 악을 악으로 갚지 마십시오. 하나님께서도 악을 악으로 갚지 말고 선으로 갚으라고 말씀하십니다. 절대 악으로 악이 갚아지지 않습니다.

재미있는 이야기가 하나 있습니다. 한 과수원지기가 힘들게 수박농사를 지었습니다. 이제 거의 다 익어가고 있는데 사람들이 와서 수박서리를 합니다. 그냥 한두 통 따먹기만 하면 좋겠는데 멀쩡한 수박을 밟아서 깨기도 하고 줄기도 밟고 그럽니다. 제가 만약 그 주인이라면 이렇게 했을 것 같습니다. 먼저 아이들을 불러 수박 몇 통 따서 그냥 줍니다. 그리고는 "이 수박 먹고 우리 밭 좀 잘 지켜줄래?"라고 말합니다. 그러면 아이들이 알아서 얼마나 잘 지키는지 모릅니다.

그런데 이 농부에게는 그럴 만한 여유가 없었습니다. 생각다 못한 이 농부는 극단의 처방을 내립니다. 아이들이 과수원으로 들락거리는 구멍에 팻말을 하나 붙입니다. "이 수박밭에 있는 수박 중 하나는 사약을 넣어놓았습니다! 그러니 잘못 먹으면 죽습니다. 그 수박이 뭔지는 아무도 모르고 나만 압니다." 이 팻말을 본 아이들은 재수 없게 그 수박 먹고 죽을까 싶어 그 밭에 들어가지 않았습니다. 이제 수박 주인은 쾌재를 부릅니다. '이놈의 자식들 다시는 내 수박을 못 먹겠지' 하고 기뻐합니다.

그렇게 며칠 후 주인이 써 붙인 팻말 바로 곁에 또 하나의 팻말이 생겼습니다. 주인은 읽다 그만 놀라고 맙니다. "이 밭에는 사약이 든 수박이 두 개가 있다. 하나는 주인이 알고 하나는 내가 안다." 결국 그 수박밭의 주인은 하나도 팔지 못하고 그냥 다 썩혀 버렸다고 합니다.

그렇습니다. 악으로 악을 갚지 마십시오. 절대 악은 악으로 갚아지지 않습니다. 악을 갚을 수 있는 것은 선밖에 없습니다. 물론 말처럼 쉬운 것이 아님은 잘 압니다. 하지만 그것만이 이길 수 있는 길입니다. 선으로 악을 이기려면 오장육부가 다 뒤틀릴 것입니다. 이때 뒤틀린 오장육부를 잡아주는 것이 뭡니까? 바로 기도입니다. 그래서 우리는 기도하는 겁니다. 욥은 자신에게 악으로 욕을 퍼붓는 아내에게 인격적으로 대합니다.

신령치 못한 약점을 지닌 욥

욥에게는 약점이 하나 있었는데 바로 신령하지를 못했다는 겁니다. 의구심이 생기십니까? 그렇다면 잘 들어보십시오. 대체로 신령한 사람은 돈이 없고 육신적으로 약합니다. 반면 육신적으로 강하고 돈이 많은 사람은 대개 신령하지 못합니다. 공부를 잘하는 아이들은 대개 운동을 못합니다. 그런데 운동을 너무너무 잘하는 녀석들은 또 보면 공부가 처집니다.

욥도 보면 완벽한 복을 받았지만 영적으로 볼 때는 신령하지 못했습니다. 이것은 제 추측이 아니라 성경에 결정적인 증거가 있습니다. 지금부터 드리려는 말씀은 너무도 중요한 겁니다.

> 나의 두려워하는 그것이 내게 임하고 나의 무서워하는 그것이 내 몸
> 에 미쳤구나 (3:25)

시험을 받기 전, 욥의 가정에는 아무런 문제가 없었습니다. 욥은 악에서 떠난 삶을 살았고 하나님의 복도 받았습니다. 하나님으로부터 칭찬도 들었으며 자녀도 이상적으로 두었고, 게다가 부부관계까지도 아무런 문제가 없었습니다. 그런데 3장 25절의 말씀을 보니 욥의 마음에는 무엇이 있었다고 합니까? '두려움'입니다. 겉으로 보기에는 아무런 문제가 없는데 그의 내면에는 두려움이 있었습니다. 그런데 욥은 이 두려움이 어디에서 생기는지를 잘 몰랐습니다.

하나님은 보입니까, 보이지 않습니까? 물론 보이지 않습니다. 마귀는 보

입니까, 보이지 않습니까? 역시 보이지 않습니다. 그렇다면 하나님과 마귀가 왜 보이지 않습니까? '영' (靈)이기 때문입니다. 그런데 '영' 이라는 말에는 호흡, 바람, 공기라는 뜻이 있습니다. 바람이 보입니까? 보이지 않습니다. 하지만 바람이 지나가면 나뭇잎들이 흔들립니다. 우리는 바람은 보이지 않지만 나뭇잎이 흔들리는 것을 통해 바람이 분다는 사실을 알 수 있습니다.

마찬가지입니다. 하나님과 마귀는 보이지 않지만 하나님이 운행하실 때 나타나는 증후군이 있고 마귀가 움직일 때 나타나는 증후군이 있습니다. 집중하십시오. 하나님이 운행하실 때 나타나는 증후군은 바로 '평안함' 입니다. '담대함' 입니다. 그런데 마귀가 움직일 때 나타나는 증후군은 바로 '불안함' 입니다. 두렵습니다.

평안하고 담대한 일을 하면 보람이 남습니다. 하지만 불안하고 두려운 일을 하면 후회가 남습니다. 보람의 끝은 끝자가 '다' 입니다. 그런데 후회의 끝은 끝자가 꼭 '걸' 입니다. 잘한 보람의 끝을 예로 들어봅시다. '아브라함은 독자 이삭을 바치길 잘했다.' 이렇게 문장이 '다' 로 끝납니다. 그런데 후회의 끝은 '아담과 하와는 선악과를 먹지 말 걸' 입니다. 다시 말해서 후회가 되는 일은 문장이 '걸' 로 끝납니다.

그렇다면 여러분들의 인생은 뭐가 많습니까? 자신이 지내온 인생을 한번 돌아보십시오. '다' 가 많습니까, '걸' 이 많습니까? '걸' 이 많다면 우리가 잘못 살아왔다는 증거입니다. 하루하루 살아가면서 결정을 해야 하는 순간에 놓인다면 하나님의 음성을 들으십시오. 말씀 가운데에서 깨달아지는 것이 있다면 더없이 좋은 결과를 얻을 수 있습니다. 하지만 잘 모르겠거든 기도하는 가운데 평안한 쪽을 택하십시오. 기도하는 가운데 불안하고 두려움이 생긴다면 그 길로는 가지 않는 것이 좋습니다. 기도하는 가운데 여러분의 감정을 발견하고 옳은 길, 평안한 길로 담대히 행하시는 여러분들이 되길 바랍니다.

3장 25절을 보니 욥에게는 두려워하고 무서웠던 것이 있었습니다. 그렇다면 욥의 주변에는 뭐가 떴다는 증거입니까? 바로 사단입니다. 1장 6절을 보면 이미 여호와의 앞에 사단이 와서 욥의 가정을 계속 참소하고 있습니다. 그런데 욥은 이 사실을 몰랐습니다. 그리고 마음속에 뭔지 모를 두려움만 가지고 있습니다. '왜 이렇게 내가 불안한가?' '왜 이렇게 내가 두렵다냐?' 그런데 그것이 곧 현실로 나타납니다. 그렇다면 욥이 불안하고 두려운 상태였을 때 그 일은 이루어졌습니까, 아니면 아직 이루어지지 않았습니까? 아직 이루어지지 않았습니다. 여러분 안에도 뭔지 모를 불안함과 두려움이 있습니까? 그렇다면 그 일을 당하기 전에 미리 물리쳐서 해결하십시오. 불안한 상태를 평안한 상태로 바꾸십시오. 현실로 나타난 다음에는 바꾸기 힘듭니다. 이미 행동으로 진행된 다음에는 참 힘이 듭니다. 그러니까 마음이 불안할 때 그때 이겨냅시다.

> 무릇 지킬 만한 것보다 더욱 네 마음을 지키라 생명의 근원이 이에서
> 남이니라 (잠 4:23)

여러분은 하와가 에덴동산에서 선악과를 먹기 전의 감정이 어떠했을 것이라고 생각하십니까? 아마 불안했을 겁니다. "할렐루야, 나 이렇게 평안할 수가 없네"라는 마음으로 먹지는 않았을 겁니다. '아이고, 이거 먹어도 되나?'라고 갈등이 있었을 겁니다. 여러분 마음속에 이런 갈등이 생긴다면 하지 마십시오. 확신이 있을 때 하십시오. 갈등이 있다면 그 자리에 내

어 놓으십시오. 갈등은 놔두는 것입니다.

갈등이라는 단어에는 이미 두 마음이 있음을 전제로 합니다. 그러니 이 두 마음 가운데 한 마음은 없어져야 합니다. 하나가 정리가 되어야 합니다. 평안하고 담대한 쪽으로 말입니다.

야곱을 생각해봅시다. 야곱은 형 에서의 축복을 빼앗고는 외삼촌 라반의 집으로 도망갑니다. 그리고 다시 집으로 돌아오려고 할 때 형 에서는 동생을 죽이려고 벼릅니다. 그리고는 군사 400을 데리고 옵니다. 야곱은 두렵습니다. 왜 그렇습니까? 죽을지도 모르기 때문입니다.

생각다 못해 야곱은 형에게 뇌물을 씁니다. 선물을 보냅니다. 관계가 서먹할 때는 선물을 보내십시오. 이것은 야곱의 스타일입니다. 그래도 두려움이 사라지지 않습니다. 그러자 야곱은 처자식을 보냅니다. 제가 볼 때 야곱은 거의 심리학 박사의 수준입니다. 왜 그랬겠습니까? 자기는 미울지라도 제수와 조카들은 밉지 않을 것이라 생각했기 때문입니다. 그리고는 홀로 남아 기도합니다. 이렇게 기도하는 가운데 천사와 싸움이 붙습니다. 처음에는 가볍게 시작합니다. "아버지 축복해주세요, 아, 저 좀 살려주세요." 그런데 나중에는 천사가 가겠다고 하자 야곱은 놓지 못한다고 합니다. 결국 천사가 환도뼈를 칩니다. 이젠 뼈가 위골되고 말았습니다. 치명적입니다. 야곱의 기도는 더욱 세어집니다. 생명을 걸고 기도합니다. "차라리 죽이든지 축복하시든지" 천사가 야곱에게 이름을 묻습니다. "야곱입니다" "이스라엘로 바꾸어라" 그렇게 응답을 받는 순간 야곱의 마음에서는 두려움이 사라집니다.

참 중요한 이야기를 하려고 합니다. 여러분 마음의 레이더를 두루두루 살펴보십시오. 남편을 살펴보고, 자식을 살펴보고, 물질을 살펴보고…. 이렇게 살펴보는 가운데 어느 것 하나 두려운 마음이 생긴다면 그쪽을 향해 집중적으로 기도하십시오. 언제까지 기도합니까? 두려움이 사라질 때까지입니다.

건강이 어떤지 의심이 간다면 간단하게 진찰하는 법이 있습니다. 병원에 가보십시오. 병원에 가서 의사 앞에 딱 섰을 때 아무런 느낌이 없다면 건강한 것입니다. 두려운 마음이 든다면 일단 문제가 있다고 보면 됩니다. 누가 뭐라고 하지 않았는데도 "괜찮을 거야"라고 합니다. 누가 괜찮지 않다고 했습니까? 아무도 뭐라고 하지 않는데 본인이 자위하면서 "괜찮을 거야"라고 되뇐다면 그것 자체가 이미 벌써 안 괜찮다는 증거입니다. 잘 생각해보십시오.

죄 없는 사람은 수없이 경찰서 앞을 지나다녀도, 경찰을 봐도 아무런 거리낌이 없습니다. 하지만 죄지은 사람은 다르게 행동합니다. 경찰서 문만 봐도 불안해합니다. 경찰과 옷깃만 스쳐도 섬뜩하다면 벌써 문제가 있다는 증거입니다. 욥은 불안할 때가 바로 기도해야 할 때라는 사실을 몰랐습니다. 욥은 그렇게 두려움을 가지고 있다가 큰 시험을 당하고 맙니다. 자식이 다 죽고 재물이 모조리 탕진됩니다.

오늘도 마귀는 두루두루 돌아다닙니다. 그렇게 돌아다니는 가운데 여러분의 가정도 옵니다. 우리 가정에 성령님만 계신다면 얼마나 좋겠습니까? 하지만 이 놈의 마귀도 온다는 겁니다. 그래서 주님은 "근신하라 깨어라 너희 대적 마귀가 우는 사자같이 두루 다니며 삼킬 자를 찾나니 너희는 믿음을 굳게 하여 저를 대적하라 이는 세상에 있는 너희 형제들도 동일한 고난을 당하는 줄을 앎이니라"(벧전 5:8, 9)고 말씀하십니다.

자세가 흩어지지 않는 사람

욥은 그 엄청난 어려움 속에서도 자세가 흩어지지 않습니다. 이것이 참 중요합니다. 23장 8절 이하를 보면 욥의 삶의 자세를 볼 수 있습니다.

"내가 그 어려움 속에서도 좌로나 우로나 치우치지 아니하고 하나님을 원망하지 아니하고 주의 말씀을 귀히 여기며 내가 자세를 흩뜨리지 않았 나이다"라는 결단을 엿볼 수 있습니다.

하나님은 우리에게 왜 고난을 주십니까? 고난 속에서 나의 자세를 갖추 게 하기 위해서입니다. 제가 인생을 살면서 깨달은 소중한 것이 하나 있습 니다. 되는 사람은 되는 자세를 가지고 살고 안되는 사람은 안되는 자세를 가지고 삽니다. 부자는 부자의 자세가 있고 가난한 사람은 가난한 자세가 있습니다. 자세가 참 중요합니다. 저는 여러분들의 자세가 바로 되시기를 바랍니다.

노년에 갑절의 복을 받은 사람

욥이 바른 삶의 자세로 그 시험을 이겨낼 때 하나님은 욥의 노년에 갑절 의 복으로 갚아주십니다. 복도 그냥 복이 아니라 차원이 다른 복을 받습니 다. 고난이 지난 후 받는 복은 굉장한 것입니다. 욥기 42장에 나오는 갑절 로 부어주시는 복을 봅시다. 욥이 노년에 얻는 자식들을 보면 너무 예뻤다 고 합니다. 저는 이 말씀을 통해 아름다움도 하나님의 복임을 깨달았습니 다. 저는 여러분들이 예수 믿고 예뻐지시기를 바랍니다. 예수 믿으면 진짜 로 예뻐집니다. 저는 저희 교회 성도님들을 보면서 한결같이 하는 말이 있 습니다. "아이고, 집사님, 얼굴이 변했어요." 기쁜 삶으로 나날이 얼굴이 좋아지시기를 바랍니다.

욥은 엄청난 시련을 당함으로 자식이 죽고, 재산이 없어지고, 몸이 병들었습니다. 우리는 이것으로 인생이 끝나는 줄 압니다. 하지만 그렇지 않습니다. 인생은 그 뒤로도 열 번은 더 바뀝니다. 오늘을 살아가기가 너무도 힘들고 어렵습니까? 그렇다고 낙심하지 마십시오. 이것이 끝이 아닙니다. 여러분의 인생은 아직 멀었습니다. 앞으로도 열 번은 더 바뀝니다. 아니, 천 번도 더 바뀝니다. 오늘이 어렵다고 내일도 어려운 것은 아닙니다. 오늘 힘들다고 내일도 힘든 것이 아닙니다. 앞으로 우리에게 있을 인생은 아무도 모르는 겁니다. 하나님은 반드시 여러분에게 엄청난 복을 주실 겁니다.

> 반드시 내가 너를 축복하리라 반드시 내가 너를 들어 쓰리라
> 천지는 변해도 나의 약속은 영원히 변치 않으리
> 두려워 말라 강하고 담대하라 낙심하며 실망치 말라
> 낙심하며 실망치 말라 실망치 말라
> 네 소원 이루는 날 속히 오리니 내게 영광 돌리리
> 네 소원 이루는 날 속히 오리니 내게 영광 돌리리

오늘을 살아가는 것이 너무 힘드십니까? 아무리 힘들어도 욥이 당한 시험보다 큰 시험은 없을 겁니다. 욥은 한순간 영문도 모른 채 모든 부분에서 어려움을 겪습니다. 하지만 이런 욥을 승리케 하신 분이 누구이십니까? 하나님이십니다. 이 하나님께서 오늘을 사는 우리도 반드시 승리하게 하실 줄로 믿습니다.

II

Ⅱ 에서

그 해산 기한이 찬즉 태에 쌍둥이가 있었는데 먼저 나온 자는 붉고 전신이 갖옷 같아서 이름을 에서라 하였고 후에 나온 아우는 손으로 에서의 발꿈치를 잡았으므로 그 이름을 야곱이라 하였으며 리브가가 그들을 낳을 때에 이삭이 육십 세이었더라 〈창세기 25장 24절-26절〉

이름의 뜻 털이 많음, 붉음

가족관계 아버지-이삭, 어머니-리브가, 아내-유딧·마할랏·아다·
　　　　　오홀리바마·바스맛, 아들 - 엘리바스, 르우엘, 여우스,
　　　　　얄람, 고라

실패한 인생을 통한 깨달음

"밥 빌어다가 죽 쒀먹는다" 세상의 속담 가운데 이런 말이 있습니다. 죽을 빌어다가 밥을 해먹어도 시원치 않을 판에 밥을 빌어다가 죽을 쒀먹는 인생이 있다는 말입니다. 또 "가만히 있으면 중간이라도 간다"라는 말도 있습니다. 그저 가만히 있으면 중간이라도 갈 터인데 나서서 망신당하고 꼴등하는 사람이 있다는 말입니다. 이 두 속담의 공통점을 찾자면 뭔가 하기는 했지만 그 결과가 아니한 바 못한 경우를 일컬을 때 이런 말을 합니다.

오늘의 주인공은 에서입니다. 그런데 바로 에서야말로 밥 빌어다가 죽쒸먹는 인생을 살다 간 사람입니다. 에서라는 이름은 '털이 많음' '붉음'이라는 뜻입니다. 에서는 태어날 때부터 몸에 털이 많았습니다. 요즘은 이렇게 털이 많은 사람을 뭐라고 합니까? '터프하다'고 합니다. 터프가이. 에서가 바로 이런 터프가이였습니다. 그는 신체적으로 볼 때 건장한 체격을 타고났습니다. 이렇게 신체 건강한 몸으로 태어났다는 것은 분명 영적 생활과 육적 생활에서 복받은 자라고 할 수 있습니다. 그런데 때때로 복으로 받은 점들이 오히려 좋지 않게 작용하기도 합니다. 때문에 어떤 사람들을 보면 타고난 장점이 원인이 되어 실패한 인생을 살기도 합니다. 그런데 반면 어떤 사람들은 단점을 가지고 태어났지만 그것으로 인해 성공적인 인생을 살기도 합니다. 여러분에게 단점이라고 여겨지는 부분이 있습니까? 그럴지라도 그것을 성공의 요인으로 바꾸시는 여러분들이 되시길 바랍니다.

에서의 첫 번째 실수-수준 없는 삶

저는 에서를 볼 때마다 '사람은 수준을 갖추어야 한다'는 생각을 하게 됩니다. 살아보니까 '수준'이라는 단어가 참으로 중요합니다. 모름지기 사람은 수준을 갖추어야 합니다. 어찌 보면 인간이 배우는 목적 역시 수준을 갖추기 위함이 아닌가 싶습니다. 인간이 노력하는 목적도 수준을 갖추기 위함이고 인간이 고생하는 목적도 어떻게 보면 수준을 갖추기 위함이 아닌가 싶습니다.

물론 잘 먹고 잘 입고 잘 사는 것도 중요합니다. 하지만 그 전에 인간이라면 모름지기 수준을 갖추어야 합니다. 말의 실수가 잦은 사람들이 있습니다. 그런데 말의 실수는 비단 말의 실수 그 단면적인 사실만 문제가 되는 것이 아닙니다. 그렇게 말할 수밖에 없었던 그 사람의 수준이 문제가 됩니다. 물론 살다 보면 말에 실수가 없기란 참으로 힘듭니다. 하지만 그런 실수가 자꾸 반복된다면 그것은 그 사람의 자질에 문제가 있다는 뜻입니다.

'행동'도 마찬가지입니다. 왜 그렇게 행동하는가 하는 단면적인 문제가 아닙니다. 그보다는 그런 행동할 수밖에 없는 그 사람의 수준이 문제가 됩니다. 물론 반대의 경우로 아주 훌륭하게 말하고 행동하는 사람들이 있습니다. 그렇다면 그 사람의 말과 행동이 중요한 것이 아니라 그렇게 표현되는 수준이 아주 훌륭한 것입니다.

우리는 나타난 결과만 가지고 따지고 고민하고 염려합니다. 그런데 정작 우리가 고민해야 할 바는 그렇게 결과를 초래한 내면의 수준입니다. 우리는 이 내면의 수준을 가지고 고민해야 합니다.

에서도 마찬가지입니다. 많은 사람들은 에서가 잘못 살았던 그 삶을 놓고 문제를 삼습니다. 하지만 제가 보는 견지는 조금 다릅니다. 그가 잘못된 삶을 살았다고 하는 것이 문제가 아니라 그렇게 살수밖에 없었던 에서의 수준이 문제입니다. 수준이 높으면 좋은 삶이 나옵니다. 하지만 에서는 그 수준이 그것밖에 안되었기 때문에 그렇게 안된 삶을 살았던 겁니다. 우리는 이런 에서의 수준을 놓고 함께 고민하자는 말입니다. 많은 사람들이 나타난 겉모습만 볼지라도 우리는 그렇게 하지 말고 좀더 깊게 그 사람의 내면의 수준을 생각합시다.

그렇다면 과연 에서의 수준 낮은 행동을 보면서 우리는 무엇을 깨달아야 할까요? 우리가 깨달아야 할 교훈은 무엇일까요?

가장 먼저 볼 것은 에서는 그 귀한 장자권을 팥죽 한 그릇에 팔아버릴 정도로 수준이 없는 사람이었다는 겁니다. 성경을 보면 장자라는 권한이 얼마나 소중한지 모릅니다. 다른 나라 갈 것도 없이 우리나라만 해도 장자에 대한 개념은 각별합니다. 특히 전통사회에서는 맏자식, 종가, 종손 이런 것들이 얼마나 중요했습니까? 구약시대에는 더하면 더했지 절대 덜하지 않았습니다. 마태복음 1장을 보면 예수 그리스도의 계보를 이어가는 장자의 명단이 나오지 않습니까? 여기에서도 계속 장자의 이름이 거론됩니다.

그런데 이 장자라는 권한은 스스로 선택하거나 결정할 수 있는 것이 아닙니다. 태어날 때부터 그렇게 주어지는 조건입니다. 다시 말해서 에서는 태어날 때부터 장자의 복을 손에 쥐고 있었습니다. 그런데 이 엄청난 복을 스스로 차버리는 그런 수준 없는 사람이 바로 에서입니다. 다시 말해서 하나님으로부터 엄청난 복을 받았지만 자신의 수준 없음으로 인해 주어진 복조차 유지하지 못한 사람이 바로 에서란 말입니다.

우리는 이 점에서 잠시 주목합시다. 목회를 하면서 많은 성도님들을 만나다 보면 하나님이 주신 복을 잘못 사용하는 경우가 종종 있습니다. 어떤 사람은 건강을 잘못 씁니다. 어떤 성도님들은 주신 물질을 잘못 사용합니다. 이런 사람들이 바로 에서처럼 수준 없는 사람이라는 말입니다.

그렇다면 과연 장자에게만 주어지는 복이 무엇입니까? 첫째로 장자는 아버지의 대를 잇습니다. 그래서 아버지를 대신 하는 사람이 바로 그 집안의 장자입니다. 아무리 아들이 여럿 있을지라도 이 대를 잇는 권한은 맏아들에게만 주어집니다. 우리나라로 치자면 호주상속권을 받는다는 말입니다. 이 권한은 장자에게만 주어집니다. 요즘은 이 호주상속권에 대한 법령을 바꾸자고 하는 목소리가 높긴 합니다만 당시 구약시대에는 상상조차 하지 못할 일입니다. 이 엄청난 권한이 다른 누구도 아닌 장자에게만 주어진 복입니다.

두 번째로 장자는 아버지의 부를 잇는 복을 받습니다. 비단 호주상속권만 받는 것이 아니라 재산도 함께 상속받습니다. 옛날에는 일단 맏아들이 아버지의 재산을 다 받았습니다. 그리고 동생들에게 나누어주었습니다. 그런데 그렇게 하다보니 자꾸 말썽이 생겨 요즘은 법적으로 형제 수에 따른 적당한 비율을 둡니다. 장자는 몇 퍼센트, 차남은 몇 퍼센트, 딸들은 몇 퍼센트. 하지만 옛날에는 재산 역시 큰아들에게 상속되었습니다.

세 번째로 장자는 아버지의 축복권을 상속받습니다. 그렇기 때문에 아브라함은 축복해야 할 때 마땅히 이삭을 찾습니다. 그리고 이삭에게 축복을 합니다. 그리고 이삭은 누구를 축복합니까? 야곱을 축복합니다. 야곱은 누구를 축복합니까? 야곱은 또 그 아들 유다를 축복합니다. 이처럼 축복권은 참으로 중요합니다.

지금은 목사님은 목사님이 할 일이 있고, 부모는 부모가 할 일이 있고, 교사는 교사가 할 일이 있습니다. 이렇게 제각각 할 일이 다릅니다. 그런데 성경이 기록될 당시에는 그런 조직이 없었습니다. 목사님도 없고, 교사도 없고, 이 일들을 모두 다 아버지가 혼자 했습니다. 곧 아버지가 목사님이자 선생님이었습니다. 모든 삼권을 아버지가 한꺼번에 가지고 있습니다. 그러니 이러한 막강한 아버지의 권한을 맏아들이 이어간다는 것은 참으로 굉장한 일입니다.

네 번째로 장자는 예수 그리스도의 혈통을 이어가는 복을 받습니다. 아브라함이 이삭을 낳고 이삭이 야곱을 낳고 야곱이 유다를 낳고…. 이런 예수 그리스도의 혈통을 잇는 복이 이어집니다. 이것은 위에서 언급한 어떤 복보다 더 큰 복입니다. 다른 형제들도 많이 있었지만 그들의 이름은 기록되지 않습니다. 그리고 장자의 이름만 나옵니다. 이런 예수 그리스도의 계보는 계속 거슬러 올라가 어디까지 올라가는가 하면 아담까지 이릅니다.

저는 이 계보를 볼 때마다 얼마나 부러운지 모릅니다. '이렇게 이어지는 계보 안에 내 이름이 있었다면 얼마나 좋을까? 아담부터 요셉 사이 이어지는 그 계보에 내 이름이 들어있었다면 얼마나 좋을까?' 이런 간절한 욕심이 있습니다. 하지만 예수님 밑으로 태어났으니 어찌 할 수 없는 것 아닙니까? 그래도 다행인 것은 우리가 들어갈 수 있는 자리가 있다는 겁니다. 거기가 어디인가 하면 바로 히브리서 11장입니다. 혹자는 "거기에 이름이 올라가면 뭐 하는데요?"라고 하기도 합니다. 그렇다면 안 올라가면 또 뭘 합니까?

그런데 원래는 에서가 맏아들이니까 이 엄청난 계보에 에서의 이름이 올라가는 것이 맞습니다. 다시 말해서 "아브라함이 이삭을 낳고 이삭이 에서를 낳고…" 이렇게 기록되어야 하는데 에서의 이름이 탈락되었습니다. 대신 "아브라함이 이삭을 낳고 이삭이 야곱을 낳고…"로 기록됩니다. 다시 말해서 에서의 자리에 야곱이 들어갔습니다. 에서가 야곱으로 바뀌었습니다. 그러니 에서가 얼마나 어리석은 사람입니까?

그런데 문제는 에서의 일에서 개인의 것으로 그치지 않는다는 점입니다. 오늘을 사는 우리 가운데도 에서와 같은 어리석음을 범하는 사람이 있습니다. 에서가 야곱에게 장자권을 빼앗긴 결정적인 사건이 뭡니까? 바로 팥죽사건입니다.

에서는 터프가이 아닙니까? 덩치 좋고 건강한 산사나이였습니다. 에서의 취미는 사냥입니다. 하지만 야곱은 정반대의 성향을 지녔습니다. 집집

마다 자녀들을 보면 참 희한합니다. 아들만 둘을 둔 집을 보면 한 녀석이
여성스럽고, 딸만 둘인 집을 보면 둘 중 하나가 아들 같습니다. 꼭 그렇지
는 않지만 대체로 그렇습니다. 참 희한합니다.

이삭의 집도 그랬던 것 같습니다. 에서는 아들처럼 자라고 야곱은 딸처
럼 자랍니다. 야곱은 늘 집에서 엄마의 일을 돕습니다. 팥죽 사건이 있던
날도 야곱은 여느 때처럼 어머니를 도와 팥죽을 쑤고 있었습니다. 이제 막
맛있게 익어서 먹으려고 하던 그 찰나에 형 에서가 들어옵니다. 그 날 따
라 에서는 몹시 배가 고픕니다. 시장합니다. 에서는 팥죽을 쑤고 있던 동
생에게 말합니다. "야, 팥죽 좀 주라!"

그런데 한번 생각해봅시다. 그때 야곱의 배는 어떠했겠습니까? 배고팠
겠습니까, 아니면 배불렀겠습니까? 야곱도 배고프기는 매한가지였을 겁니
다. 배가 부르다면 구태여 팥죽을 쑬 리가 있습니까? 야곱도 배가 고파 팥
죽을 쑤고 있었습니다. 그러니 배고픈 것으로 치자면 형이나 아우나 매한
가지였습니다. 그런데 중요한 것은 똑같이 배고파도 수준 있는 놈이 배고
픈 것과 수준 없는 놈이 배고픈 것은 다르더란 말입니다.

에서는 동생에게 이렇게 말합니다. "야, 나 배고프다. 팥죽 좀 주라!" 그
러자 야곱이 하는 말좀 보십시오. "어떻게 그냥 줘. 형, 그러면 나한테 장
자의 명분을 팔아라. 그럼 내가 줄게." 똑같이 배고픈 처지에서 야곱은 뭐
를 더 좋아합니까? 장자의 명분을 더 좋아합니다. 차라리 팥죽은 포기할지
라도 장자의 명분은 꼭 얻겠다는 간절한 소망이 있습니다. 이것이 야곱과
에서의 다른 수준입니다.

똑같이 고생을 해도 굶고 책 사는 놈이 있는가 하면 책을 팔아서 밥 사먹
는 놈도 있습니다. 물론 누구는 맞고 누구는 틀리다고 할 수 있는 문제는

아닙니다. 두 사람 다 일리가 있습니다. "아이고, 건강이 최고입니다. 아파서 병들어 죽으면 무슨 소용입니까? 그래서 전 책을 잡히더라도 일단 밥은 먹어야 합니다." 틀린 말은 아닙니다. 맞습니다.

그런데 다른 아이는 이렇게 말합니다. "설마 한두 끼 굶는다고 죽기야 하겠습니까? 저는 당장은 굶을지라도 미래를 위해서 책을 사서 보겠습니다." 이 말도 맞습니다. 그렇다면 여러분은 어떤 놈이 더 낫다고 보십니까? 제가 보기에는 굶고라도 책 사서 보는 놈이 낫습니다.

책을 잡혀 밥을 사먹는 것이 틀린 것은 아닙니다. 또 한두 끼 굶을지언정 책을 사서 본다는 것도 옳습니다. 둘 다 옳기는 한데 이 둘 사이에는 분명 차이가 있습니다. 둘 중 어떤 놈이 더 낫습니까? 굶고라도 책을 사는 놈이 조금 낫습니다. 그런데 이렇게 조금 낫게 하루하루를 살다보니 나중에 이 둘의 인생은 엄청나게 달라지더라는 겁니다.

이렇게 살든 저렇게 살든 다 살기 마련입니다. 잘산다고 해서 하루 네 끼 먹는 것도 아니고, 못산다고 해서 하루 한 끼 먹고사는 것도 아닙니다. 큰 교회라고 해서 낫고 작은 교회라고 해서 못한 것도 아닙니다. 이렇게 살든 저렇게 살든 마찬가지입니다. 하지만 삶의 질에 있어서 조금 차이가 나는 것이 나중에는 엄청난 차이를 만듭니다. 여러분들에게 꼭 하고 싶은 부탁이 있습니다. 당장 큰 인물이 되시라는 말씀이 아닙니다. 그저 남들보다 조금만 훌륭하게 하루하루를 사십시오.

지금 야곱과 에서를 봐도 아주 조금 차이가 나는 인생입니다. 견지에 따라 두 사람의 말은 다 맞습니다. "아 지금 굶어죽게 생겼는데 장자가 무슨 소용이냐?"는 에서의 말도 맞습니다. 틀린 말은 아닙니다. 큰아들이라는 명분만 쥐고 죽는다면 무슨 소용이 있겠습니까? 그런데 야곱과는 조금 다른 에서의 생각으로 인해 결과는 엄청나게 달라지더란 말입니다. 이런 이유로 저는 여러분들이 조금 더 수준 있게 생각하시기를 바랍니다.

아침에 온 식구가 함께 모여서 식사를 합니다. 그런데 아들놈이 식사기도가 끝나기가 무섭게 밥을 먹습니다. 그럴 수 있습니다. 하지만 어떤 아들은 '아버지가 먼저 수저를 드신 다음에 먹어야지' 라고 생각합니다. 이것은 아주 조금의 차이입니다. 그런데 이 조금이 그 사람의 됨됨이를 말해줍니다. 아무 것도 아닌 것 같지만 이렇게 어른을 공경할 줄 아는 녀석은 어른들의 말씀도 잘 듣습니다. 그러니까 당연히 그 삶이 평안하고 안전합니다.

그런데 생활에서 작은 부분부터 무너뜨리고 사는 아이들을 보면 어른들의 말씀을 잘 듣지 않습니다. 아무리 부모가 애타게 타일러도 듣지 않습니다. 어른들의 말씀을 귀담아 듣지 않는 이 아이의 삶의 결과는 엄청나게 달라집니다.

양반 의식을 가지고 삽시다. 물론 그렇게 살기 위해서는 버려야 하는 것들도 많습니다. 어떻게 보면 상놈들이 더 좋게 보이기도 합니다. 일단 양반은 양반 자태를 지녀야 합니다. 양반의 생각이 있습니다. 야곱만 해도 장자의 복을 팥죽 한 그릇보다 귀히 여길 줄 아는 수준 있는 마음이 있습니다. 하지만 에서는 다릅니다. 굶어 죽게 생겼는데 장자가 뭐 대수인가 하는 경솔한 마음입니다. 이렇게 수준 없는 마음에서 수준 없는 행동이 나오는 것은 당연한 게 아니겠습니까? 이런 에서의 행동을 히브리서 기자는 이렇게 표현합니다.

> 음행하는 자와 혹 한 그릇 식물을 위하여 장자의 명분을 판 에서와 같이 망령된 자가 있을까 두려워하라 (히 12:16)

히브리서 기자는 에서의 행동을 망령된 행동이라고 합니다. 수준 없는 행동은 망령된 짓입니다. 그런 에서가 어찌 훌륭한 사람이 될 수 있겠습니까? 어떻게 큰 인물이 되겠습니까? "아이고, 목사님, 훌륭하면 뭐한 대요?" 이런 식으로 반문하는 사람들도 있습니다. 그럼 저도 되묻겠습니다. "그럼, 훌륭하지 않으면 뭘 합니까?" 그런 식으로 생각하지 마십시오. 그런 식으로 말하지도 마십시오. 늘 부정적으로, 비관적으로 말하지 맙시다.

"아이고 잘 살면 뭘 한 대요?" 그럼 못 살면 뭘 합니까? "아이고, 예쁘면 뭘 한 대요?" 그렇다면 미우면 뭘 합니까? 그런 식으로 접근한다면 아무 대책이 서지 않습니다. 그러니까 기왕이면 예쁜 것이 좋고, 건강한 것이 좋고, 하나님의 복을 받는 것이 좋은 겁니다.

이처럼 사람들은 저마다 수준이 다릅니다. 우리는 살다보면 결정의 기로에 놓일 때가 참으로 많습니다. 그때 큰 일이 되었든, 작은 일이 되었든 늘 수준 있는 결정을 하면서 사시길 바랍니다. 에서는 이 부분에서 실수를 합니다.

에서의 두 번째 실수-결혼

에서는 결혼에서도 실수를 합니다. 남자가 되었든, 여자가 되었든 결혼을 잘해야 한다는 사실은 아무리 강조해도 지나치지 않습니다. 정말 여자는 시집을 잘 가야하고 남자는 장가를 잘 가야합니다. 인생에서 예수님 만나는 것 다음으로 중요한 것이 결혼이 아닌가 싶습니다.

특히 여자 분들은 잘 들으십시오. 훌륭한 남자를 보면 그 뒤에 반드시 훌륭한 여자가 있었습니다. 뒤집어 생각할 때 훌륭한 남자가 없다는 말은 곧 훌륭한 여자가 없다는 뜻이 되기도 합니다.

남자가 바보 온달 같을지라도 평강공주만 만나면 됩니다. 만일 여러분이 바보 온달을 만났다면 그를 장군으로 만들 수 있었겠습니까? 모르긴 몰라도 그렇게 둘 다 바보처럼 살았을 겁니다. 지금 여러분의 남편이 평강공주 같은 아내를 만났다면 어떻게 되었을까요? 장군이 되었을지도 모릅니다. 그런데 많은 여자들이 나는 놔두고 남편만 가지고 자꾸 뭐라고 합니다. 우리는 그렇게 행동하지 맙시다. 남편을 키울 수 있는 지혜로운 아내가 되시길 바랍니다.

여러분이 희생해서 남편이 훌륭해진다면 결국 그 아내는 장군 부인이 되는 것 아닙니까? 그런데 남편을 머슴을 만들어 놓게 되면 부인은 뭐가 됩니까? 머슴 부인에 지나지 않습니다. 다른 곳에 여자의 사명이 있는 것이 아닙니다. 남편을 키우는 일이야말로 가장 귀한 여자의 사명입니다. 이런 말들이 시대에 뒤쳐지는 말, 유행에 쳐진 말처럼 들릴 수도 있겠습니다. 하지만 결코 시대에 떨어진 말은 아닙니다.

사람들이 우리 집사람을 보고 뭐라고 부릅니까? 사모님이라고 부릅니다. 키가 커서 그렇게 불리는 것도 아니고 그렇다고 제 아내가 잘나서 그렇게 불리는 것도 아닙니다. 지금보다 7배나 더 못생겨진다 할지라도, 형편이 지금보다 훨씬 못해진다고 할지라도 저희 집사람은 저와 결혼을 한 이상 여전히 남들로부터 사모님이라는 호칭을 듣습니다. 왜 그렇습니까? 신랑이 목사이기 때문입니다.

보수적인 말처럼 들릴 수도 있겠으나 아직까지는 남편에 의해서 아내의 위치가 결정됩니다. 제가 볼 때는 아마도 주님 오실 때까지 그렇게 되지 않겠는가 싶습니다. 물론 세상이 많이 바뀌겠지만 근본은 여전히 그럴 것이라는 생각입니다. 왜 그렇습니까? 그것이 바로 성경의 본질이기 때문입니다. 생활이 나아지고 여자의 활동량이 늘어난다 할지라도 여자의 이름은 역시 남자에 의해서 결정됩니다. 그러니 남편을 키우는 데 역사적인 사명을 띠고 태어났음을 인식하시고 부지런히 신랑을 키우시는 여러분들이 되시길 바랍니다.

다음은 우리 집사람의 이론인데 제가 볼 때는 참 지혜로운 것 같습니다. "여자는 남편을 위해서 죽자!" 남편을 위해서 절대적으로 희생하자는 겁니다. 아내가 희생해서 남편을 성공시켜놓으면 누가 좋습니까? 성공한 남편이 벌어온 돈을 누가 씁니까? 그런데 겉으로 보기에는 똑똑해 보이는 듯하지만 사실은 어리석게 행동하는 여자들이 종종 있습니다. 심지어 어떤 아내는 일단 남편의 기를 확 죽여 무능하게 만들어 놓습니다. 그러면 이제 고생은 누구 몫입니까? 저는 이렇게 어설프게 똑똑하여 손해 보는 여러분이 아니라 제대로 똑똑한 여러분이 되시길 바랍니다.

보면 늘 무식 똑똑한 여자들이 문제입니다. 뭐가 무식 똑똑한 겁니까? 어설프게 똑똑한 것을 말합니다. 어설프게 똑똑한 여자들은 남편의 기를 죽입니다. 정말 유식 똑똑한 사람들은 그렇게 행동하지 않습니다. 자기는 좀 빈 것처럼 행동하면서 남편의 기를 팍팍 살려줍니다. 오늘날 한국 교회의 문제, 한국 가정의 문제가 뭔지 아십니까? 무식 똑똑한 여자들이 너무 많다는 것입니다.

예를 들어봅시다. 맞벌이부부입니다. 그런데 아내의 월급이 남편보다 많습니다. 이럴 경우 무식 똑똑한 아내는 이렇게 합니다. "당신 월급이 얼마야? 아이고, 그것밖에 안돼?" 부인들은 아무런 생각 없이 말했을지라도 그 말로 인해 남편은 사정없이 기가 죽습니다. 그런데 묘한 것은, 평상시에는 별로 거론되지 않다가 꼭 부부 싸움할 때 그런 말이 튀어나온다는 겁니다. 보통 때는 가만히 있다가 부부 싸움할 때 이렇게 말합니다. "회사 그만 둬! 그깟 월급 얼마 되지도 않으면서…" 명심하십시오. 아무리 험악하게 부부싸움을 할지라도 절대로 남편의 자존심을 건드려서는 안됩니다.

유식 똑똑한 아내는 설령 자기의 월급이 남편보다 많을지라도 그렇게 말하지 않습니다. 일단 남편의 자존심을 세워줍니다. 이것이 속이 꽉 찬 사람입니다. 저는 여러분들이 가정에서나, 교회에서나 이렇게 속이 꽉 찬 유식 똑똑한 분들이 되시길 바랍니다.

에서는 결혼에서 실패했습니다. 이것이 별 것 아닌 것처럼 보여도 사실은 참으로 중요합니다. 여러분, 잘 보십시오. 에서의 아버지가 누구입니까? 이삭입니다. 이삭의 아버지가 누구입니까? 아브라함 아닙니까? 그러니 에서는 얼마나 좋은 집안에서 태어난 사람인지 모릅니다. 에서는 얼마든지 좋은 여자를 선택해서 결혼할 수 있습니다. 에서는 집안은 물론이고 건장한 체구와 씩씩한 사나이였습니다. 얼마든지 두루 갖춘 좋은 여자와 결혼할 자격이 충분했던 사람이 바로 에서입니다. 그런데 그럼에도 불구하고 에서가 어떤 결혼을 하는지 아십니까?

> 에서가 사십 세에 헷 족속 브에리의 딸 유딧과 헷 족속 엘론의 딸 바스맛을 아내로 취하였더니 그들이 이삭과 리브가의 마음의 근심이 되었더라 (창 26:34, 35)

에서의 아내 이름은 바스맛입니다. 이 이름의 뜻은 '향기' 입니다. 그러니 아마도 에서는 바스맛의 향기에 이성을 잃은 것 같습니다. 모름지기 남자란 여자의 향기에 이성을 잃어서는 안됩니다. 여자를 볼 때 깨끗함, 아름다움, 순수함을 중요하게 여겨야 합니다. 그런데 에서는 바스맛의 향기 즉 육신적인 것에 이성을 잃었습니다. 그러니까 이삭과 리브가의 마음에 근심이 되었습니다.

저는 여기에서 깨달은 중요한 사실이 하나 있습니다. 부모가 걱정하는 결혼은 하지 말아야 한다는 점입니다. 부모도 축복해주지 않는 결혼에 어찌 참된 축복이 있을 수 있겠습니까? 부모님이 아무리 반대해도, 주변에서 아무리 반대해도 억지로 결혼을 강행하는 사람들이 있습니다. 그런데 죄송한 말씀이지만 그렇게 결혼한 사람치고 행복한 사람들이 별로 없습니다. 반대를 무릅쓰고 할 정도로 사랑해서 결혼했다면 마땅히 깨가 쏟아지게 행복하게 살아야 하는데 그렇지 못한 가정을 저는 너무도 많이 보았습니다. 결혼 전에는 이 사람과 결혼만 하면 행복은 저절로 이루어질 것 같습니다. 반대로 말하면 이 사람과 헤어지면 한 평생을 불행하게 살 것 같습니다.

이미 사랑에 눈이 멀었기 때문에 다른 것은 제대로 보이지 않습니다. 하지만 부모님들은 다릅니다. 객관적이고 정상적인 눈으로 그 사람을 봅니다. 아들을 둔 어머니라면 정상적인 눈으로 장래 며느릿감을 봅니다. 그런데 아들은 이미 눈에 콩깍지 하나를 뒤집어쓰고 보기 때문에 어머니처럼 객관적으로 볼 수 없습니다. 그나마 그 콩깍지가 평생 동안 이어진다면 다행입니다. 하지만 대부분의 사람들은 결혼한 지 3년이 되지 못해 제정신을 차립니다.

여러분들은 그렇지 않았습니까? 늘 처음과 같은 마음으로 살아야 하지만 살다 보면 그렇기가 쉽지 않습니다. 그리도 간절했던 사랑은 온데 간데 없고 맨 정신만 남습니다. 그때 괴리감과 후회가 밀려옵니다. '내가 미쳤지. 부모님 말씀을 들을 것을.' 이렇게 뒤늦게 후회하지 말고 지혜롭게 미리 부모님의 말씀을 듣자는 겁니다.

에서를 통해서 이 점을 배웁시다. 이것은 성경이 주는 교훈입니다. 축복받으면서 결혼해야 그 가정이 행복할 확률이 높더란 말입니다. 야구를 봐도 스트라이크존에 들어오는 볼을 때려야 안타가 많이 나는 것이지, 볼을 때려서는 안타가 잘 나오지 않습니다. 물론 불가능하지는 않습니다만 확률적으로 볼 때 굉장히 어렵다는 말입니다. 확률적으로 볼 때 스트라이크존 안에 들어온 공을 때려야 안타가 많이 나오듯 결혼도 마찬가지입니다. 부모가 축복해주는 결혼을 하는 것이 좋습니다.

심지어 어떤 사람들은 오기로라도 결혼하겠다고 합니다. "자꾸 반대하면 오기로라도 하겠습니다. 아버지가 같이 사는 것입니까, 어머니가 같이 사는 것입니까? 내가 사는 것 아닙니까?" 이렇게 어깃장을 놓고는 겁 없이 결혼합니다. 다른 것도 아니고 한 평생을 같이 살 배우자를 결정하는 것입니다. 그런데 오기로 결혼한다니 말이 됩니까? 순수하게 시작해도 쉽지 않은 것이 바로 결혼생활입니다.

에서는 수준이 안되니까 결혼도 수준 없이 하는 겁니다. 그 좋은 집안에서 그 좋은 조건을 두루 갖춘 에서는 얼마든지 부모님들이 축복해주시는 참한 색시, 좋은 색시를 얻을 수도 있었습니다. 그랬다면 참으로 좋았을 것을 왜 그렇게 부모가 걱정하는 결혼을 했는지 모르겠습니다. 제가 보니까 축복받는 결혼을 한 사람이 그래도 사는 것이 낫고 걱정스런 결혼을 한 사람은 역시 사는 것도 좀 그렇습니다.

아브라함이 자기 아들 이삭을 결혼시킬 때를 한번 보십시다. 이삭이 누굽니까? 에서의 아버지입니다. 아브라함은 며느리 리브가를 데리고 올 때도 기도하고 응답받은 후에야 데리고 옵니다. 이삭과 리브가는 이렇게 결혼하니까 그 사는 모습이 여간 아름다운 것이 아닙니다. 행복하게 참 잘 삽니다. 그런데 에서와 바스맛이 사는 것을 한번 보십시오. 평안하지 않습니다.

> 너희는 믿지 않는 자와 멍에를 같이하지 말라 의와 불법이 어찌 함께 하며 빛과 어두움이 어찌 사귀며 (고후 6:14)

사람이 뭐든지 잘하기란 힘이 듭니다. 이를테면 공부 잘하는 아이들을 보면 대체로 운동은 잘하지 못합니다. 그런데 대신 운동을 잘하는 아이들을 보면 공부가 또 좀 쳐지는 경향이 있습니다. 또 세상적인 눈으로 볼 때 멋있는 사람들을 보면 대개 믿음이 없습니다. 그런데 믿음이 좋은 사람들은 보면 또 멋이 좀 없습니다. 대개 그렇습니다. 믿음도 참 좋고 멋있기도 한 사람은 참으로 드뭅니다. 만일 이런 두 유형의 사람들 중 한 명만 선택하라고 한다면 여러분은 어떤 사람을 선택하시겠습니까? 믿음의 사람을 선택해야 합니다.

데이트할 때에도 매너 좋고 세련된 것만 보지 마십시오. 차라리 왠지 좀 어리숙한 사람을 선택하는 것이 낫습니다. 세련되게 데이트를 한다는 것은 그 사람이 얼마나 여자 경험이 많다는 증거입니까? 지혜롭게 생각하십시오. 제가 남자라서 좀 아는데, 남자들이 여자들에게 매너 있게 한다는 것은 굉장히 어렵습니다. 여간 숙달이 되지 않고는 힘듭니다. 그러니까 뭘 잘 모르고 "어디로 갈까요?" "다음엔 뭘 할까요?" 라고 하면서 다소 어리숙한 사람이 알고 보면 정말 괜찮은 사람일 때가 많습니다.

그런데 여자들은 이런 사실을 잘 모릅니다. 이렇게 순수한 남자들은 답답해서 싫다고 합니다. 답답한 것이 아니라 순수하고 순진하다는 증거입니다. 여자에게 물을 필요도 없이 알아서 착착 진행하는 사람들이 매너도 좋고 멋있게 보입니까? 그런데 그렇게 훈련이 되기 위해서 얼마나 많은 경험을 했겠습니까? 남자가 되었든 여자가 되었든 순수하고, 어리숙한 것처럼 보이는 사람이 좋습니다. 믿음의 사람들은 더더욱 순진할 필요가 있습니다.

에서는 결정적으로 결혼을 잘못하는 실수를 범합니다.

에서의 세 번째 실수-취미와 삶을 구분하지 못함

에서야말로 취미와 삶을 구분하지 못하고 산 사람의 전형적인 예입니다. 여기에서 삶이란 직업이라는 말로 바꿀 수 있습니다. 저는 참으로 다양한 직업을 가진 사람들을 많이 만납니다. 그런데 고생하며 사는 사람들에게는 공통점이 하나 있습니다. 그것이 뭔가 하면 직업과 취미가 구별이 되지 않는다는 겁니다. 저 사람의 직업이 뭔지, 취미가 뭔지 구별이 안되는 사람. 그런 사람을 일컬어 세상에서는 한량(閑良)이라고 합니다.

어떤 사람은 낚시만 갔다 하면 함흥차사입니다. 이틀이고 삼일이고 좋습니다. 그런 사람이 어떻게 잘 살 수 있겠습니까? 또 어떤 사람은 골프 치러 한번 나갔다 하면 감감 무소식입니다. 그런 사람이 어떻게 부자로 잘 살겠습니까? 물론 성공했기 때문에 그렇게 살 수 있는 사람도 있습니다. 하지만 대다수의 사람들은 분에 넘치도록 그런 생활을 합니다. 건달 비스름하게 보입니다. 도대체 저 사람의 직업이 뭔지 잘 구분이 되지 않습니다.

성경에서 나오는 믿음의 사람들을 봅시다. 물론 하나님이 복을 주셔서 그 복을 누리며 살기는 하지만 그렇다고 그냥 아무 것도 하지 않고 주시는 복을 받기만 한 사람은 없습니다. 야곱만 해도 20년 동안 눈코 뜰 새 없이 열심히 일한 후 하나님의 복을 받습니다.

목회자들도 보면 마찬가지입니다. 죄송한 말씀이지만 어떤 목사님은 목회를 하는지, 아니면 뭘 하는 사람인지 도대체 분간이 되지 않습니다. 그런데 그런 분들이 섬기는 교회를 보면 하나같이 부흥하지 못합니다. 오로지 기도에 힘쓰고, 말씀 묵상에 힘쓰고, 틈나는 대로 심방하고 전도하는 목회자가 섬기는 교회가 부흥이 됩니다. 테니스 치느라고 한 나절 보내고, 저녁에 친구 만나느라 한 나절 보내고, 그런 목회자를 둔 교회는 도무지 부흥되지 않습니다. 다른 일도 그렇겠지만 목회야말로 하나님이 도와주시지 않으면 안되는 일 아닙니까? 이처럼 목회가 되었든 다른 일이 되었든 취미와 직업을 구분하지 못하는 사람은 복 받기 힘이 듭니다. 취미는 취미에서 머물러야 합니다. 주객이 전도되어 취미가 곧 직업처럼 되어서는 안됩니다. 취미가 취미의 선을 넘으면 바람직하지 않다는 말입니다.

에서의 취미가 뭡니까? 사냥입니다. 그런데 너무 사냥을 좋아한 나머지 그것이 취미인지 직업인지 구분이 되지 않는 삶을 살았습니다. 마치 사냥으로 먹고사는 사람처럼 살았습니다. 거반 매일 사냥을 나갔습니다.

누구나 뭔가에 몰두하게 되면 에서와 같은 어리석음을 범하기 쉽습니다. 어떤 사람들은 낚시에 미쳐 삽니다. 그런데 낚시로 식구들의 생계가 유지됩니까? 먹고살려면 그물을 쳐야지 그까짓 광어 몇 마리 잡아서 어떻게 온 가족이 함께 먹고살 수 있습니까? 낚시하러 오가는 경비면 얼마든지 집 앞에서도 회 사서 먹을 수 있습니다. 취미는 취미에서 그쳐야 합니다. 그런데 에서는 그렇지를 못했습니다. 직장에서도 보면 일하는 것보다 취미생활을 더 즐기는 사람들이 있습니다. 그런데 그런 사람 치고 승진하여 성공하는 일이 거의 없습니다. 우리는 에서의 어리석은 삶을 통해 깨닫도록 합시다.

어떤 사람은 바둑을 참 좋아합니다. 그런데 취미로 좋아하는 것이 아니라 그 정도가 지나칩니다. 한두 판으로 끝내고 집에 간다면 뭐 문제가 되겠습니까? 그런데 어떤 사람을 보면 기원에서 밤새도록 바둑을 둡니다. 그렇게 밤새 바둑을 두고 다음날 아침에 직장에 가니 무슨 일이 제대로 되겠습니까? 더러 이렇게 바둑을 좋아하시는 목사님들이 계십니다. 그런데 그분들의 말씀에 의하면 밤새도록 바둑 두고 주일이 되어 강단에 올라서면 교인들 머리가 바둑알로 보인답니다. 그러니 그 교회가 부흥이 되겠습니까? 안됩니다. 목회자도 취미와 직업을 혼동하면 안됩니다.

우리 주변에도 이런 사람들을 흔히 볼 수 있습니다. 인간적으로 보면 사람은 더없이 좋습니다. 그 사람은 취미가 아닌 것이 없습니다. 낚시도 취미고 돌 줍는 것도 취미고 난초 키우는 것도 취미고 모든 것이 다 취미입니다. 그런데 그 사람이 사는 것을 보면 영 그렇습니다. 여러분이 만일 이렇게 살고 계시다면 그것은 잘못된 겁니다. 에서가 범한 오류를 범하면서 사는 것입니다. 여러분은 과연 삶과 취미를 구분하면서 사십니까? 지혜롭게 구분하시길 바랍니다. 정도를 넘어서지 않는 여러분들이 되시길 바랍니다.

에서의 네 번째 실수-동생에 대한 마음가짐

창세기 27장 41절을 한번 보십시오.

그 아비가 야곱에게 축복한 그 축복을 인하여 에서가 야곱을 미워하

여 심중에 이르기를 아버지를 곡할 때가 가까웠은즉 내가 내 아우 야곱
을 죽이리라 하였더니

물론 야곱이 잘못하기는 했습니다. 감히 형의 축복을 빼앗아 받았으니
얼마나 잘못한 것입니까? 그렇다면 동생만 다 잘못하고 형은 다 잘 했습니
까? 그렇지는 않습니다. 분명히 에서도 잘못한 것이 있습니다. 애초에 팥
죽 한 그릇에 동생에게 장자권을 넘기지 않았다면 이런 일은 있지도 않을
겁니다. 그런데 에서는 지금 자신의 잘못은 돌아보지 않고 동생의 탓만 하
고 있지 않습니까?

수준 있는 사람과 수준 없는 사람을 좌우하는 기준이 뭔지 아십니까? 수
준 있는 사람들을 보면 문제의 원인을 자기 안에서 찾습니다. 하지만 수준
없는 사람은 자꾸 남에게서 원인을 찾습니다. 그런데 여러분이 아셔야 할
것은 남을 탓해서 해결되는 문제는 없다는 겁니다. 남에게서 문제 해결을
하려고 하니 도무지 실마리를 찾을 수 없습니다. 문제는 내게 있는데 그것
을 남에게서 찾으니 되겠습니까? 무슨 문제를 만나더라도 자기 안에서 그
원인을 찾는 여러분이 되시길 바랍니다.

신랑이 정상적으로 살지 못한다 하더라도 그 책임도 내 안에서 찾자는
겁니다. 신랑만 탓한다고 해서 신랑이 쉽게 바뀌어진답니까? 그렇지 않습
니다. 그렇게 해결하려고 하면 아무리 시간이 흘러도 해결되지 않습니다.
그런데 자기 안에서 문제를 찾고 자신을 먼저 고쳐나간다면 훨씬 빠른 시
간에 문제는 풀립니다. 자기 안에서 문제를 찾는 것이 지혜입니다.

에서는 하나밖에 없는 동생 야곱을 죽이려는 마음까지 먹습니다. 성경
안에 흐르고 있는 가장 중요한 언약 가운데 하나가 바로 아브라함과 하나
님의 언약입니다.

너를 축복하는 자에게는 내가 복을 내리고 너를 저주하는 자에게는
내가 저주하리니 땅의 모든 족속이 너를 인하여 복을 얻을 것이니라 하
신지라 (창 12:3)

아주 중요한 말씀입니다.

그렇다면 에서는 마땅히 어떻게 했어야 합니까? 야곱을 축복했어야 합
니다. "그래, 아우야, 네가 지혜롭다. 너 같은 동생이 있어 자랑스럽다." 에
서가 만일 이랬다면 얼마나 좋은 가정을 이루었겠습니까? 그런데 에서는
동생을 향해 미움과 시기로 가득 차 있습니다. 심지어는 동생을 죽이려는
결심까지 합니다. 그러니 어찌 에서가 잘되겠습니까? 참으로 어리석은 에
서의 인생입니다.

여러분의 가정은 어떻습니까? 예전에 비하면 몇 식구 되지도 않는 사람
들이 일년에 몇 번 없는 명절에도 잘 모이지 않습니다. 차라리 오지 않았
으면 좋겠다고 생각하기도 합니다. 꼭 누구와 같은 삶입니까? 에서를 보면
서 어리석다고 비판하면서도 우리 역시 그런 삶을 살지는 않습니까? 에서
의 삶을 보면서 이런 깨달음이 있기를 바랍니다. '우리는 그렇게 살아서는
안되겠구나. 그래, 그 사람이 내 축복을 다 빼앗아갔다고 할지라도 진정으
로 복을 빌어주자.' 넉넉한 마음을 간구할 수 있는 여러분들이 되시기를
바랍니다. 하나님이 그 마음을 보실 때 얼마나 기특하시며 차고 넘치는 복
을 주시겠습니까?

복을 빌더라도 가까운 사람보다는 원수를 향한 복을 먼저 빌어줍시다.
좋은 사람, 가까운 사람을 위한 기도를 하기 전에 꼴 보기 싫은 사람, 생각
만 해도 싫은 사람을 위해서 먼저 기도합시다. 그 사람을 위한 중보기도도
중요하지만 그보다 더 중요한 것은 여러분에게 그런 마음이 있다는 것, 그

런 넉넉한 사람이 되었다는 것이 너무도 소중합니다.

누군가를 향해 저주하는 마음을 품어본 적이 있습니까? 그렇다면 저주도 문제지만 그 사람을 저주하는 마음을 품었다는 것은 더 큰 문제가 됩니다. 어떤 사람을 향해서든 복을 빌어줄 수 있는 넉넉한 그릇이 되어야 합니다. 이를 위해 기도하는 여러분들이 되시길 바랍니다.

에서의 심중에는 동생을 죽이려는 마음이 있었습니다. 그래서는 안됩니다. 더군다나 에서에게 있어서 야곱은 하나밖에 없는 동생 아닙니까? 설사 그보다 더 험한 짓을 했을지라도 어떻게 하나밖에 없는 동생에게 그런 험한 마음을 품는다는 말입니까? 성경을 보면 에서처럼 어리석은 형이 또 한 명 나옵니다. 누굽니까? 바로 가인입니다. 가인은 동생 아벨을 때려서 죽이는 죄를 짓습니다. 그러니 가인은 아주 오랜 세월이 흐른 지금까지도 동생을 죽인 형으로 기억되고 있습니다. 에서도 마찬가지입니다. 동생을 죽이려고 마음을 품었던 형으로 기록되고 있습니다.

여러분은 이렇게 죽이고 싶도록 싫은 사람이 있었습니까? 혹시 시댁 식구들을 향해 이런 미운 마음을 품고 있습니까? 물론 나름의 이유와 속상함은 있을 것입니다. 하지만 이래서야 되겠습니까? '하지만' '그럼에도 불구하고' '도무지 사랑하기 힘든 사람이었지만' 사랑할 수 있는 여러분들이 되시길 바랍니다. '평생 동안 시어머님과 불화하고 평행선을 걸었던 며느리'로 기억되는 것이 아니라 '그럼에도 불구하고 시어머님을 존경한 착한 며느리'로 기억되기를 원합니다.

오늘의 삶은 아무 것도 아닌 것 같습니다. 하지만 이 하루가 모여 거대한 역사를 이루는 것입니다. 그렇다면 여러분들은 오늘을 어제처럼 사시겠습니까? 이런 엄청난 역사성을 알면서도 어제처럼 살겠는가 이 말입니다. 에서를 통해 깨달읍시다. 상대가 누가 되었든 죽이겠다는 마음을 품는다면 옳지 않습니다. 늘 좋은 감정, 좋은 마음만을 품는 여러분들이 되시길 바랍니다.

왜 형제를 죽이려는 마음을 품으면 안되는가에 대해 말씀드리겠습니다. 우리가 남을 향해 복을 빌면 복이 가고 저주를 빌면 우리에게 저주가 오기 때문입니다. 그러니까 복은 빌어줄지라도 저주는 하지 말아야 한다는 겁니다. 그런데 성경에는 더 중요한 한 가지 정신이 있습니다. 그와 당신은 다른 존재가 아니라는 겁니다. 당신이 그고, 그가 당신이라고 하는 '하나 됨의 정신'이 있습니다. 이것은 아주 중요한 그리스도의 정신입니다. 그러니 이 세상에 우리가 저주할 사람은 단 한 명도 없습니다. 모두 축복의 대상입니다. 마귀만 빼고는 모두 축복해야 합니다.

탕자를 봅시다. 그는 허랑 방탕하게 생활했지만 하나님께서 그런 탕자의 잘못을 꾸짖으시면서 저주하십니까? 그렇지 않습니다. 사랑하시고 품어주십니다. 잘못한 사람이 모두 저주를 받는다면 누구부터 저주를 받아야 합니까? 과연 당신은 하나님 앞에서 아무런 저주도 받지 않게 살았습니까? 저주받아 마땅한 당신이 그 엄청난 하나님의 사랑을 받았다면 당신에게 아무리 잘못했을지라도 그 사람도 사랑하는 것이 마땅하지 않은가 이 말입니다. 주님은 우리에게 말씀하십니다. "1만 달란트 탕감 받은 자가 어떻게 백 데나리온 빚진 자를 용서하지 못하는가?"(마 18장 참조)

많은 사람들이 "나는 절대로 용서 못해!"라고 말합니다. 세상 사람들은 그렇게 말해도 됩니다. 하지만 믿는 우리들은 그렇게 말해서는 안됩니다. 말을 바꿉시다. "나는 무조건 용서해. 내 눈에 흙이 들어가기 전에는 그 꼴 봐!" 이렇게 바뀌어야 합니다. 이것이 바로 에서를 통해서 우리가 배울 점입니다.

에서의 삶은 그렇게 끝난 것이 아닙니다. 역사성을 가지고 지금까지 계속 이어집니다. 몇 천년 전의 이야기이지만 지금까지 이렇게 회자되고 있지 않습니까? 역사성 때문이라도 우리는 더욱더 잘 살아야 합니다. 그런데 이렇게 잘 사는 사람을 보면 현실도 행복합니다. 저주를 품고 사는 사람이 행복하겠습니까, 아니면 축복을 품고 사는 사람이 행복하겠습니까? 오늘을 행복하게 사는 것은 오늘로 끝나는 것이 아니라 역사성을 가진다는 말입니다.

에서가 품은 마음은 그 사건으로 끝나지 않았습니다. 역사는 에서를 향해 계속해서 망령되이 행했다고 평가하지 않습니까? 반면 야곱을 향해서는 뭐라고 평가합니까? 없는 축복도 이루어낸 사람이라고 합니다. 이런 역사성을 생각할 때 오늘의 삶은 너무도 대단한 것입니다.

우리는 진지하게 살아야 합니다. 오늘의 삶을 생각해도 그렇지만 더더욱 역사성을 생각하면 정말 진지하게 살아야 합니다. 우리가 삶에 대해 더욱 진지해야 할 이유가 있는데 그것은 바로 '하나님의 심판' 때문입니다.

가룟 유다는 은 30에 예수를 팔았습니다. 그렇다면 예수를 판 가룟 유다의 마음은 편했겠습니까? 그렇지 않습니다. 역사도 그를 좋게 평가하지 않습니다. 그런데 그보다 먼저 가장 무서운 것은 하나님의 심판입니다. 그가 하나님 앞에서 어떤 심판을 받았겠습니까?

그러니까 삶이 좋으면 다 좋고 삶이 안 좋으면 다 안 좋습니다. 그러니 이 얼마나 오늘의 삶이 중요합니까? 그러니 하루하루를 지혜롭게 삽시다. 믿음으로 삽시다. 말씀으로 삽시다. 희생하면서 삽시다. 용서하면서 삽시다. 우리의 삶은 오늘로 끝나는 것이 아니라 역사에 남습니다. 물론 역사가 대단하기는 합니다. 하지만 역사도 왜곡되는 마당에 '그까짓 것'이라 할지라도 결정적으로 하나님의 심판대 앞에서 설 때를 생각한다면 우리에게는 더 이상의 여지가 없습니다.

모세는 수천 년 전에 살다가 죽은 사람입니다. 그런데 그렇게 아름다운 삶을 살았던 모세를 역사가 아름답게 기억해줍니다. 그런데 거기에서 머무는 것이 아니라 변화산에 예수님이 내려왔을 때 누구하고 누가 함께 왔습니까? 모세하고 엘리야가 예수님과 함께 왔습니다. 저는 생각만 해도 너무도 부럽습니다. 제가 모세의 시대에 살았다면 저하고 그렇게 넷이 만나지 않았을까 하는 꿈도 꿉니다. 그렇다면 얼마나 좋겠습니까?

여러분도 아파트 평수 넓은 것 사겠다는 욕심만 갖지 말고 그런 고귀한 욕심을 가지시길 바랍니다. 그런 자리에 있는 것과 아파트 좋은 것이 비교라도 됩니까? 옷 잘 입은 것과 하늘 보좌의 자리에 앉는 것이 비교가 됩니까? 여러분에게 이런 소망이 가득하시길 바랍니다.

사도 바울은 하늘 소망 한 가지를 위해 모든 것을 다 버렸습니다. 주를 위해서 다 버렸습니다. 하나님께서 이런 사도 바울을 보실 때 얼마나 기뻐하셨습니까? 역사는 사도 바울에 대해서 복음 전한 자로 얼마나 아름답게 기록하고 있습니까? 나아가 하나님 앞에 있을 바울을 상상해보십시오. 얼마나 영광스런 모습이겠습니까?

반대로 아나니아와 삽비라를 생각해봅시다. 그들은 사는 것도 시원치 않습니다. 역사는 이 부부를 일컬어 하나님의 것을 훔친 사람이라 평하고 기억합니다. 게다가 하나님 앞에 선 아나니아와 삽비라는 어떻겠습니까?

오늘을 사는 우리의 삶도 마찬가지입니다. 주의 일을 열심히 하는 사람은 당당합니다. 믿음 안에서 잘 사는 사람들을 보면 목사님의 눈에 띄려고 노력합니다. 하지만 주일 성수도 제대로 지키지 못하고 십일조 생활도 제대로 하지 못하는 사람들은 목사님하고 가까이 있는 것조차 꺼립니다. 그러니 이렇게 목사 앞에도 제대로 서지 못하는 사람이 하나님 앞에는 어떻게 설 수 있겠습니까?

믿음 생활을 잘하는 사람들을 보면 대체로 목사를 좋아합니다. 인간적인 눈으로 본다면 목사가 별 사람은 아닙니다. 하지만 목사가 누구입니까? 하나님의 사자 아닙니까? 그렇기 때문에 목사님을 좋아하는 사람은 나아가서 하나님도 좋아하는 사람입니다. 그것이 중요한 점입니다.

에서의 망령된 행실을 극복하는 방법들

그렇다면 어떻게 해야 에서의 이런 망령된 행실을 극복할 수 있겠습니까? 지금까지 이렇게 잘못 살아온 에서의 삶의 기준을 어떻게 해야 높일 수 있습니까? 가장 중요한 방법은 바로 '고난'입니다. 고난밖에 없습니다. 그래서 하나님은 우리에게 고난을 허락하시는 것 같습니다.

시편 119편 67절을 봅시다.

고난 당하기 전에는 내가 그릇 행하였더니 이제는 주의 말씀을 지키나이다

고난 받기 전에는 어떻단 말입니까? 주의 말씀을 지켰다는 말입니까, 지키지 않았다는 말입니까? 지키지 않았습니다. 내 멋대로 살았습니다. 고난받고 난 다음부터 순종한다는 말입니다. 그래서 고난은 은혜입니다. 71절도 보십시오.

　　고난 당한 것이 내게 유익이라 이로 인하여 내가 주의 율례를 배우게
　되었나이다

　무엇이 지혜입니까? 고난 당하기 전에 깨닫는 것이 지혜입니다. 잃기 전
에 깨닫는 것이 지혜입니다. 인간은 어리석어서 있을 때는 모르다가 다 지
나고 난 다음에 깨닫습니다. 당하고 난 다음에 깨닫지 말고 당하기 전에
깨닫는 지혜로운 사람들이 되시기를 바랍니다. 세월을 아끼는 지혜가 있
기를 바랍니다. 에서처럼 고난을 당한 후 깨닫는 것이 아니라 그 전에 깨
닫는 지혜 있는 자들이 되시길 바랍니다.

　두 번째로 귀한 방법은 '기도' 입니다. 모세같이 훌륭한 사람도 애굽에서
40년 동안 궁중 교육을 받았지만 그 성질을 고치지 못해서 애굽 사람이 괴
롭히니까 죽이고 맙니다. 정말 대단한 성질을 가졌던 사람입니다. 그런데
그런 모세가 광야에서 40년 동안 고생을 합니다. 그리고 시내 산에서 기도
많이 하고 내려온 다음에 무슨 일이 있습니까? 아론과 미디안이 너만 하나
님하고 이야기했느냐, 나도 이야기했다면서 삿대질을 합니다. 만일 모세
가 고난 받기 전이라면, 기도하기 전이라면 어떻게 행동했겠습니까? 모르
긴 몰라도 전처럼 패서 죽였을지도 모릅니다. 전적을 보면 그러고도 남을
모세입니다. 그런데 하도 고난을 겪고 보니까 사람이 변했습니다. 다듬어
졌습니다. 자세가 바뀝니다. 모세는 이런 스스로에게 놀라 자신에 대해 이
렇게 기록합니다.

　　이 사람 모세는 온유함이 지면의 모든 사람보다 승하더라 (민 12:3)

　자기가 자기한테 놀란 것입니다. 여러분도 자기가 자기한테 놀라시기를
바랍니다. 그것 참 괜찮은 것입니다. '아휴, 내가 어떻게 이렇게 훌륭해졌

냐? 내가 생각해도 참 신기하다' 이렇게 생각이 되어야지, '내가 생각해도 어떻게 이렇게 악질이 되어가냐' 이것은 좀 문제가 있습니다.

스스로 돌이켜 생각해도 놀랍도록 변화된 사람이 되시길 바랍니다. 오늘을 사는 여러분들의 삶 가운데 고난과 기도를 통해서 망령된 삶이 정말 축복된 삶으로 바꾸어 갈 수 있기를 바랍니다.

Ⅲ 히스
기야

히스기야

이스라엘 왕 엘라의 아들 호세아 삼 년에 유다 왕 아하스의 아들 히스기야가 왕이
되니 위에 나아갈 때에 나이 이십오 세라 예루살렘에서 이십구 년을 치리하니라
그 모친의 이름은 아비라 스가리야의 딸이더라 〈열왕기하 18장 1절-2절〉

이름의 뜻 여호와는 강하시다
가족관계 아버지-아하스, 어머니-아비야, 아들-므낫세

인생의 3단계

삶은 참으로 중요합니다. 그리고 삶보다 더 중요한 것이 역사입
니다. 사람은 죽음과 동시에 끝나는 것이 아니라 역사가 그를 평가합니다.
그런데 이 엄청난 역사까지도 별 것 아니라고 칩시다. 역사보다 더 중요한
것이 있으니 그것이 뭔지 아십니까? '하나님의 심판' 입니다. 하나님 앞에
섰을 때에 일평생 어떻게 살았는가 하는 그 하나님의 심판.

히스기야는 이 땅에서 54년을 살았습니다. 그런데 역사는 54년을 놓고
계속 평가합니다. 하나님 앞에서는 그 54년을 놓고 심판을 받습니다. 어떻
게 살았는가에 따라 선한 심판을 받기도 하고 악한 심판을 받기도 합니다.

이렇게 모든 사람들은 저마다 3단계의 인생을 살게 됩니다. 때문에 우리
는 짧은 인생을 살지만 주어진 시간을 잘 살아야 된다는 말입니다. 인생에
서 그치는 것이 아니라 역사에 남고, 또 그것으로 끝나는 것이 아니라 하

나님의 심판이 기다리고 있기 때문에 오늘 우리에게 주어진 삶은 너무도 소중합니다.

이렇게 우리의 삶이 신중한 것이라면 오늘 우리에게 주어진 현실을 잘 살면 되는 것 아닙니까? 오늘을 잘 살면 지금도 좋고, 좋은 역사를 남기게 되니 좋고, 하나님의 심판대 앞에 설 때에도 떳떳하니 좋습니다. 이렇게 3단계가 모두 좋은데 왜 그렇게 살지 못하는 것일까요? 저는 말씀을 통해 여러분들이 오늘을 최선을 다해 잘 살아야겠다는 도전을 받기 원합니다.

한 사람이 얼마나 중요한지 아십니까? 한 사람이 바로 서면 본인과 가정은 말할 것도 없고 나라도 살릴 수 있습니다. 반대로 한 사람이 잘못 되면 본인과 가정은 물론이고 나라까지 망하게 합니다. 우리나라가 왜 남북으로 나뉘어있습니까? 왜 북한에 사는 우리의 형제자매들은 밥도 굶으며 가난한 나날을 보내야만 합니까? 한 사람만 우상화하기 때문입니다. 그렇다면 남한이 이만큼이라도 잘 살게 된 이유가 뭡니까? 한사람 한사람이 민주주의를 추구해서 살기 때문에 이나마 살 수 있는 겁니다.

여러분은 6·25 전쟁 당시만 해도 이북이 훨씬 강했다는 사실을 아십니까? GNP도 이북이 높았고 무기도 많았습니다. 그런데 50년이 지난 지금, 북한과 우리나라는 경제력에서 수십 배의 차이가 납니다. 남한의 지도층 인사들이 북한에 가서 그 나라를 보기도 하고 북한의 인사들이 남한에 와서 두루 살펴보기도 합니다. 그런데 우리가 북한에 가서 볼 때는 아무 곳이나 가지를 못합니다. 아주 구속이 심합니다. 이북에 다녀온 어떤 목사님이 그러시는데 호텔방도 비디오로 다 찍는다고 해서 옷도 못 벗었다고 합니다. 늘 보이지 않은 감시 속에 있다고 생각하니까 뭐든 조심스럽답니다.

북한의 인사들도 남한에 와서 두루 살펴봅니다. 이렇게 북한의 인사와 남한의 인사가 만나 좌담회를 하던 중 재미있는 일화가 있습니다. 북한 사람이 이런 말을 하더랍니다. "전국에 있는 차를 이렇게 다 서울에 모아놓느라 애쓰셨습니다." 이 말을 듣는 순간 남쪽 대표가 이렇게 답했답니다. "차를 서울로 옮기는 것은 그래도 쉬웠는데 빌딩 옮기느라고 애썼습니다."

지금도 북한 사람들이 우리를 보면서 도무지 이해하지 못하는 것이 있답니다. '왜 남한 여성들은 살을 뺀다고 애를 쓰는가?' 이들에게는 다이어트의 개념이 서지 않는 겁니다. 먹을 것이 없어 고생인 나라인데 무슨 비대한 살을 걱정하겠습니까? 물론 민주주의도 문제가 전혀 없는 것은 아닙니다. 하지만 공산주의와 비교해보면 이렇습니다.

원래 이스라엘은 왕이 없던 나라입니다. 하나님께서는 직접 통치하기를 원하셨습니다. 그런데 인간이 거부하고 왕을 원합니다. "하나님이 직접 다스리시니까 불편합니다. 왕을 세워주세요." 그래서 처음으로 세워진 왕이 바로 사울입니다. 사울 왕도 처음에는 잘 했습니다. 말씀에 순종하고 주님 뜻대로 살았습니다. 어떻게 하면 잘 사는 겁니까?

> 네가 네 하나님 여호와의 말씀을 순종하면 이 모든 복이 네게 임하며 네게 미치리니 성읍에서도 복을 받고 들에서도 복을 받을 것이며 네 몸의 소생과 네 토지의 소산과 네 짐승의 새끼와 우양의 새끼가 복을 받을 것이며 네 광주리와 떡반죽 그릇이 복을 받을 것이며 네가 들어와도 복을 받고 나가도 복을 받을 것이니라 (신 28:2-6)

간단합니다. 말씀 듣고 순종하면 복을 받습니다. 그런데 말씀을 떠날 때 문제가 생깁니다. 말씀을 떠나고 우상을 섬기면 저주를 받는다고 말씀하셨습니다. 그런데 사울은 이 잘못을 범하고 맙니다. 그래서 하나님께서는 사울을 폐하시고 다윗을 세우십니다.

다윗이야말로 순종하면서 잘 살았던 왕의 표본입니다. 그러니까 그는 삶도 아름답고 역사도 아름답고 심판까지도 얼마나 아름다운지 모릅니다. 다윗에게서 솔로몬이 나옵니다. 솔로몬도 아버지로부터 좋은 영향을 받아 시작은 괜찮았습니다. 그러다 나중에는 아주 큰 잘못을 저지릅니다. 이때 솔로몬의 아들 르호보암과 여로보암으로 인해 나라가 북이스라엘과 남유다로 나뉘게 됩니다. 남과 북으로 나뉜다니 우리나라와 흡사하지 않습니까?

여호와는 나의 힘이시라

히스기야 이름의 뜻은 '여호와는 강하시다', '여호와의 힘'입니다. 참 좋은 이름 아닙니까? 이름을 잘 지었습니다. 이름은 잘 지어야 합니다. 성경의 인물들을 보면 이름대로 사는 사람이 참으로 많습니다. 그러니 일단 믿음의 이름을 지으십시오.

저는 개인적으로 딸의 이름으로는 '은혜'가 좋습니다. 천 번을 들어보아도 좋은 이름이 '은혜'입니다. 제가 어디선가 이런 말을 하자 어떤 사람이 묻습니다. "목사님, 그러면 전국이 다 은혜라고 지으면 어떻게 합니까?" 뭐 어떻습니까? 전국이 다 은혜로 충만한데 얼마나 좋습니까? 이쪽에 가도 은혜가 넘치고 저쪽에 가도 은혜가 넘치고. 어찌 되었든 히스기야는 그 이름부터 좋습니다. '여호와는 나의 힘이시라'는 고백입니다.

히스기야는 유대 13대 왕이 됩니다. 히스기야가 왕이 되면서부터 나라는 아주 바르게 섭니다. 히스기야의 아버지는 아하스입니다. 그런데 아하스 왕은 이방 나라를 의지하는가 하면 정치적인 문제를 해결하고자 우상을 섬겼습니다. 사람은 크게 둘로 나눌 수 있습니다. 무슨 일이든 믿음으로 다스리는 사람이 있는가 하면, 반대로 인간적인 지혜로 다스리는 사람이 있습니다. 믿음으로 다스리는 사람들은 일이 있을 때마다 하나님께 기도합니다. 하지만 인간적인 지혜로 다스리려는 사람들은 온갖 인간적인 방법을 동원합니다.

우리의 인생도 마찬가지입니다. 인간적인 재주로 살아가는 사람이 있는가 하면 정말 믿음으로, 하나님의 은혜로, 축복으로 살아가는 사람도 있습니다. 저는 여러분들의 삶이 하나님의 은혜로, 믿음으로 복되길 간절히 기도합니다. 하나님의 뜻 가운데 살고자 노력하면 삶의 형태가 달라집니다. 평안한 가정을 원하십니까? 그렇다면 믿음으로 사는 길밖에 없습니다. 믿음으로 사는 가정은 평안합니다. 이것은 역사가 주는 교훈이요, 성경이 주는 교훈이요, 오늘 여러분의 삶이 경험해야 할 교훈입니다.

히스기야의 아버지는 아하스, 어머니는 아비야입니다. 그리고 히스기야의 외할아버지가 바로 스가랴입니다. 스가랴의 신앙을 히스기야의 어머니 아비야가 이어 받고 그 신앙을 다시 히스기야가 물려받습니다. 그러니 히스기야가 훌륭할 수 있었던 것은 모두 어머니의 덕입니다.

제가 누누이 드리는 말씀이지만 훌륭한 남자 뒤에는 반드시 훌륭한 여자가 있습니다. 그 훌륭한 여자가 아내일 수도 있고 어머니일 수도 있지만 반드시 훌륭한 여자가 있다는 말입니다. 다소 억측처럼 들릴 수도 있지만 나라가 잘못되면 여자들의 책임입니다.

모쪼록 믿음으로 자녀를 잘 키워서 아비야가 히스기야 같은 왕을 만든 것처럼 여러분의 자녀들을 바르게 키우시길 바랍니다. 히스기야 같은 왕 한 명만 있으면 가정은 물론이고 나라까지 삽니다. 그렇다면 히스기야가 한 일이 구체적으로 무엇인지 지금부터 살펴보려고 합니다.

히스기야는 25세의 나이에 왕이 되어 54세에 죽습니다. 그리고 그 사이 39세에 죽을 병에 걸립니다. 그런데 병에 걸린 후에도 15년이나 더 삽니다. 또 그는 큰 전쟁도 한번 치릅니다. 그래서 히스기야의 인생을 전체적으로 보면 평생 동안 두 번의 어려움(전쟁과 질병)을 겪습니다.

그런데 여러분은 히스기야가 이 큰 전쟁과 질병을 이겨낸 비결이 뭔지 아십니까? '기도'입니다. 이런 역사적 사실을 눈으로 보면서도 기도하지 않는 사람들이 있습니다. 도대체 뭡니까? 망해 가는 이스라엘을 사무엘은 기도로 회복시킵니다. 그때 드린 기도는 우리가 지금 하고 있는 그런 일반적인 기도가 아니라 회개, 금식, 기도입니다.

저는 우리나라가 회개, 금식, 기도 이 세 가지는 다 못한다고 하더라도 반드시 두 가지 회개와 기도는 해야 한다고 생각합니다. 먼저 회개부터 합시다. 그리고 기도해야 합니다. 우리나라가 앞으로 살 수 있는 길은 회개와 기도밖에 없습니다. 여러분이 의식을 하고 사는지 아니면 의식하지 못하고 있는지는 모르지만 지금 우리나라는 참으로 어렵고 힘듭니다.

우리나라는 딱히 내세울 자원도 없습니다. 그나마 꼽으라면 인적 자원 정도가 전부입니다. 예전에는 물이 큰 자원이 되었는데 이제는 물 부족국가라고 합니다. 여기저기 광산을 뚫어봐야 석탄밖에 나오지 않습니다. 자원 가운데 가장 싼 자원이 석탄 아닙니까? 그런데 그나마 그것도 다 떨어져서 폐광이 되어가고 있습니다. 그러니 우리나라에서 하나 있는 자원이라고는 인적 자원 정도입니다. 그런데 마지막 보루인 사람이 잘못된다면 정말 큰일 아닙니까?

저는 우리 민족이 지금 살 수 있는 유일한 길은 회개와 기도뿐이라고 생각합니다. 우리가 제대로 회개하고 기도를 드린다면 하나님은 우리 민족을 세계에 높이 들어 사용하여 주실 줄로 믿습니다.

이미 어쩔 수 없는 과거지사이기는 하지만 '우리나라가 땅만 좀 넓었다면…' 하는 아쉬움이 있습니다. 지구 전체를 놓고 볼 때 지금도 세계 각처에는 못 쓰는 땅, 노는 땅이 얼마나 많은지 아십니까? 이런 땅들이 우리나라의 것이라면 얼마나 좋겠는가 하는 아쉬움이 많습니다. 그렇다면 세계 속에서 뭔가 큰 역사를 한번 이루어볼 수도 있을 것 같은데 우리나라는 뭘 하려고 해도 늘 땅이 부족합니다.

조상 탓하기에는 좀 뭣하지만 200년 전에라도 북쪽 위에 노는 땅을 좀 많이 차지해놓았다면 얼마나 좋았을까 하는 생각이 있습니다. 옛날 고구려 당시 그 땅이라도 잘 지켰다면 얼마나 좋았겠습니까? 그랬다면 우리나라는 굉장한 강대국이 되었을 것입니다. 지금이라도 정부 당국은 다른 발전하려고 노력하지 말고 못쓰는 땅이나 사들이는 연구를 했으면 좋겠습니다. 우리 민족이 어떤 민족입니까? 사막 같은 땅을 주어도 그 땅에서 꽃을 피울 수 있는 저력이 있습니다. 아프가니스탄 땅을 보니까 정말 영 못쓰게 되어있습니다. 그것이라도 좀 샀으면 좋겠습니다. 그럼 우리 민족은 그 땅을 홍콩처럼 만들 자신이 있습니다. 우리나라의 굵직한 건설회사들이 가서 아파트 짓고 수로 놓고 그러면 금방 쓸 만한 땅이 될 겁니다. 우리는 능히 그렇게 하고도 남을 민족입니다. 제대로 땅 임자도 없는 그 땅을 사서 개발하면 참 좋겠다는 생각을 합니다.

저는 호주 같은 나라를 봐도 참 부럽습니다. 호주의 국가 면적이 얼마나 넓은지 미국 본토하고 똑같습니다. 그런데 영국 사람들이 배를 타고 가서 그 땅을 먹지 않았습니까? 원래 호주는 원주민의 땅이었습니다. 영국이 손을 대기 전에 이순신 장군이 거북선 타고 군사 만 명 정도 데리고 갔으면 얼마든지 우리 국토로 할 수 있었을 겁니다. 당시 호주 땅에 살던 원주민들은 거의 벌거벗고 입나팔이나 불면서 사는 미개인이었습니다. 그런데 우리는 한복 갖추어 입고 거북선 타고 다녔습니다. 그러니 얼마든지 가능합니다. 지리적으로 봐도 영국에서 호주까지 오는 것보다 우리나라에서 가는 것이 훨씬 더 가깝습니다. 그냥 밑으로 쭉 내려가면 됩니다. 그런데 왜 먼 나라 영국에서 올 때 우리는 그런 생각을 못했는지 참으로 안타깝습니다.

영국은 손톱만한 국가입니다. 그런데 손톱이 손바닥을 먹었습니다. 이순신 장군이 그때 죽지 말고 좀더 살아서 왜적 물리친 다음에 거북선 몇 개 더 만든 후 쭉 내려가서 그 땅을 먹었다면 얼마나 좋았겠는가 하는 상상을 해봅니다. 그 호주의 해변이 다 우리 땅이라면….

그러다 또 이런 깨달음이 옵니다. 어떻게 생각하면 차라리 그 땅이 우리 땅이 아닌 것이 나을지도 모르겠습니다. 만일 그 해변이 우리 것이라면 해변에 누워서 죄만 짓고 있을지도 모르지 않습니까? 그러니 하나님께서 오죽 알아서 역사하셨겠습니까? 저는 부흥회 인도차 서구 나라에 갔다가 해변에 누워 뒹구는 사람들을 보면 도대체 뭐 하는 사람들이기에 대낮에 저러고 있는가 하는 생각이 듭니다. 정말 한심하기가 그지없습니다. 말만 제대로 통한다면 딱 그 자리에서 "회개하라!"고 부흥회나 했으면 좋겠습니다.

우상을 척결하는 히스기야

히스기야는 25세의 나이에 왕이 됩니다. 히스기야가 왕이 된 다음에 맨

처음 한 일이 뭔지 아십니까? 우상을 척결했습니다. 산당을 제합니다. 요
소 요소마다 우상의 단지를 폐합니다.산당을 다 허문 후 주상을 깨뜨립니
다. 주상이란 기둥이나 돌로 세워진 우상을 말합니다. 고대 이집트에 세워
졌던 종교적 기념비의 전형이 다 주상입니다. 우리나라에도 이런 주상들
이 많습니다. 전국 방방곡곡을 다니다 보면 뭘 그렇게 많이 세워놓았는지
모릅니다. 저는 그것들을 볼 때마다 걱정이 됩니다. 이런 우상들을 보면서
도 하나님이 우리나라에 복을 주실 것인가 하는 걱정이 듭니다. 우상을 세
우는 나라는 타락하게 되어있습니다. 우상을 세우고 나면 그 땅은 반드시
타락하게 되어있다는 것이 더 큰 문제입니다.

그 다음에는 아세라목상을 다 찍어버렸습니다. 목상은 나무로 만든 불
상이나 신상이나 어떤 인물들의 형상을 말합니다. 우리나라에도 이런 목
상이 많습니다. 천하대장군, 지하여장군을 아십니까? 이것들이 다 주상이
요, 목상입니다. 우리도 지방으로 가면 동네 입구마다 이런 것을 세워놓은
곳이 많이 있습니다.

재미있는 이야기 하나 해드리겠습니다. 예수를 믿는 한 사람이 길을 가
고 있었답니다. 그런데 냇가가 길을 막고 있습니다. 아무리 봐도 그 냇가
를 건너도록 만들어진 다리가 없습니다. 난감합니다. 그냥 빠져서 건너자
니 그것도 좀 그렇고 그렇다고 다른 길도 없고 해서 이러지도 못하고 저러
지도 못하고 있는데 옆에 천하대장군이 있더랍니다. 예수 믿는 이 사람은
그 천하대장군을 확 부러뜨려 냇가에 가로지르게 놓고는 다리 삼아 건너
갔습니다.

그런데 동네 사람이 그 자리를 가다가 그만 다리가 된 천하대장군을 보
았습니다. '세상에 우리 천하대장군님을 이렇게 다리로 만들다니. 어떤 고

약한 놈이 이렇게 했는가.' 이 사람은 냇가에 빠져 그 천하대장군을 건져 다시 잘 세워놓았습니다.

이렇게 다리 잘린 천하대장군이 마귀 회의에 참석했답니다. 천하대장군은 아주 기분이 나쁩니다. "대장님, 대장님, 제가 오늘 다리가 부러졌습니다. 어떤 놈이 와서 제 다리를 부러뜨려 냇가 다리를 만들었습니다. 가서 이 놈을 해코지 해야 합니다." 그러니까 그 대장이 묻습니다. "아니, 네가 다리가 부러졌는데 지금 어떻게 서있냐?" "어떤 놈이 와서 감히 제 다리를 부러뜨리고는 다리 삼아 밟고 건너가기는 했는데 잠시 후 어떤 사람이 오더니 저를 이렇게 세워주고 갔습니다."

그러자 대장이 소리를 지릅니다. "야, 이놈아. 그 사람이 너를 부러뜨릴 때는 네가 만만하니까 부러뜨리고 갔지, 네가 무서우면 그렇게 했겠느냐? 차라리 너를 세워주고 간 사람에게 가라 이놈아. 너를 세워준 사람은 너를 무섭게 여기니까 네가 거기를 가야 밥이라도 얻어먹지 부러뜨린 사람에게 갔다가는 네 다리 또 부러져." 일리가 있지 않습니까?

정말 신기하고 재미있는 것은 이것저것 무시하고 사는 집은 다 무시해도 아무 일 없이 잘 삽니다. 그런데 무속적인 것들을 다 따지면서 섬기는 집들을 보면 심지어 못 하나 박을 때에도 물어보고 합니다. 이사도 그렇습니다. 무시하면서 사는 집은 손 있는 날이든 손 없는 날이든 개의치 않고 형편에 맞는 날을 정해 이사합니다. 집 방향이 어느 쪽이든 어느 시간에 이사를 가든 전혀 상관하지 않습니다. 동서남북 살기 편한 대로 못도 박습니다. 아무 것에도 지장을 받지 않고 마음대로 합니다. 그래도 아무런 일 없이 잘만 삽니다.

그런데 그렇게 하면 안된다고 믿는 사람들은 정말 안됩니다. 왜 그런지 아십니까? 약하기 때문에 그렇습니다. 예수 믿고 정말 좋은 점 가운데 하나는 이것저것 잡다한 것 다 무시하고 하나님만 바라보면서 살면 된다는 겁니다. 어떤 집사님은 예수 믿기 전에 일년에 열 몇 번 제사를 지냈답니다. 그 집사님의 말씀에 의하면 예수 믿고 그놈의 제사 없어진 것이 그렇게 좋을 수 없답니다.

우리나라도 먼저 우상부터 없애야 합니다. 이 나라가 어찌 되려고 이러는지 학교마다 단군상을 세우겠다고 난리입니다. 왜 아이들이 공부하는 그 정결한 장소에 단군상을 세우려고 하는지, 온 나라가 정신을 못 차리고 있습니다. 하나님께서는 분명히 어떤 형상이든 우상을 만들지 말라고 말씀하셨는데 왜 우리나라는 복을 막는 길을 앞서 자행하려 합니까?

어떤 사람은 이렇게 묻습니다. "그럼 이순신 장군 상은 왜 세웁니까?" 사실 이순신 장군 동상도 세우면 안됩니다. 그런데 이순신 장군의 동상과 단군상과는 근본적으로 다른 점이 있습니다. 일단 이순신은 실제로 살았던 사람이고, 단군은 존재조차 하지 않았던 겁니다. 단군은 단지 신화에 불과합니다. 단군이 진짜로 있었다면 정말 여러분과 내가 곰의 자손이라는 겁니까? 무식이 충만한 소리입니다.

이순신 장군의 동상을 세우는 것 역시 옳은 것은 아닙니다. 아무리 나라에 큰 공헌을 한 사람이라 기념비적으로 세운다고 해도 하나님께서 기뻐하시는 일은 아닙니다. 아무리 훌륭하게 살다가 죽은 사람일지라도 그 어떤 형상도 동상으로 만들어 세우면 안됩니다. 하나님께서는 그런 행동을 기뻐하시지 않습니다.

다음으로 히스기야가 한 일은 놋뱀을 부수는 것입니다. 놋뱀이 뭡니까? 이스라엘 백성이 광야 생활을 할 때 백성들이 하나님을 향해 원망을 하니까 하나님께서 불뱀을 만들어 물게 하십니다. 불뱀은 하나님께서 역사로 깨우치게 하시는 교훈입니다. 영적인 눈으로 볼 때 원망하면 불뱀에게 물려 죽듯 원망이 많은 사람들은 마귀에게 물려서 죽기 마련입니다. 구약시대에 있었던 일이 지금도 그대로 드러나고 있습니다. 마귀라는 놈이 어떻게 하는지 그 성경적인 근거를 대드리겠습니다.

어떻게 알았는지 마리아는 예수님이 십자가에 달리시기 직전에 향유를 깨뜨려 발에 붓고 머리털로 예수님의 발을 씻겨드립니다. 이 장면을 머리에 그려봅시다. 제가 생각하기에 마리아의 머리카락은 길었을 것 같습니다. 그 긴 머리카락으로 예수님의 발을 씻어드렸습니다. 그것도 엄청나게 값진 향유까지 발에 붓고 씻어드립니다.

이 모습을 한번 상상해봅시다. 마리아는 자신이 그리도 사모하던 예수님의 발을 만지며 씻겨드립니다. 온 방안은 그 향유의 냄새로 가득합니다. 정말 천국이 따로 없습니다. 마리아는 황홀경 속에 빠져있습니다. 자신에게 가장 소중한 것을 깨뜨린 마리아는 이렇듯 행복합니다. 그런데 그 자리에 함께 있었던 가룟 유다는 어떻습니까? 그는 예수님에게 물 한 방울도 드리지 않았습니다. 그러면서 옆에서 뭐라고 합니까? "왜 낭비하냐? 그것을 팔아서 가난한 사람을 나누어주지."

물론 가룟 유다의 말 자체가 틀린 말은 아닙니다. 우리들이 이성적으로 생각해보아도 어느 정도는 맞습니다. 어쩌면 그것을 팔아서 가난한 사람을 나누어준다면 더 의미 있는 일일지도 모릅니다. 발은 몇 방울만 떨어뜨려 닦아드리고 나머지는 팔아서 가난한 사람을 돕는다면 좋겠다고 말한 가룟 유다의 생각에 일정 부분은 납득이 되기도 합니다. 그런데 이런 가룟 유다를 향해 예수님은 뭐라고 말씀하십니까? "놔두어라. 이 여자는 지금

나의 장례를 준비하고 있느니라.”

　여러분들은 때때로 성령이 주시는 감동으로 행하신 적이 있습니까? 그렇다면 그것은 여러분이 상상하지 못할 하나님의 깊은 뜻이 있기에 그렇게 행하시는 줄로 깨달으십시오. 믿음의 사람만이 이렇게 행할 수 있습니다.

　가룟 유다는 자기 것을 드리는 것도 아니면서 열 내고 있습니다. 막 흥분합니다. 가룟 유다의 마음 중심에는 불평이 가득합니다. 이렇게 하다가 결국은 마귀에게 물려서 죽었습니다. 불평하면 어떻게 됩니까? 마귀에게 물리고 맙니다. 그러니 우리들은 아무 것도 원망하지 말고 불평하지 맙시다. 범사에 감사합시다. 다시 말합니다. 어떠한 환경에 처하든지 불평하면 안 됩니다.

　광야에서 백성들이 불평하다가 불뱀에 물려 죽으니까 모세가 기도합니다. 그러자 하나님께서 놋뱀을 만들어 그것을 장대에 매달라고 하십니다. 모세는 하나님께서 명령하시는 대로 놋뱀을 만들어 장대에 매달았습니다. 그러자 불뱀에 물릴지라도 놋뱀을 쳐다보기만 하면 살 수 있습니다. 얼마나 신비한 일입니까?

　이것은 구약의 사건으로 그치는 것이 아닙니다. 아주 중요한 것을 상징하고 있습니다. 바로 ‘십자가’ 입니다. 당시 광야의 사람들이 놋뱀을 쳐다보고 산 것처럼 우리도 예수님의 십자가를 믿고서 살라는 상징입니다.

　그런데 이제는 이스라엘 민족들이 시도 때도 없이 놋뱀을 섬깁니다. 그러다 결국 이 놋뱀이 우상이 되고 맙니다. 하나님께서 명령하신 그때에 놋뱀을 바라보고 살았던 것은 옳았습니다. 하지만 그 후에도 계속해서 놋뱀을 섬겼기 때문에 이제는 우상이 되었다는 겁니다. 이해가 되십니까? 이렇게 어리석은 행동을 히스기야 왕 때까지 계속 합니다. 그것을 없앤 사람이 바로 히스기야입니다. 놋뱀이 다른 사람의 눈에는 믿고 의지할 대상이었지만 히스기야의 눈에는 우상으로 보인 겁니다.

인간이 굉장한 존재 같아도 또 한없이 허약한 존재가 바로 인간입니다. 어떤 사람들은 십자가를 목걸이로 만들어 걸고 다닙니다. 물론 단순히 장식으로 십자가 목걸이를 하는 사람들도 있습니다. 하지만 어떤 사람들은 십자가 목걸이를 하면 주님께서 보호해주실 것이라 믿기도 합니다.

원래 십자가는 지고 다니는 것이지, 달고 다니는 것이 아닙니다. 성경에도 보면 십자가를 지고 좇으라는 말씀은 있지만 십자가를 달고 좇으라는 말씀은 없습니다. 제가 이런 말씀을 드리니까 어떤 분이 이렇게 말합니다. "목사님, 그래도 어떤 때는 가끔 짊어져요." 그래서 무슨 말인가 물었더니 십자가 목걸이 메달이 목 뒤로 넘어갈 때도 있다고 해서 웃었던 적이 있습니다.

출애굽기 20장 4, 5절은 뭐라고 말씀하십니까?

> 너를 위하여 새긴 우상을 만들지 말고 또 위로 하늘에 있는 것이나 아래로 땅에 있는 것이나 땅 아래 물 속에 있는 것의 아무 형상이든지 만들지 말며 그것들에게 절하지 말며 그것들을 섬기지 말라

기도로 전쟁에서 승리하는 히스기야

앞서 언급한 대로 히스기야는 전쟁과 질병 이 두 가지 커다란 위험을 겪습니다. 이 부분에서 여러분에게 드리고 싶은 말씀이 있습니다. 어려움을 겪는다고 해서 꼭 뭔가 잘못이 있어서 겪는 것은 아니라는 겁니다. 히스기

야 왕이 믿음으로 살지 않아서 전쟁을 만나고 질병을 겪습니까? 그렇지 않습니다. 히스기야 왕은 하나님의 뜻대로 살았던 사람입니다. 하지만 그 나라에도 전쟁이 일어납니다.

> 이것을 너희에게 이름은 너희로 내 안에서 평안을 누리게 하려 함이
> 라 세상에서는 너희가 환난을 당하나 담대하라 내가 세상을 이기었노라
> 하시니라 (요 16:33)

예수님도 우리에게 "너희가 세상에서 아무런 환난을 당하지 않으리니 걱정하지 말아라"라고는 말씀하시지 않았습니다.

환난을 당할 때 너무 큰 의미를 부여하는 사람들이 때때로 있습니다. '내가 뭘 잘못해서 이런 어려움을 당하는가?' 물론 죄로 인해 어려움을 당할 때도 있습니다. 하지만 죄가 없을지라도 얼마든지 어려움을 만날 수 있습니다. 그러니 괜히 거기에 예민하게 반응하지 마십시오. 물론 뭔가 잘못해서 깨닫게 하시기 위한 환난도 있을 수 있지만 어려움을 만날 때마다 너무 많은 의미를 부여하지는 말자는 겁니다. 어떤 연유로 인한 어려움이든 이기면 되는 겁니다. 히스기야 왕이 죄를 지어서 전쟁이 난 것이 아님을 기억하십시오. 살다보면 누구나 아픔도 있고 어려움도 있기 마련입니다.

심지어 어떤 사람들은 "내가 뭘 잘못해서 이렇게 아프단 말인가? 혹시 전생에 죄가 있나?" 라는 말도 합니다. 정말 이런 쓸 데 없는 생각 좀 하지 마십시오. 예수 믿는 사람이 전생이 어디 있습니까? 현생만 있을 뿐입니다. 그렇지 않습니까? 어려움을 만날 때 깨달아야 할 것이 떠오르면 깨닫고 회개하되 그렇지 않다면 이겨내면 되는 겁니다. 하나님은 가지고 계시지도 않는 의미를 혼자서 만들어 부여하지 맙시다.

욥의 친구들이 거반 죽을 지경이 된 욥에게 와서 위로한답시고 뭐라고 합니까? "혹시 죄 지은 것 있으면 회개해." 우리 주변에도 이런 사람들이 더러 있습니다. 아파서 누워있는 사람에게 병문안이랍시고 가서는 이렇게 말합니다. "집사님, 회개해. 집사님이 무슨 죄를 지었는가보구먼." 이런 사람이 곁에 있으면 약이 올라 지금까지 했던 회개도 하기 싫어집니다. 자기는 옳은 말을 해준다고 할지 모르겠으나 상대방에게는 약 올리는 소리로밖에 들리지 않습니다. 병문안을 가서 굳이 뭔가 말을 해야겠으면 "얼마나 힘드십니까" 이 정도만 하십시오. 그 사람과 같은 마음으로 아파해주면 됩니다. 마음은 전혀 다른 상태에서 입만 옳은 말만 한다면 아무런 위로도 되지 않고 힘도 되지 않습니다.

동생이 사고를 쳐서 감옥에 갔습니다. 그때 형이라는 사람들은 뭐라고 하는지 아십니까? "놔두세요, 저놈의 자식 고생 좀 하게. 저놈은 고생해야 철이 들어요." 모든 형이 이렇게 말하지는 않지만 이렇게 말하는 형들이 많습니다. 하지만 부모의 마음은 형과 다릅니다. 어떻게 해서라도 아들을 빼낼 생각뿐입니다. 아무리 큰돈이 들어도, 부모의 형편에 버거울지라도 일단 자식을 빼내야겠다고 생각합니다.

객관적으로 볼 때 부모의 마음보다는 형의 말이 옳을 수 있습니다. 이론으로는 그렇습니다. 하지만 심정은 누구의 심정이 옳습니까? 부모의 심정입니다. 때문에 형의 교육적인 말로 변화되는 동생은 없지만, 부모의 사랑으로 변화되는 자식은 많습니다. 형을 생각하며 우는 동생은 보지 못했어도 부모님을 생각하면서 우는 자녀들은 많습니다. 이때 부모의 심정은 무엇입니까? 사랑입니다. 관용이요 이해입니다.

히스기야 때 일어난 전쟁이 동네 전쟁 정도의 수준이라 생각하면 안됩

니다. 지금으로 치자면 아프가니스탄하고 미국의 싸움과 비슷합니다. 히
스기야의 나라에 엄청나게 큰 나라가 쳐들어옵니다. 앗수르 왕 산헤립이
쳐들어와서는 예루살렘을 완전히 포위합니다. 그렇다고 해서 이스라엘은
아프가니스탄이고 앗수르는 미국이라는 뜻은 아닙니다. 단지 힘의 차이라
는 측면에서 볼 때에 이 정도로 차이가 났다는 겁니다.

산헤립이 쳐들어오면서 무슨 말을 하는지 아십니까? 참으로 어처구니없
습니다. 망하는 사람들이 꼭 이래서 망합니다. 그냥 나라만 들먹거리고 모
욕했더라면 좀 나았을 것을 꼭 여호와의 이름까지 걸고는 모욕합니다.

골리앗의 키가 290cm입니다. 제 키가 180cm이니까 저보다 110cm나
더 큽니다. 키만 큰 것이 아니라 뭐든 다 큽니다. 머리도 크고 손이랑 발도
크고 심지어는 목소리까지도 큽니다. 골리앗은 큰 목소리로 이렇게 외칩
니다. "이스라엘에서 나하고 싸울 사람은 나와라!" 이 정도면 나았을 것을
감히 "하나님이 누구냐? 별거냐?"라면서 망언을 합니다. 제가 보니까 망하
려고, 죽으려고 발악하는 사람들을 보면 공통적인 증후군이 있는데 바로
여호와의 이름을 망령되이 일컫습니다.

만일 골리앗만 들먹이며 말했다면 다윗이 그렇게까지 열을 받지는 않았
을 겁니다. 그런데 결정적으로 하나님의 이름을 망령되이 일컫는 것을 듣
고는 다윗은 화가 치밉니다. 그리고는 다짐합니다. "저놈의 자식을 죽이리
라!"

당시 다윗은 소년에 불과합니다. 이런 다윗이 골리앗 장군 앞에 나가서
어린 목소리로 외칩니다.

> 다윗이 블레셋 사람에게 이르되 너는 칼과 창과 단창으로 내게 오거
> 니와 나는 만군의 여호와의 이름 곧 네가 모욕하는 이스라엘 군대의 하

나님의 이름으로 네게 가노라 (삼상 17:45)

하지만 골리앗은 다윗을 보자마자 무시하면서 이렇게 말합니다.

그 블레셋 사람이 둘러보다가 다윗을 보고 업신여기니 이는 그가 젊고 붉고 용모가 아름다움이라 블레셋 사람이 다윗에게 이르되 네가 나를 개로 여기고 막대기를 가지고 내게 나아왔느냐 하고 그 신들의 이름으로 다윗을 저주하고 (삼상 17:42, 43)

다윗은 골리앗을 향해 물매와 돌을 가지고 던집니다. 어느 누구도 그 소년이 던진 돌을 맞아 골리앗이 죽으리라고는 상상도 하지 못합니다. 설마 조그만 소년이 던진 돌에 290cm 장정이 죽는다니 말이 됩니까?

그런데 재미있는 것은 바로 이 부분입니다. 골리앗이 돌을 맞고 어디가 찢어지거나 깨진다면 다친다는 것이 이해가 됩니다. 그런데 다윗이 던진 돌은 골리앗의 이마에 박힙니다. 어떻게 돌보다 해골이 단단한데 돌이 해골을 뚫고 박힌다는 말입니까? 해골이 얼마나 단단한지 해골을 가지고는 돌도 깨뜨릴 수 있습니다. 그러니 상식적으로 볼 때 돌에 맞아 찢어졌다거나 상처가 났다거나 어디가 부러졌다면 이해가 되지만 돌이 박혀서 죽었다니 도무지 우리의 상식으로는 이해가 되지 않습니다.

저는 이렇게 생각을 해보았습니다. 원래 하나님은 바람으로 역사하시는 분이 아닙니까? 홍해를 가르실 때도 바람으로 역사하셨습니다. 이처럼 다윗이 돌을 던질 때에도 하나님께서 바람으로 역사하신 것은 아닌가 하는 추측을 합니다. 그래야 골리앗의 이마에 돌이 박힌 것이 말이 되기 때문에 그런 추측을 해보았습니다. 어찌 소년이 던진 돌이 장수의 이마에 박힌다는 말입니까? 이것은 오로지 하나님께서 역사하신 겁니다.

마치 골리앗처럼 히스기야의 시대에 산헤립은 여호와의 이름을 망령되이 일컫다가 죽습니다. 그것도 하룻저녁에 하나님의 군사가 싹 죽여 버리고 맙니다. 하나님은 그때만 역사하시는 분이 아닙니다. 지금도 동일하게 역사하십니다. 그런데 여러분은 뭘 염려하십니까? 히스기야 왕의 때에 역사하신 하나님이 동일하게 오늘 여러분에게도 역사하심을 믿으십시오. 그리고 무슨 일을 만나든지 염려하지 마십시오.

'어떤 군대가 나를 쳐들어오는가' 이것은 별로 문제가 되지 않습니다. 중요한 것은 내가 하나님 앞에 바로 섰는가, 바로 서지 못했는가 하는 점입니다. 그런데 많은 사람들은 나 자신을 보기 전에 먼저 적이 강한가, 약한가 하는 것에만 얽매여 문제를 삼습니다. 내가 하나님 앞에 바로 서기만 한다면 적의 크기와 강함은 아무런 문제가 되지 않습니다.

죽을 병에서 생명을 연장받는 히스기야

히스기야는 전쟁을 치르는 동안 많은 신경을 쓴 탓에 전쟁을 치른 후 큰 병에 걸리고 맙니다. 우리는 전쟁 세대가 아니라 전쟁이라는 말은 실감나지 않습니다. 그러니까 전쟁 대신 물질로 바꾸어봅시다. 집집마다 하는 전쟁이 바로 물질 전쟁이 아닙니까? 아침에 돈 때문에 전쟁을 합니다. 이렇게 경제적인 문제로 너무 신경을 쓰면 대개 건강이 무너집니다.

결국 히스기야는 죽을 병에 걸리고 맙니다. 전쟁은 이겼지만 몸은 약해질 대로 약해졌기 때문입니다. 게다가 이사야가 와서 하나님의 말씀을 전하는데 네가 죽고 살지 못할 것이라고 합니다.

그때에 히스기야가 병들어 죽게 되매 아모스의 아들 선지자 이사야가

저에게 나아와서 이르되 여호와의 말씀이 너는 집을 처치하라 네가 죽고
살지 못하리라 하셨나이다 (왕하 20:1)

다른 사람은 다 죽는다고 할지라도 하나님만은 살 수 있다고 하는 것이
맞지 않습니까? 그런데 하나님마저 죽을 것이라 말씀하십니다. 이제 죽을
일만 남았습니다. 하나님까지 죽는다고 하셨으니 이제 별 도리가 없습니
다.

당시 히스기야의 나이가 몇이라고 했습니까? 39세입니다. 히스기야는
주님께 살려달라고 기도합니다. 39세의 나이에 죽기는 억울하다며 얼굴을
벽으로 향하여 살려달라고 기도하는데 우리가 관심을 가지고 볼 것은 바
로 이 부분입니다. 먼저 이렇게 매달려서 기도할 수 있는 힘을 누가 주셨
습니까? 하나님께서 주신 겁니다. 믿는 우리는 살아도 주님의 은혜이고 기
도를 해도 주님이 힘을 주셔야 할 수 있는 겁니다. 기도가 마음대로 되는
것 같아도 그렇지 않습니다. 우리는 아픈 사람을 보면 쉽게 이야기합니다.
"집사님, 기도하셔. 히스기야 왕은 죽을 병에 걸리고도 기도하고 살았대." 말
은 맞습니다. 하지만 그런 말을 듣는다고 해서 기도가 되는 것이 아닙니다.

기도가 되지 않는 것은 두 가지 이유로 그렇습니다. 첫째는 하나님이 기
도할 필요가 없어서 기도할 힘을 주시지 않기 때문입니다. 이것은 어쩔 도
리가 없습니다. 저는 실제로 이런 경험을 한 적이 있습니다. 네 사람이 아
파 함께 기도를 하는데 어떤 사람은 기도가 되고 어떤 사람은 기도가 되지
않습니다. 기도하고 싶다고 해서 기도가 되는 것이 아니고 반대로 하기 싫
다고 안되는 것도 아닙니다. 그런데 신기한 것은 기도가 안되는 사람은 고
침받기 힘듭니다. 대체로 하나님께서 그 영혼을 부르십니다. 물론 구원받
은 우리에게 있어 죽음이 나쁜 것은 아닙니다. 그런데 하나님께서 우리의

삶을 거두실 때가 되어서 그 영혼을 불러들이고자 하신다면 기도가 되지 않습니다.

다음 이유는 방해를 받고 있기 때문입니다. 기도해서 하나님이 응답하실 때 큰 역사가 일어날 것을 미리 아는 마귀가 방해공작에 들어갑니다. 그 예가 바로 다니엘의 기도입니다. 다니엘의 기도에 하나님이 응답하시는데 응답이 도착하기까지 21일이 걸립니다. 사단이 중간에서 막았기 때문입니다. 만일 이렇게 사단이 막아서 기도가 되지 않는다면 어떻게 해야 합니까? 온 힘을 다해서라도 기도함으로 이겨야 합니다.

그렇다면 이 둘을 어떻게 구분할 수 있는가 궁금하지 않습니까? 아무나 구별할 수는 없습니다. 신령한 사람만이 할 수 있습니다. 그러니 여러분들은 어떻게 해야 합니까? 왜 기도가 되지 않는가 분석하려고 하지 말고 열심히 기도하십시오. 이런 이유로 주님은 쉬지 말고 기도하라고 하신 겁니다. 최선을 다해 온 힘을 모아 기도할 때 만일 사단이 막는 기도라면 하나님께서 물리쳐서 이기게 하실 것이고, 그래도 되지 않는다면 하나님의 뜻이니까 안되는 것입니다.

예수님도 십자가 사건을 앞에 놓고 세 번씩이나 기도를 하셨습니다. 하지만 하나님의 뜻이 아니니까 응답되지 않습니다. "내게서 이 잔을 옮겨주시옵소서"라고 기도했지만 하나님의 뜻이 아니니까 되지 않습니다.

히스기야식 기도

지금부터 하려는 말씀은 제가 히스기야를 통해 전하고 싶은 말씀의 핵심입니다. 히스기야 왕이 하나님께 드린 기도에는 아주 중요한 원리가 담겨있습니다. 이것을 전하기 위해 지금까지 전개해온 겁니다. 결과부터 말씀드리자면 히스기야는 기도함으로 생명을 연장받습니다. 그런데 죽을 병에 걸린 히스기야가 뭐라고 기도하는지 아십니까?

> 히스기야가 낯을 벽으로 향하고 여호와께 기도하여 가로되 여호와여
> 구하오니 내가 진실과 전심으로 주 앞에 행하며 주의 보시기에 선하게
> 행한 것을 기억하옵소서 하고 심히 통곡하더라 (왕하 20:2, 3)

다시 말해서 "하나님, 내가 주의 뜻대로 산 것을 기억하옵소서. 하나님, 내가 우상을 없앤 것을 기억하옵소서…" 이렇게 기도하면서 자신이 살아왔던 삶, 자신의 신앙생활을 하나님께 아뢰는 겁니다. 그 기도를 드린 후 히스기야는 생명의 연장을 받습니다. 다시 말해서 하나님께서 꼼짝없이 들어주시더란 말입니다. 하나님은 심고 거두시는 분입니다. 뭔가를 거두기 원하십니까? 그렇다면 그 전에 반드시 뭔가를 심으십시오. 히스기야에게 있어서는 우상을 없애고 하나님의 뜻대로 살았던 것이 심은 씨앗에 해당합니다. 그로 인해 생명 연장이라는 거둠의 역사가 일어납니다.

저희 아버님이 예수님을 영접하기 전에 크게 편찮으셨던 적이 있습니다. 어머니는 5년 정도 전도하니까 교회에 나오셨는데 아버님은 18년을 전도해도 교회에 나오시지 않습니다. 오죽하면 그 바쁜 주일 아침에 제가 아버지께 전화를 드립니다. "아버지, 제가 잘되기를 원하시지요?" "응." "아버지가 잘되는 것보다 제가 잘되는 것이 좋으시지요?" "응." "아버지가 예수 믿는 것이 절 잘되게 하는 것이고 저를 도와주시는 것이에요. 교회 좀 나가세요." "나도 아는데 가기가 싫어." "싫어도 가세요. 아버지도 내가 공부하기 싫어도 하라고 하시지 않았어요?" "응 했지." "그럼 아버지도 교회

가시기 싫어도 좀 가주세요." "그것도 마음대로 안되네." "아버지, 저는 지금 설교하러 강단에 올라가야 하는데, 마음 같아서는 집에 가서 아버지 교회에 모셔 놓고 설교하고 싶은 심정이에요. 아시겠어요?" "그래 알았어. 끊어." 그렇게까지 말씀드려도 교회에 나가시지 않습니다.

그러던 중 아버지가 큰 병환으로 편찮으시게 되었습니다. 병원에 가니까 이미 늦었다고 합니다. 큰 병원은 다 찾아가 보았지만 안된다는 말뿐입니다. 그제야 무릎을 탁 꿇으시더니 "어떻게 하면 좋겠냐?"고 하십니다. "어떻게 하긴 어떻게 합니까? 하나님 앞에 매달리세요." 그제야 아버지께서는 제 말대로 하시겠다고 합니다. "새벽예배 나오세요. 십일조도 하세요. 이제 철저하게 말씀대로 사세요."

그렇게 말씀을 드린 후 아버지를 위해서 기도하려고 하는데 정작 무릎은 꿇었지만 할 말이 없습니다. 하나님께 우리 아버지가 이것도 하고 저것도 하고 요것도 하고 그것도 했으니 살려달라고 기도해야 하는데 아무 것도 하신 일이 없으니 도무지 입이 열리지 않습니다. "아무 것도 한 것은 없지만 살려주십시오"라고 하자니 도무지 입이 떨어지지 않습니다.

우리는 기도할 말이 되도록 인생을 살아야 합니다. 여러분은 과연 문제를 만났을 때 하나님 앞에 내놓을 인생을 사셨습니까? 일찍이 그것을 깨달은 사람이 바로 원종수 권사님이십니다. 그래서 그분은 그 많은 사람들을 먼저 전도하는 씨를 뿌립니다. 그리고는 문제가 있을 때마다 "하나님, 내가 ○○○ 전도한 것 아시지요? ○○○ 공짜로 치료해 준 것 아시지요? 하나님 다 아시지 않습니까? 그러니까 이것 들어주세요"라고 기도합니다. 이런 기도가 바로 히스기야식 기도입니다.

이런 기도를 드린 사람이 성경에 또 한 사람 있습니다. 백부장의 종이 중

풍병에 걸립니다. 예수님에게 고쳐달라고 온 백부장을 향해 제자들이 뭐라고 하는 줄 아십니까?

> 이에 저희가 예수께 나아와 간절히 구하여 가로되 이 일을 하시는 것
> 이 이 사람에게는 합당하니이다 저가 우리 민족을 사랑하고 또한 우리를
> 위하여 회당을 지었나이다 하니 (눅 7:4, 5)

다시 말해서 "주님 그 사람 고쳐주세요. 그 사람은요, 우리를 위해서 회당을 지어준 사람입니다"라고 말하는 겁니다. 백부장은 자신의 종이 고침을 받는 열매를 얻기 전에 회당을 세우는 수고의 씨를 뿌린 것입니다. 그러니 예수님께서 그 위에 은혜를 주십니다.

사실 뭔가를 거두기 위한 목적을 가지고 주님의 일을 한다면 우습긴 합니다. 하지만 하나님은 심고 거두시는 분이라는 원리 아래 여러분들이 은혜 받을 일을 많이 해놓는 인생을 사시길 바랍니다. 복 받을 일을 많이 해놓기를 바랍니다. 은혜 받을 만한 일을 해놓자는 겁니다.

아버지를 위한 기도를 드리는데 도무지 할 말이 없어 "우리 아버지가 한 일이 하나도 없지만 앞으로 할 것이니까 살려주십시오"라고 기도했습니다. 이런 기도가 바로 서원기도입니다. 지금까지는 한 것이 없으니까 미래를 약속하는 겁니다. 일한 다음에 받는 것이 월급이지만 때로는 일하지 않았으면서도 미리 받기도 하지 않습니까? 그런 것을 우리는 뭐라고 합니까? 가불이라고 합니다. 기도도 이처럼 가불 기도가 있습니다. 이렇게 했으니 축복해 달라고 하는 기도도 있지만 지금까지는 이렇게 못했지만 앞으로 하겠으니 들어달라고 하는 기도가 바로 가불기도입니다.

성경을 보면 이런 서원기도, 가불기도를 하여 응답받은 사람이 있으니

바로 한나입니다. "내게 아들을 주시면 그 아들을 드리겠나이다." 그런데 하나님은 얼마나 좋으신 분인지 그런 한나의 기도까지도 들어주십니다.

그렇다고 해서 매일 가불기도만 해서야 되겠습니까? 저는 여러분들이 인생에 복 받을 만한 씨를 많이 뿌리시길 바랍니다. 평소에 예수를 잘 믿어두십시오. 살면서 무슨 일을 당할 줄을 압니까? 평소에 저금을 많이 해놓아야 돈이 필요할 때 찾아서 쓰듯 평소에 기도를 많이 해놓아야 그 기도가 은혜가 되어서 응답으로 내려오게 됩니다. 이것을 믿으시고 평소에 충성스럽게 잘 해놓음으로 하나님의 복을 받는 여러분들이 되시길 바랍니다.

히스기야 왕이 어떻게 그런 원리를 알았을까요? "내가 주를 위하여 살아온 삶을 기억하사 살려주세요"라고 기도합니다. 이사야 선지자는 죽는다고 말하고 돌아가기 무섭게 다시 돌아와서 살게 되었다는 소식을 전합니다.

> 이사야가 성읍 가운데까지도 이르기 전에 여호와의 말씀이 저에게 임하여 가라사대 너는 돌아가서 내 백성의 주권자 히스기야에게 이르기를 왕의 조상 다윗의 하나님 여호와의 말씀이 내가 네 기도를 들었고 네 눈물을 보았노라 내가 너를 낫게 하리니 네가 삼 일 만에 여호와의 전에 올라가겠고 내가 네 날을 십오 년을 더할 것이며 내가 너와 이 성을 앗수르 왕의 손에서 구원하고 내가 나를 위하고 또 내 종 다윗을 위하므로 이 성을 보호하리라 하셨다 하라 하셨더라 (왕하 20:4-6)

저는 죽을 병에 걸린 히스기야가 어떻게 살게 되는가를 보았습니다. 그랬더니 하나님 앞에서 문제는 커도 해답은 간단하다고, 죽을 병인데 무화과를 이겨서 종처에 올려놓으니까 그냥 살게 됩니다. 저는 이 말씀 가운데 아주 중요한 원리를 깨달았습니다. 문제의 해답은 길거리에 널려있다는 겁니다. 마치 무화과나무처럼 말입니다. 이것 하나만 봐도 기독교가 얼마나 위대하고 좋은지를 알 수 있습니다.

기독교와 무속을 비교해봅시다. 무속에서는 누가 죽을 병에 걸리면 "살리고 싶거들랑 99고개를 넘어가서 100년 묵은 여우가 있는 호수를 지나서 절벽에 핀 꽃을 가져다가 머리맡에 두면…" 뭐 이런 것을 요구합니다. 길이 험해서 말하는 대로는 가지도 못하지만 설령 도착한다 해도 그런 꽃은 없습니다. 도무지 해답이 없습니다.

하지만 기독교는 다릅니다. "네 손을 갖다 얹어라!" 병든 자에게 손을 얹은즉 낫습니다. 언제 하나님이 99고개를 넘어가서 100년 묵은 여우가 있는 호수를 지나서 절벽에 핀 꽃을 가져다가 머리맡에 두면… 이라고 말씀하십니까? 이것은 성경적이 아닙니다. 성경은 있는 네 손을 가져다 얹으라고 하십니다.

이스라엘 나라에서 무화과는 아주 흔하고 흔한 가로수입니다. 길거리에 쎄고 쎈 것이 바로 무화과입니다. 그런데 이 죽을 병을 살릴 명약이 무화과나무일 줄 누가 알았겠습니까? 하나님의 명약은 첩첩산중에 있는 것이 아니라 길거리에 쎄고 쎘습니다. 하나님은 늘 가까운 곳에 명약을 두십니다. 단지 우리가 보지 못하고 모르고 있는 것뿐입니다.

어른들이 이런 말씀을 자주 하십니다. '밥이 보약이다.' 어떤 사람은 밥세끼 먹고 열심히 일하고 건강하게 오래 삽니다. 그런데 다른 사람은 밥은 제대로 먹지 않으면서 인삼이나 녹용 같은 것만 먹다가 빌빌거리고 죽습니다. 밥이 보약입니다. 쎄고 쎈 것이 밥이고 흔하고 흔한 것이 밥 아닙니까? 그런데 밥이 보약이 됩니다. 물론 인삼과 녹용이 나쁜 것이란 말은 아닙니다. 참 좋은 것입니다. 하지만 절대적인 것은 아니란 말입니다. 우리를 건강하게 해주는 것은 녹용이 아니라 밥입니다. 해답은 언제나 이렇게 가까이 있습니다.

　히스기야는 하나님께서 응답해주실 인생을 살고 위기의 순간에 응답받을 기도를 드림으로 15년이나 생명을 연장받습니다. 이런 하나님의 복을 이룬 사람이 바로 히스기야입니다. 여러분의 삶 가운데 어려움이 있습니까? 그렇다면 히스기야식 기도를 올리십시오. 그리고 하나님의 말씀에 순종함으로 모든 어려움을 극복해나가시기를 바랍니다.

IV

바울

IV

바울

내가 그리스도와 함께 십자가에 못박혔나니 그런즉 이제는 내가 산 것이 아니요
오직 내 안에 그리스도께서 사신 것이라 이제 내가 육체 가운데 사는 것은 나를
사랑하사 나를 위하여 자기 몸을 버리신 하나님의 아들을 믿는 믿음 안에서 사는
것이라 〈갈라디아서 2장 20절〉

이름의 뜻 본명은 사울(여호와께 구했다)이었으나
           주님을 영접한 후 바울(작은 자)로 바뀜

가족 관계 베냐민 지파 출신

사람을 가장 소중히 여기시는 하나님

인물은 참으로 중요합니다. 하나님과 인간을 놓고 볼 때 인간
의 입장에서는 인간이 더 중요합니다. 그렇지 않습니까? 그렇다면 하나님
의 입장에서는 어떠할 것 같습니까? 하나님 본인이 더 중요하다고 생각하
실 것 같습니까, 아니면 사람이 더 중요하다고 생각하실 것 같습니까? 하
나님도 사람을 더 중요하게 여기십니다. 그렇다면 도대체 인간이 무엇이
관대 하나님께서 그리도 소중히 여기시는 걸까요? "왜 하나님은 나를 중
요하다고 보시는가?" 그 답은 다음과 같습니다.

첫 번째, 하나님께서 나를 사랑하시기 때문입니다. 여러분은 사랑해보
셨습니까? 사랑에 푹 빠지게 되면 내가 행복할 때보다 사랑하는 사람이 행

복할 때 더 행복합니다. 내가 즐거울 때보다 사랑하는 사람이 즐거울 때 더 즐겁습니다. 그렇지 않습니까? 자식이 잘되는 것이 내가 잘되는 것보다 더 기쁩니다. 왜 그렇습니까? 내 자신보다 자식을 더 사랑하기 때문입니다. 하나님의 마음도 마찬가지입니다. 나를 사랑하시기 때문에 하나님 자신보다 우리를 더 사랑하십니다.

두 번째 답은 '하나님이 행하신 어떤 원리' 때문입니다. 하나님은 무슨 일을 하실 때 단독으로 행하시지 않습니다. 태초의 인간을 만드신 후부터 하나님은 한번도 단독으로 행하신 적이 없습니다. 반드시 사람을 통해서 일하십니다.

> 너희 염려를 다 주께 맡겨라 (벧전 5:7)

하나님께서는 어떤 염려가 있든지 하나님께 모두 아뢰어 기도한 후 모두 당신에게 맡기라고 말씀하십니다. 다시 말해서 염려는 하나님이 맡으실 터이니 우리에게는 기도만 하라고 하십니다. 우리는 "염려도 내가 알아서 해주고 기도도 내가 알아서 해주마"라고 말씀하시지 않았다는 것을 분명히 알아야 합니다. 염려는 하나님의 몫이고 기도는 우리의 몫입니다. 그런데 이 주체가 뒤바뀌면 문제는 복잡해집니다. 염려는 내가 하면서 하나님께 기도를 하라고 한다면 하나님일지라도 대책이 서지 않습니다.

> 사람이 마음으로 자기의 길을 계획할지라도 그 걸음을 인도하는 자는
> 여호와시니라 (잠 16:9)

많은 사람들은 계획도 하나님께서 하시고 그 걸음도 하나님께서 인도하시는 것으로 착각하며 삽니다. 심지어 어떤 사람들은 계획도 내가 세우고

걸음도 내가 걷습니다. 하지만 이 두 유형 모두 하나님이 원하시는 옳은 답이 아닙니다. 계획은 사람의 마음으로 하는 것이고 그 걸음을 인도하시는 분은 하나님이십니다. 이것이 하나님께서 인간과 이루기 위한 조화이십니다. 이 두 가지 이유로 하나님은 인간을 무엇보다, 심지어 자신보다 소중히 여기십니다.

모세가 홍해를 가를 때에도 "모세야, 자고 있어라. 내가 다 갈라놓으마!" 라고 말씀하시지 않았습니다. "지팡이를 가지고 내어 밀라"고 명령하십니다. 그리고 하나님은 밤새도록 동풍을 불어서 큰바람을 불게 하여 홍해 바다를 가르십니다. 그런데 만일 모세가 하나님의 명령을 따르지 않고 손을 내밀지 않았다면 어떻게 되었겠습니까? 홍해가 갈라지는 역사는 없었을 겁니다. 홍해를 가르기 위해 모세가 할 일은 손을 내미는 것이고 하나님이 하실 일은 바람을 불도록 하는 겁니다. 이런 하나님의 역할과 모세의 역할이 딱 맞아떨어질 때 하나님은 큰 역사를 이루셨던 겁니다.

성경 안에 나타난 모든 역사를 보면 이렇게 이루어졌습니다. 여호수아가 여리고 성을 무너뜨린 사건만 봐도 그렇습니다. 물론 여리고 성을 무너뜨린 분은 하나님이십니다. 하지만 하나님은 여호수아에게 해야 할 일을 명령하십니다. "하루에 한 바퀴씩 성 주변을 돌고 마지막 날에는 일곱 바퀴를 돌라!" 하나님께서 아무리 여리고 성을 무너뜨리시려는 뜻이 있었을지라도 여호수아가 하나님의 명령을 지키지 않았다면 여리고 성은 무너지지 않았을 겁니다. 반대로 하나님께서 여리고 성을 무너뜨리실 뜻이 없었다면 아무리 여호수아가 성 주변을 돌지라도, 백 날을 돌든 천 날을 돌든 돌덩이 하나 무너지지 않았을 겁니다.

그렇다면 전능하신 하나님께서 왜 "가만히 누워있어라. 내가 다 알아서 무너뜨리마!"라고 하시지 않으셨을까요? 여호수아가 여리고 성 주변을 도는 행위와 그 성이 무너지는 것 사이에는 뭔가 상관관계가 있기 때문입니다. 그 안에 하나님께서 원하시는 어떤 원리가 있더라는 말입니다.

지금까지 이 부분에 대해 오해를 가지고 사신 분은 없습니까? "내가 다 할 테니 하나님은 가만히 계십시오." 이런 태도도 문제입니다. 하지만 반대로 "아버지, 제가 뭘 하겠나이까. 아버지가 다 알아서 하시옵소서." 이런 태도 역시 옳지 않습니다. 전능하신 하나님이실지라도 그분이 원하시는 것은 인간과의 관계 속에서 조화를 이루면서 일을 이루시는 겁니다. 하나님께서 내게 맡겨주신 그 역할을 바로 행할 때 내게도 하나님의 바른 역사가 일어난다는 것을 잊지 맙시다. 이렇게 하나님으로부터 명령받은 일을 잘 해낸 사람이 바로 바울입니다. 이 바울에 대해서 공부하려고 합니다.

율법에 흠이 없는 자에서 죄인 중의 괴수로

알다시피 바울이 바울로 되기 전에 그의 이름은 사울이었습니다. 영 못쓰게 생긴 사람이 변화되어 주님의 큰일을 감당하는 사람이 바로 바울 아닙니까? 그런데 신약의 바울과 반대로 구약을 보면 처음에는 괜찮아서 왕의 자리까지 세움을 받지만 결국 변해서 영 못쓰게 된 사람이 있으니 그가 바로 이스라엘 초대 왕 사울입니다.

예수님의 비유 가운데 '형제의 비유'를 기억하십니까? 아버지가 큰아들과 작은아들 모두에게 심부름을 시킵니다. 작은아들은 "안해요"라고 대답합니다. 그런데 가만히 생각해보니까 자기가 잘못했습니다. 그래서 아버지의 말씀을 지킵니다. 반면 큰아들은 그 자리에서 "네"라고 대답합니다.

하지만 결국 아버지의 말씀을 지키지 않습니다. 그렇다면 여러분은 두 아들 중에서 누가 더 나은 놈이라고 생각하십니까? 처음에는 불순종하는 듯해도 나중에 순종하는 놈이 처음에는 하겠다고 대답하고 나중에 하지 않는 놈보다 낫다는 말입니다.

사울의 인생을 보면 출발이 그리 좋지 못합니다. 물론 인간적으로 보자면 자랑할 것이 너무도 많은 완벽한 사람이 사울이긴 합니다. 일단 출신성분이 좋습니다. 아주 좋은 가문에서 태어납니다. 게다가 공부도 많이 합니다. 육신적으로 보자면 자랑할 것이 얼마나 많은지 모릅니다. 그래서 자기 자랑이 예수님보다 앞서갔습니다. "내가 팔 일 만에 할례를 받고 이스라엘의 족속이요 베냐민의 지파요 히브리인 중의 히브리인이요 율법으로는 바리새인이요 열심으로는 교회를 핍박하고 율법의 의로는 흠이 없는 자로라"(빌 3:5, 6)라고 스스로 자랑합니다. 태어난 지 8일 만에 철저하게 할례를 받았다는 것만 보더라도 하나님의 율법 속에서 자랐음을 알 수 있습니다. 요즘 말로 하자면 '인간 ⑯'입니다. 게다가 율법으로 보면 바리새인입니다. 바리새인들은 자신이 바리새인이라는 것을 강조합니다. 왜 그런지 아십니까? 그들은 누구보다도 율법을 완벽하게 지키면서 삽니다.

율법에는 크게 성문율법과 구전율법이 있습니다.

"안식일을 기억하여 그 날을 거룩히 지켜라" 이것은 성문율법입니다. 그런데 이 성문율법을 더 완벽하게 지키기 위해서 세부조항을 자체적으로 만들어낸 것이 바로 구전율법입니다. 예를 들어봅시다. '안식일을 거룩하게 지킨다는 것은 뭐냐? 8시부터 다음 날 8시까지가 안식일이지만 혹시 실수로 온전하게 지키지 못할 수도 있으니까 우리는 아예 6시부터 안식일로 정해서 지키도록 하자.' '지팡이보다 무거운 것을 들면 일이니까 하지 말자.' '너무 먼 곳을 가면 안된다.' 이런 수십 가지의 세부조항을 만듭니다. 그래서 이것들까지 다 지킨 사람들이 바로 바리새인입니다. 그러니까 바리새인들은 법을 지키는 데 있어서만큼은 도사입니다. 그런데 문제는 이렇게 율법을 완벽하게 지키다 보니 스스로 자랑하고 싶은 것이 많아집니다. 다른 사람들에게 내세우고 싶은 자랑거리가 생기더라는 말입니다.

열심히 신앙생활을 한다는 것이 얼마나 소중하고 귀한 겁니까? 하지만 이렇게 열심으로 신앙생활을 하는 사람들이 자칫 빠지기 쉬운 오류가 있는데 스스로의 삶에 자족하는 마음이 생깁니다. 다시 말해서 자기가 한 일들이 서서히 부각됩니다. '내가 몇 명을 전도했고, 교회는 어떻게 다녔고…' 이런 식으로 자기 의, 자기 공로가 드러나기 시작합니다. 이렇게 자기 공로와 의가 드러나게 되니까 상대적으로 그리스도의 공로가 약해집니다.

여러분이 아무리 교회에서 큰일을 했다 칩시다. 그것이 그리스도의 보혈의 피 한 방울에 비교할 수 있겠습니까? 소위 신앙생활을 잘 한다는 사람들이 범하기 쉬운 잘못이 이것입니다. 하지만 제대로 은혜 받는 사람은 이렇지 않습니다. 아무리 큰일을 하고, 많은 일로 충성을 할지라도 하나님 앞에서 "늘 울어도 눈물로써 못 갚을 줄 알아…"라는 고백을 합니다. 이것이 제대로 은혜 받은 증거입니다. 그런데 이상한 은혜를 받게 되면 먼저 자기 자랑이 드러납니다. 자기 공로는 자꾸 커지고 그리스도의 공로는 한없이 약해집니다. 만일 그렇다면 뭔가 잘못되어가고 있다는 증거입니다. 전형적으로 이 경우에 걸려든 무리들이 바로 바리새인입니다.

사실 교만한 사람들을 보면 교만할 만한 뭔가를 하기는 합니다. 아무나 잘난 척할 수 있습니까? 잘난 척할 만한 요소가 있어야 잘난 척합니다. 못난 사람들은 자신이 못났다는 것을 자신도 알고 남도 알기 때문에 교만하고 싶어도 교만할 수 없습니다. 사울이 살아온 것을 봐도 자랑할 수 있겠구나 하는 생각이 듭니다. 얼마나 열심히 살았으면 율법에 흠이 없는 자라고 했겠습니까?

그런데 놀라운 사실은 이 부분입니다. 은혜 받기 전에 사울은 스스로를 일컬어 흠이 없는 자라고 합니다. '나는 율법에 흠이 없다.' 그만큼 자부할 인생을 살았다는 겁니다. 그런데 사울이 예수님을 영접하고 바울이 됩니다. 바울이 된 후 은혜를 받을수록 스스로를 일컬어 '죄인 중의 괴수'라고 합니다. 그냥 죄인 정도가 아니고 죄인의 수장 즉 괴수라고 합니다. 그러니 인간의 말이 얼마나 객관성이 없습니까? 예수님을 영접하기 전에는 '율법에 흠이 없는 자'라던 사람이 예수님을 영접한 후에는 '죄인 중의 괴수'라고 고백을 하고 있습니다. 그렇다면 사울일 때와 바울이 되었을 때 중 언제가 더 깨끗합니까? '죄인 중의 괴수'라고 고백할 때가 더 깨끗합니다. 그런데 바울이 된 후에는 '죄인 중의 괴수'라고 하고, 예수 믿는 사람들을 마구 잡아들이던 사울일 때에는 '율법에 흠이 없는 자'라고 한다는 겁니다. 이런 바울의 모습만 봐도 인간이 얼마나 모순된 존재이며, 인간의 말이 얼마나 객관성이 없는지를 알 수 있습니다.

여러분은 스스로 죄인이라고 느껴지십니까, 아니면 나 정도면 죄 짓지 않고 사는 것이라 느껴지십니까? 죄인이라고 느끼신다면 여러분은 오히려 은혜에 가까이 있는 겁니다. 하지만 여러분의 마음속에 '정말 나 요즘에는 죄 안 짓고 살아'라고 여겨진다면 그때야말로 죄인에 가까울 수도 있다는 것을 깨달읍시다. 여러분이 죄 문제로 고민하는 순간이야말로 깨끗할 때이며, 내가 하나님하고 멀어졌다고 느낄 때야말로 하나님과 가까울 때라는 말입니다. 내가 지금 주님 품안에 쏙 안겼다고 느낄 때야말로 주님과 멀어진 때라는 겁니다. 물론 이 말이 꼭 맞는 것은 아닙니다. 하지만 우리는 이렇게 반대로 느낄 때가 많습니다. 그러니까 내 감정대로 느끼지 말고 주님의 감정대로 느끼는 여러분들이 되시길 바랍니다.

스스로를 일컬어 흠이 없다고 말하고, 하나님의 율법을 다 지켰다고 자부하던 당시 사울은 예수 믿는 사람을 잡아죽이고 있습니다. 자신이 짓고 있는 죄가 얼마나 무서운지도 모르면서 스스로 율법에 흠이 없다는 소리나 하고 있습니다.

하나님께서 참고 기다리시는 이유

하나님께서 보실 때 예수 믿는 사람을 잡아서 죽이는 사울을 어떻게 해야 합니까? 우리의 짧은 생각으로는 벼락을 내려서 죽임이 마땅합니다. "너 이놈의 자식, 너 왜 내 자녀들을 괴롭히냐?"고 하면서 벼락을 내리심이 마땅합니다.

살다보면 참으로 나쁜 사람들을 만나게 됩니다. '하나님이 계시다면 어떤 방법을 써서라도 그 사람들에게 뭔가 조치해주셨으면 좋겠다, 그래야 정의의 하나님이 아니신가' 하는 생각을 할 때도 있습니다. '하나님이 그렇게 해주셔서 내 의로움도 증명이 되고 하나님이 살아 역사하신다는 것이 증명이 되면 얼마나 좋을까', '저렇게 하늘 높은 줄 모르는 저 사람의 콧대를 꽉 꺾는다면 속이 다 시원하겠네.' 뭐 이런 생각을 하기도 합니다. 그런데 하나님은 그렇게 행하지 않으십니다. 그 이유가 뭔지 아십니까? 크게 세 가지로 나눌 수 있습니다.

첫 번째로 하나님은 사랑이시기 때문입니다. 우리가 생각할 때는 그렇게 악한 사람이라면 하나님으로부터 사랑받을 자격이 없다고, 하나님께서 사랑하실 가치조차 없다고 여겨지지만 하나님은 사랑이시기 때문에 사람의 생각과 다릅니다.

두 번째는 의미심장한 이유인데, 그런 사람이 바로 '나' 라는 겁니다. 사울의 모습이 비단 사울의 모습에서 그치는 것이 아닙니다. 사울은 나쁜 사람, 나는 좋은 사람이 아니라 사울의 모습이 곧 나의 모습이 될 수 있다는 겁니다. 그렇더라도 사울에게 큰 벌을 내리셨으면 좋겠다는 말이 나옵니까?

그런데 인간은 참으로 어리석습니다. 그래서 남은 볼 줄 알면서 나 자신은 보지 못합니다. 여러분이 전도하려고 할 때 이리 빠지고 저리 빠지는 사람들을 보면 어떤 마음이 듭니까? '나도 그때는 그랬었지' 라고 자신을 돌아보는 사람은 별로 없습니다. 그 자리에서 '아이고, 진짜 해도 너무해!' 라고 하고 포기합니다. 어떤 사람은 뒤에서 뭐라고 뒷말도 합니다. 그런데 자신이 예전에 정말 그보다 더 심했다는 사실은 왜 까마득하게 기억하지 못하는가 이 말입니다. 사울이 뭔가 조치를 받아야 한다고 생각하십니까? 그렇다면 그 사람이 바로 나라고 하더라도 그렇습니까? 때문에 하나님은 그렇게 행하지 않으십니다.

세 번째는 가장 중요한 것입니다. 하나님은 전체를 보시기 때문입니다. 우리는 지금 예수 믿는 사람들을 잡아서 죽이는 사울만 보며 흥분합니다. '저렇게 예수 믿는 사람을 잡아죽이는 사울을 왜 그냥 놔두는가?' 불만을 갖습니다. 그런데 하나님께서는 사울의 모습만 보시는 것이 아니라 미래의 바울도 동시에 보신다는 말입니다. 참으로 엄청난 죄를 지었던 사울이지만 그가 예수님을 영접하고 한 고백이 바로 오늘의 본문입니다.

내가 그리스도와 함께 십자가에 못 박혔나니 (갈 2:20)

저는 그리스도인이라면 누구도 예외 없이 이런 고백을 할 수 있어야 한 다고 믿습니다. 사도 바울의 고백이 곧 여러분들의 믿음의 고백이 되시길 바랍니다. 이런 고백을 하지 않았다면 여러분은 여전히 사울입니다. 이 고 백을 지나야만 사울이 바울이 된다는 말입니다. 지금은 사울로 살고 있지 만 앞으로는 바울이 되고 싶으십니까? 사울이 바울이 되는 그 전환점 (turning point)에서 이런 고백을 하는 겁니다. 이 고백이 여러분과 저의 신앙 고백이 되길 간절히 소망합니다. "내가 그리스도와 함께 십자가에 못 박혔나니 그런즉 이제는 내가 산 것이 아니요 오직 내 안에 그리스도께서 사신 것이라 이제 내가 육체 가운데 사는 것은 나를 사랑하사 나를 위하여 자기 몸을 버리신 하나님의 아들을 믿는 믿음 안에서 사는 것이라." 이 말 씀을 외우시고 늘 묵상하시는 여러분들이 되시길 소망합니다.

하나님은 나를 사랑하십니다. 때문에 지금까지 이렇게 큰 죄를 짓고 살 아도 참고 기다려주셨습니다. 나를 사랑하시기 때문에. 자기 몸을 버리신 하나님의 아들을 믿는 그 믿음 안에서 우리는 새롭게 살아야 합니다. 이 고백만 분명히 선다면 여러분이 인생을 보는 가치관은 바로 설 것입니다. 이 고백만 분명히 선다면 여러분은 은혜 받은 사람이고 구원받은 사람입 니다.

하나님의 시선으로

사울이 바울로 되는 이 전환점을 지나면서 그는 새로운 삶을 삽니다. 이전까지는 잘못 살았지만 이제부터는 새롭게 살아갑니다. 하나님의 눈에는 바로 이런 바울의 삶의 과정이 다 보이십니다. 물론 우리가 하나님처럼 앞의 일을 볼 수는 없습니다. 지금과 이전의 삶만 알기 때문에 상대방에 대해 옳지 못한 마음을 먹기도 합니다. 이처럼 하나님이 사람을 보시는 시선과 우리의 시선은 천지차이입니다.

바울은 이전의 잘못된 삶을 상쇄하고도 남을 만큼 충성된 사람이 됩니다. 기독교를 세우는 위대한 사람이 됩니다. 우리가 너무 지금 당장의 현실만 보고 있다면 즉시 하나님의 시각으로 사람을 볼 수 있도록 기도로 간구하고 의지로 바꾸어나가십시오. 믿지 않는 사람들이 우리들을 향해 자주 하는 말 가운데 하나가 '믿는 사람들은 속이 좁다' 는 겁니다. 죄송한 말씀입니다만 제가 생각하기에도 어느 부분에서는 이 말이 맞습니다. 얼마나 속이 좁은지 어떤 때는 믿지 않는 사람보다도 못하게 보일 때도 있습니다. 믿지 않는 사람들이 상대적으로 죄를 많이 짓는 것은 사실입니다. 하지만 이들은 보면 관계가 엉켜있더라도 풀 때는 굉장히 잘 풉니다. 아무리 섭섭한 일이 있고 또 크게 싸웠을지라도 술 한 잔 먹으면서 툭 털어놓고 이야기하면 곧잘 넘어가고 원래의 사이를 회복하기도 합니다. 꼭 누가 잘하고 누가 잘못한 것인가를 따지지 않으면서도 그냥 없었던 일로 하고는 잘 넘깁니다. 저는 이런 모습을 보면서 인생에서 때로는 어영부영하고 넘기는 것도 필요하다는 생각을 했습니다.

그런데 예수 믿는 사람들을 보면 한번 맺히면 천당 가기 직전까지 맺고 가는 경우도 있습니다. 도무지 풀려고 하지 않습니다. 심지어 저는 20년이 지나도 풀지 않는 사람도 봤습니다. 마치 에서가 동생 야곱을 향해 아예 풀고자 하는 마음이 없었던 것과 같습니다. 왜 이 정도밖에 되지 않는지 아십니까? 보는 시야가 좁기 때문입니다. 예수 믿는 사람들 중 콧구멍 맹맹한 사람들을 보면 참 답답합니다. 하나님은 분명 그러신 분이 아니신데 하나님의 형상대로 창조함을 입은 인간들은 왜 그렇게 사는 겁니까? 어떻게 하는 것이 바른 신앙생활입니까? 예수님 닮아가는 삶을 사는 것입니다. 그러니까 우리의 시야부터 예수님처럼 보도록 노력합시다.

물론 인간적인 마음으로는 미운 짓을 하는 사람을 보면 밉고, 예쁜 짓을 하는 사람을 보면 예쁩니다. 그런데 하나님의 마음은 우리의 마음과 다릅니다. 아무리 미운 짓을 할지라도 예쁘게 보십니다. 이것이 하나님의 심정이시라면 우리도 하나님처럼 사람을 보자는 겁니다.

예수님도 일흔 번씩 일곱 번씩이라도 용서하라고 하시지 않습니까? 그런데 왜 교회 안에서는 그다지도 용서가 힘드는 것인지 모르겠습니다. 큰 돈이 드는 것도 아닌데 남을 용서한다는 것이 너무도 힘이 든 이유가 뭡니까? 우리의 시야가 좁기 때문입니다.

문제는 남을 용서하지 못하는 마음을 품고 살면 그것으로 끝나는 것이 아니라 결국 그 사람의 인생까지도 힘들게 된다는 데 있습니다. 많은 부모들이 자식 때문에 속 썩을 때 "너 때문에 엄마가 못 살겠다. 엄마가 너 때문에 죽어야 되겠다!" 뭐 이런 폭언까지 서슴지 않고 합니다. 심지어는 이런 화가 쌓여서 실제로 병이 되는 사람도 있습니다. 그 어머니가 보지 못하는 것이 있기 때문입니다. 그 아이가 장차 얼마나 훌륭한 사람이 되는지 아십니까? 보면 어릴 때 속 썩이는 아이들이 더 훌륭하게 자랍니다. 속 썩이지 않고 원만하게 자라는 아이들이 더 훌륭하게 자랄 것 같은데 신기하게도 때때로 사고도 치고 부모의 마음도 졸아들게 만드는 아이가 훌륭하게 자랄 확률이 높습니다. 왜 그렇습니까? 이것이 바로 이 세상의 원리이기 때문입니다. 죄가 많은 곳에 은혜가 많기 때문입니다. 역으로 생각할 때 은혜를 많이 받았다는 말은 곧 죄를 많이 졌다는 겁니다.

두 개의 눈을 주신 이유

사울도 얼마나 많은 죄를 지었습니까? 그러니까 다른 제자보다 은혜를 많이 받습니다. 그리고는 얼마나 많이 충성하는지 모릅니다. 하나님은 이것까지도 보신다는 말입니다. 지금은 비록 예수 믿는 사람들을 막 잡아죽이는 사울이지만 하나님은 그 다음까지도 보시고 계십니다. 사울에게 잡혀온 사람들 중에는 이런 기도를 한 사람도 있었을 겁니다. "아버지께서 살아 계시다면 저 놈에게 벼락을 내려주시옵소서." 그런데 이런 기도가 얼마나 무지몽매한 기도냐는 말입니다. 하나님께서는 이런 기도는 응답하여 주시지 않습니다. 대신 "너희들이 충성한 것 다 합해도 사울이 하나 한 것만도 못하다"라고 응답하십니다. 이런 하나님의 심정을 헤아린다면, 하나님의 음성을 들을 수 있다면, 우리는 그런 식으로 기도하지 않았을 것이며 사울 같은 사람을 향해서 반감도 갖지 않을 겁니다.

자녀로 인해 속상하십니까? 당장 오늘만 보기 때문에 그런 겁니다. 지혜로운 부모라면 그 녀석이 회개하고 은혜 받아서 충성하는 모습까지 미리 당겨서 즐깁시다. 그것이 바로 하나님이 느끼시는 즐거움입니다. 하나님은 당겨서 즐거워하시는 분입니다. 이것은 어찌 보면 인간적인 표현이라 좀 조심스럽습니다만, 하나님은 미래의 즐거움을 미리 보시고 현재의 괴로움을 참으신다는 말입니다. 더하고 빼고 서로 상쇄한다 할지라도 즐거움이 더 크기 때문에 남는 것이 있다는 말입니다.

오늘을 사는 우리도 마찬가지입니다. 여러분인들 오늘날까지 살면서 시종일관 깨끗하기만 했겠습니까? 여러분은 시종일관 주님의 마음에 들도록 살았는가 말입니다. 얼마나 빤질거렸습니까? 그런데 본인은 까마득하게 잊고 삽니다. 자기는 그런 적이 없다고 생각합니다. 위는 콧구멍이 두 개라 숨을 쉽니다. 하나같았으면 막혀서 죽었을 것입니다. 내가 언제 사울처럼 했냐고 합니다. 당신이 그렇게 생각하는 것은 실제로 그런 적이 없기 때문이 아니라 망각의 은사를 받아서 그런 겁니다.

또 이유를 찾자면 의식이 없기 때문입니다. 자기가 한 행동에 대해서 의식이 없습니다. 오늘 아침에도 식사를 하는데 옆 테이블에 앉은 사람들이 어찌나 시끄러운지 모릅니다. 조용조용 대화를 하면서 식사를 하면 좋을 것을 심지어 욕설까지 섞어가면서 언성을 높여 식사를 합니다. 하지만 이들은 자신들의 무례함으로 인해 옆 사람들이 무척 불쾌했을 거라는 기억을 전혀 갖지 않고 살 것입니다.

남의 탓만 할 것도 아닙니다. 오늘을 사는 우리도 마찬가지입니다. 전혀 남을 의식하지 않습니다. 그러면서도 남들의 행동에 대해서는 아주 예민하게 반응합니다. 인간이란 존재들이 원래 그렇습니다. 사울의 잘못은 보면서 내 잘못은 보이지 않습니다. 모쪼록 여러분들은 현재의 인생만 보이는 것이 아니라, 과거, 미래까지 함께 볼 수 있는 믿음의 눈을 뜨시길 바랍니다.

자식도 미래의 눈을 가지고 보십시오. 저는 어릴 때부터 "너는 훌륭하게 될 것이다. 너는 참 밥값하고 살 것이다. 너는 후회 없이 잘 살 것이다." 이런 말을 들은 적이 한번도 없습니다. 그저 귀에 못이 박히도록 들은 말이라곤 "넌 그렇게 해서 밥이나 먹고 살겠냐?"입니다. 하지만 요즘 얼마나 잘 먹고 잘 사는지 모릅니다. 제가 먹지 않아서 그렇지 먹을 것이 없어서 못 먹지는 않습니다. 저희 부모님 역시 제 미래를 보시지 못한 것입니다. 당장 오늘만 보시고 부모님의 기준으로 늘 저를 안타깝게 여기시며 걱정하셨습니다.

그렇다면 여러분은 어떻습니까? 때문에 저는 여러분들에게 당부합니다. '하나님의 관점'으로 자신을, 자녀를, 타인을 보십시다. 이런 저의 주장에는 다소 억지가 들어있습니다. 그런데 왜 억지인 줄 알면서 이런 말씀을 드리는 것일까요? 뭔가 강조하고 싶은 것이 있기 때문입니다. 물론 사울이 이렇게 못된 짓을 하면서 살다가 변화되지 않고 더 나쁜 사람이 될 수도 있습니다. 결과가 그럴지라도 '언젠가는 나아질 거야'라고 생각하며 사는 것이 본인에게 유익합니다. 자녀를 향해서도 마찬가지입니다. 자녀의 장래가 어찌 되든 자녀를 믿고 그의 장래를 긍정적으로 보면서 사는 것이 좋다는 말입니다.

그런데 그렇게 믿으면 또 그 믿음대로 살게 되고 저렇게 살 것이라고 믿으면 저렇게 사는 것을 많이 보았습니다. 이때문에라도 자신에 대해서든, 자녀에 대해서든, 타인에 대해서든 '저 사람 저렇게 하는 것을 보니까 바울같이 큰 일 하겠네'라고 받아들이자는 겁니다.

우리가 살고 있는 이 세상만 해도 그렇습니다. 얼마나 타락하고 썩었습니까? 하나님께서 오늘 당장 심판의 칼을 드신다 할지라도 할 말이 없습니다. 그런데 하나님은 왜 이 땅을 가만히 두시는 것일까요? 우리가 보는 시야와 하나님께서 보시는 시야가 다르다는 증거입니다. 전국 방방곡곡을 집회 인도차 다니다 보니 본의 아니게 이런저런 사회의 어두운 모습들을 보게 됩니다. 정말 별별 일이 다 있습니다. 한번은 집회를 하기 위해 숙소를 얻었는데 집회장소와 멀리 떨어진 곳입니다. 제가 집회를 준비하던 사람들에게 가까운 곳에도 숙소가 많이 있던데 왜 구태여 먼 곳에 잡았는가 물었습니다. 그랬더니 가까운 숙소에서는 방을 내주지 않았다는 겁니다. 그래서 어쩔 수 없이 먼 곳으로 얻었다고 합니다. 저는 좀 의아했습니다. 그래서 그 이유를 물었습니다. 그랬더니 저를 받게 되면 그 방은 하루 종일 다른 손님을 받을 수 없기 때문이랍니다. 하지만 저를 받지 않으면 하루에도 몇 팀을 더 받을 수 있으니 그것이 훨씬 이익이라고 합니다. 그 이야기가 무슨 말입니까? 호텔에 방이 어디 한두 개입니까? 수십 개입니다. 그런데 그 방 하나에 손님을 몇 번씩이나 받는다니 도대체 그 호텔에 하루에 드나드는 사람이 몇 명이라는 말입니까? 도대체 이 나라의 타락의 주소가 어디까지 왔다는 말입니까?

하지만 하나님은 아직도 유황불을 내리시지 않습니다. 저는 나름대로 이런 생각을 해봅니다. 물론 방방곡곡에 그런 호텔도 많지만 못지않게 하나님의 영을 사모하고 집회에 참석하는 사람들도 많기 때문이 아니겠는가? 연합집회 같은 곳에 가보면 얼마나 구름 떼같이 모였는지 앉을 자리가 없어서 길거리까지 앉아 말씀을 듣는 사람들이 많습니다. 이처럼 회개하고 은혜를 사모하는 사람들이 많기 때문에 참고 기다리시는 것이 아니겠는가 하는 생각입니다.

그렇습니다. 이처럼 오늘 여러분의 시야가 어느 쪽을 향하여 있는가 하는 것은 너무도 중요합니다. "아휴, 세상 썩었어. 정말 썩었어. 세상은 진짜 심판 받아야 해." 쉽게 이렇게 말하고 다니는 사람들이 있습니다. 하지

라." 그렇다면 여러분은 어떻게 하시겠습니까? 가시겠습니까, 아니면 그 음성을 외면하시겠습니까? 그 땅이 지금 전쟁 중일지라도 우리는 가야 합니다. 하나님이 가라고 명하시면 가야 합니다. 하지만 하나님은 우리에게 그런 명령은 하지 않으셨습니다. 먼저는 하나님께서 우리의 형편을 아시기 때문이고 그 다음은 아무래도 갈 것 같지 않아서이고, 세 번째는 그 땅에 갈 사람은 미리 하나님께서 준비하셨기 때문입니다. 하나님이 우리에게 명령하신 것은 우리가 사는 이 땅, 우리 주변을 전도하라는 겁니다. 그렇다면 비행기 타고 먼 곳으로 가서 복음 전하는 것에 비해 얼마나 쉽습니까? 돈이 많이 드는 것도 아니고 다른 나라 말을 배워야 하는 것도 아닙니다. 그런데 왜 여러분들은 전도하지 않습니까? 기도하지 않습니까?

가끔씩 보면 죽어도 기도하는 사람이 있습니다. 기도를 아는 사람입니다. 없는 시간도 쪼개어 최선을 다해 전도하는 사람이 있습니다. 전도를 아는 사람입니다. 그런데 우리가 그렇게 하지 못한다면 이유는 하나 아직 잘 모르기 때문입니다. 사울이 깨닫기 전에는 스스로 율법에 흠이 없다고 했지만 변화된 후에는 죄인 중의 괴수라고 고백하지 않습니까? 그가 율법에 흠이 없다고 자랑할 수 있었던 것은 깨닫지 못했기 때문입니다. 여러분이 기도하지 않는 것 역시 기도를 깨닫지 못하기 때문입니다. 전도를 깨닫지 못하니까 전도하지 않습니다. 만일 여러분들이 깨닫고 주님의 심령을 가지게 된다면 기도하지 않을 수 없고 전도하지 않을 수 없습니다.

이렇게 말씀드리는 저 자신도 때로는 기도와 전도가 생각만큼 잘되지 않을 때가 있습니다. '다 접어두고 기도만 하리라, 말씀만 보리라' 라는 필요성을 간절히 느끼면서도 당장 심방도 가야하고, 여러 상황으로 인해 결심대로 살지 못할 때가 있습니다. 그럴 때 '목사인 내가 이렇게 안될 때 집사는 얼마나 안될까?' 하는 생각을 합니다. 하지만 안된다고 하고 말기에는 너무 중요한 일입니다. 때문에 저는 여러분에게만 하라는 것이 아닙니다. 우리 함께 해보자는 말입니다. 죽음이 우리 눈앞에 닥칠지라도 기도합시다. 죽음이 내 눈앞에 왔다 할지라도 전도합시다. 그리고 기도와 전도가 우리의 삶의 부분이 되게 하십시다.

전도의 삶, 기도의 삶

시간을 따로 내서 기도하고 전도하는 것도 중요합니다. 하지만 제가 지금 말씀드리고 싶은 것은 여러분의 삶 자체가 기도요 전도가 되길 원합니다. 설교준비도 그렇습니다. 제가 딱 마음을 잡고 '이제부터 설교 준비해야지' 이렇게 결심을 하면 오히려 잘되지 않을 때가 많습니다. 날마다 읽고 묵상하는 말씀 가운데서 설교준비를 하는 것이 훨씬 효율적입니다. 성경은 성경대로 읽고 또 설교준비는 설교준비대로 따로 하려니까 도무지 시간도 없고 능률도 오르지 않습니다.

오늘부터는 언제까지 전도하는 날이라고 정하지 말고 하루하루의 삶이 전도가 되시길 바랍니다. 만나는 사람마다 복음을 전하십시오. 그렇게 살기 위해서는 여러분 자신의 희생이 필요합니다. 저는 어느 식당을 가든 꼭 칭찬을 아끼지 않습니다. 사람은 누구에게나 칭찬할 것이 있기 마련입니다. "참 음식 깔끔하네요. 제가 참 여러 군데에서 밥을 먹어보았지만 참 깔끔하네요." 사실 음식 맛이 조금 떨어지는 집에 가서는 이렇게라도 칭찬해줍니다. 맛있다는 말은 아닙니다. 그냥 깔끔하다고 했습니다. 그런데 그것이 칭찬이 됩니다. 그렇게 말해주면 식당 사람들이 참 좋아합니다. 식당에서는 정갈하다는 칭찬처럼 좋은 것이 없기 때문입니다.

그렇게 칭찬한 후 기분 좋을 때 뒤에 말을 덧붙입니다. "예수 믿으세요?" 그러면 냉정하게 안 믿는다고 하는 사람이 거의 없습니다. "못 나가고 있어요." 제가 이런 방법으로 전도를 하면서 느낀 것인데 의외로 아예 믿지 않는 사람보다 다니다 그만둔 사람이 상당히 많습니다. 여러분도 이렇게 삶 가운데에서 전도대상을 찾으십시오. 설거지하고 청소하고 집안일 다한 후 전도하러 나가는 것도 중요하지만 그보다는 삶에 밴 전도, 몸에 밴 전도가 중요하다는 말입니다.

바울은 아예 이 일에 생명을 내겁니다. 저는 솔직히 여러분에게 생명까지 걸라고는 말하지 못하겠습니다. 왜? 여러분은 바울이 아니기 때문입니다. 그러나 삶의 부분으로 그렇게 살자고는 말씀드리고 싶습니다. 생명 걸고 예루살렘까지는 가지 못할지라도 그저 내가 만나는 사람들, 그 사람들에게 복음을 전하자는 겁니다. 그 사명 역시 사도 바울의 사명 못지않게 중요한 사명이라는 말입니다.

여러분 한사람 한사람이 이런 마음으로 산다면 그것은 아주 굉장한 힘을 지닙니다. 저 혼자로는 힘에 부칩니다. 하지만 여러분 한사람 한사람이 모두 이렇게 한다면 얼마든지 큰일을 이룰 수 있습니다. 게다가 제가 만나는 사람들과 여러분이 만나는 사람들은 다릅니다. 제가 여러분은 만날 수 있지만 어떻게 여러분이 만나는 사람들까지 만나겠습니까? 그 사람들을 잘 아는 사람들도 여러분입니다. 그러니까 당연히 여러분들이 전도하는 것이 좋습니다. 만일 이 땅의 1200만 크리스천들이 모두 그렇게 전도의 삶을 산다면 이 나라는 더 이상 지금까지의 대한민국이 아닙니다.

또 한 가지 방법을 말씀드리겠습니다. 저는 식당에 가서 식사대접을 받을 경우 많은 돈은 아니지만 가능한 한 일정 금액을 팁으로 줍니다. 사실 팁문화가 우리나라에서는 생소합니다. 많은 사람들이 밥값만 계산하고 갑니다. 그런데 그렇게 하면 서빙하는 사람이 다소 섭섭합니다. 그러니까 저는 큰돈은 아니지만 그래도 조금 놓습니다. "이따 가실 때 택시 타고 가세요." 그렇게 한 후 그 식당에 다시 가면 얼마나 서비스가 좋은지 모릅니다. 제게 "목사님, 목사님" 하면서 여간 친절하고 반가워하는 것이 아닙니다. 그러면 전도하기도 참 좋습니다.

그런데 어떤 사람은 팁은 고사하고 한술 더 뜹니다. 밥 다 먹고 계산할 때 "얼마 나왔어요?" "7만원 나왔습니다." "아이고, 깎아줘요. 이 집은 왜 이렇게 비싸요? 6만원만 해요." "안돼요. 어떻게 밥값을 깎는데요." "아이, 조용히 해요. 그럼 다음부터는 이 집에 안 와요. 그리고요 지나가는 말인데 교회 나가세요." 이런 사람도 봤습니다. 그런데 그렇게 하면 그 식당 주인은 절대로 교회에 나가지 않습니다. '절대 안 나가리라' 하는 결심만 굳힙니다.

모든 사람이 그런 것은 아니지만 이런 식으로 예수님을 믿는 사람들이 많습니다. 믿지 않는 사람들이 볼 때 빛과 소금의 역할을 하지 못하는 그리스도인들이 너무도 많다는 말입니다. 삶은 그렇게 살면서 입으로만 전도하니까 도무지 되지 않습니다. 전도 대상자의 고정관념부터 바꾼 후 전도하려고 하니 몇 갑절 더 힘이 듭니다. 우리가 아무런 의식 없이 한 소소한 행동으로 인해 전도의 문이 막히는 경우가 많습니다.

전도해보면 느끼는 것인데 한 영혼 실족시키기는 그렇게 쉬운데 한 영혼 전도하기는 너무도 힘이 듭니다. 뜻하지 않은 말 한마디 실수로 한 사람의 영혼을 실족시키고 맙니다. 저는 그런 실수를 범하는 사람들을 보면

'차라리 그리스도인이라고 말하고 다니지 말지' 이런 생각을 합니다.

식당에서 보면 아주 큰 목소리로 거창하게 기도합니다. "오늘도 이렇게 좋은 양식을 주신 하나님…" 이렇게 기도하는 것을 보면 서빙하는 분은 대번 '이 무리들이 교회 다니는구나' 하는 것을 알게 됩니다. 그런데 그들의 행동이 좀 그렇다면 식당의 종업원이나 주인은 '아이고, 예수쟁이들이 왔구나' 라고 인식하게 됩니다. 세상에서 살 때 여러분들이 그리스도인이라고 하는 신분이 노출되었다면 일거수일투족을 매사에 조심하십시오.

저도 동네에서는 사람들이 목사라는 것을 다 압니다. 그래서 행동하기가 참 힘이 듭니다. 그래서 특히 식당 같은 곳에 가면 절대로 종업원들을 함부로 대하지 않습니다. 지금은 인격적인 사회입니다. 모두 인격적인 존재이기 때문에 막 시키고 그러면 안됩니다. 뭐 시킬 일이 있어도 "어, 거기 물 좀 줘" 이렇게 하지 말고 빈 컵을 보이면서 "물맛이 참 좋네요" 하십시오. 그러면 기분 좋게 가져다줍니다. 먹다가 반찬 떨어진 것이 있으면 "이 반찬 왜 이렇게 맛있어요? 너무 맛있네요. 이렇게 맛있는 것은 처음 먹어보네요"라고 해보십시오. 그러면 식당 사람은 기분 좋아 좋고, 저는 반찬 더 먹을 수 있어서 좋습니다.

그런데 더러 마음이 넉넉하지 못한 사람들은 "어이, 아가씨! 이것 좀 더 줘! 빨리빨리 떨어진 것 있으면 좀 갖다 놔! 아따 이 식당 배불렀는가보네" 이런 식으로 말을 합니다. 그런데 만일 그리스도인들이 이렇게 행동한다면 참으로 곤란합니다. 그 식당의 사람들은 다시는 교회에 가지 않습니다. 그러면 자기는 의도한 것이 아닐지라도 그 영혼들을 잃는 결과를 초래합니다. 복음을 위해 생명은 걸지 못한다 할지라도 다른 사람을 실족하게 해서야 되겠습니까?

바울은 복음을 위해 생명을 내걸었습니다. 하나님은 오늘도 안타까운 마음으로 복음 전할 자를 찾고 계십니다. 하나님은 여러분들이 변화되어서 그 사역을 감당해주기를 원하십니다. 그래서 지금까지 여러분이 어떻게 살았든지 상관없이 참고 기다리십니다. 사울이 변하여 바울이 될 때까지 참으신 하나님께서 여러분도 변화되어 주의 복음 전하는 사역자가 되길 간절히 원하십니다. 여러분은 사울이십니까, 바울이십니까? 오늘 이 순간 사울에서 바울의 삶으로 변화되시기를 주의 이름으로 부탁드립니다.

V 울
사론

V

사울

여호와의 말씀이 사무엘에게 임하니라 가라사대 내가 사울을 세워 왕 삼은 것을
후회하노니 그가 돌이켜서 나를 좇지 아니하며 내 명령을 이루지 아니하였음이니
라 하신지라 사무엘이 근심하여 온 밤을 여호와께 부르짖으니라 〈사무엘상 15장
10절-11절〉

이름의 뜻 요청함, 요구함
가족관계 아버지-기스, 부인-아히노암, 아들-요나단과 이스보셋,
　　　　　　 딸-메랍과 미갈

왕의 수준에 미치지 못하는 사울

사울은 이스라엘의 초대 왕입니다. 다시 말해서 사울 때부터
이스라엘의 왕정정치가 시작됩니다. 우리는 사람을 통해 '나도 저렇게 살
아야 되겠다!'는 배움도 있지만 반대로 '저렇게 살면 안되겠구나!' 하는 깨
달음도 얻곤 합니다. 사울 왕은 후자에 속하는 사람입니다.

왕이 되지 말아야 할 사울이 왕위에 오르므로 이스라엘이 얼마나 복잡
해지는지 모릅니다. 사울 다음으로 왕위에 오른 사람이 누구입니까? 다윗
입니다. 그런데 똑같은 나라, 똑같은 백성, 똑같은 왕의 자리인데도 다윗
으로 왕이 바뀌니까 그 혼란스럽던 나라가 얼마나 번성하는지 모릅니다.
다시 말해서 왕이 될 자격이 있는 사람이 있는가 하면 자격이 없는 사람도

있더라는 겁니다. 그렇다면 어떤 사람이 왕이 될 그릇을 갖춘 사람이고 어떤 사람이 왕이 되면 안되는 그릇이란 말입니까? 그것을 결정하는 자격요건은 뭡니까? 그 사람의 자질의 문제가 아니라 그가 어떤 자세로 살아가는가에 좌우된다는 말씀을 드리고 싶습니다. '하나님의 말씀에 순종하는 삶'인가 아닌가에 따라 결정이 됩니다.

하나님께서는 사울을 왕으로 세운 것을 후회하십니다. 그 이유가 뭔지 아십니까? 사울이 하나님의 말씀에 순종하지 않고 그 명령을 준행하지 않기 때문입니다. 생각해봅시다. 하나님은 하나님의 수준으로 말씀하시고 명령하십니다. 그러니까 하나님의 말씀에 순종한다면 곧 하나님의 수준으로 살게 됩니다. 하지만 하나님의 말씀에 불순종한다면, 그것은 누구의 수준으로 살겠다는 겁니까? 내 수준으로 살겠다는 의지입니다. 내 수준에서 산다면 그나마 괜찮겠지만 그렇게 살다 보면 내 수준보다 못한 수준, 즉 마귀 수준으로 살게 됩니다. 하나님의 말씀에 불순종하게 되면 내 인격 정도밖에 아니, 마귀의 가르침에 따르는 삶을 살게 된다는 의미입니다. 그러니 이 얼마나 치명적인 삶입니까?

사울도 처음부터 하나님의 말씀에 불순종했던 것은 아닙니다. 그가 하나님의 말씀에 순종할 때 전쟁도 이기고 나라도 평안합니다. 그러다 조금씩 하나님의 말씀을 거역하게 됩니다. 그러면서 하나님의 성신이 떠나고 그 자리에 악신이 찾아옵니다. 조금씩 타락한 것이 나중에는 도저히 인격적으로는 상상도 할 수 없는 일들을 자행하기도 합니다. 결국 사울 본인 자신은 물론이고 그 가정과 나라까지 몰락의 벼랑으로 떨어뜨리는 왕이 됩니다.

이런 이유로 우리는 나라의 지도자들을 위해서, 지도자들의 수준을 위해서 기도해야 합니다. 한 나라의 지도자가 하나님의 말씀에 순종하기만 한다면 그 사람은 하나님의 수준에 달하는 국가정책을 펴나갈 것입니다. 그럼 자연히 국민들의 삶의 질도 올라갑니다. 그런데 반대로 국가 지도자들이 하나님의 말씀에 순종하지 않는다면 자신의 인격적 수준이 떨어지는 것은 물론이고 온 나라의 형편이 떨어지고 맙니다.

싱가포르 같은 나라도 보면 확실한 지도자 한 사람이 서니까 나라가 굉장히 튼튼히 섭니다. 하지만 아프가니스탄을 보십시오. 빈 라덴 같은 사람 하나가 잘못되니까 온 나라가 쑥밭이 되고 말지 않습니까? 물론 라덴의 입장에서도 할 말이 있기는 할 것입니다. 하지만 정당성이 없습니다. 이런 소수의 사람들로 인해 온 세계가 얼마나 복잡해졌습니까?

하나님께서 사울을 왕으로 세우실 때는 그도 괜찮은 사람이었습니다. 문제는 사울은 왕이 될 정도의 그릇이 아니었다는 데 있습니다. 제가 볼 때 사울은 도지사 정도라면 딱 좋았지 않았겠는가 싶습니다. 그런데 분에 넘친 직책을 맡은 겁니다. 사울도 처음에는 착했습니다. 성실했습니다. 괜찮은 사람이었습니다. 하지만 왕의 수준에는 미치지 못했습니다. 사울의 마음과 말과 삶을 보면 여실히 드러납니다.

사울의 잘못된 마음

사울도 왕으로 기름부음 받았을 당시에는 하나님의 말씀에 순종합니다. 순종함으로 전쟁에서 이길 때 하나님께서는 명령하십니다.

> 만군의 여호와께서 이같이 말씀하시기를 아말렉이 이스라엘에게 행한 일 곧 애굽에서 나올 때에 길에서 대적한 일을 내가 추억하노니 지금

> 가서 아말렉을 쳐서 그들의 모든 소유를 남기지 말고 진멸하되 남녀와 소아와 젖먹는 아이와 우양과 약대와 나귀를 죽이라 하셨나이다 (삼상 15:2,3)

무슨 말씀입니까? "네가 전쟁에서 이기게 되면 싹 멸해라!"라고 하시는 겁니다. 그렇다면 마땅히 사울 왕은 어떻게 했어야 합니까? 싹 멸했어야 합니다. 복잡할 것도 없습니다. 그저 하나님의 명령대로 하면 되는 겁니다. 그런데 사울 왕이 막상 멸하려고 보니까 아까운 생각이 듭니다. 그래서 좋은 것은 남기고 별로인 것만 진멸합니다.

> 아말렉 사람의 왕 아각을 사로잡고 칼날로 그 모든 백성을 진멸하였으되 사울과 백성이 아각과 그 양과 소의 가장 좋은 것 또는 기름진 것과 어린 양과 모든 좋은 것을 남기고 진멸키를 즐겨 아니하고 가치없고 낮은 것은 진멸하니라 (삼상 15: 8, 9)

아까운 마음이 들 수는 있습니다. 하지만 하나님의 말씀에 순종할 때 하나님은 열 배라도 채워주십니다. 그런데 사울의 생각이 여기까지 미치지 못했습니다. '아이고, 저 아까운 것을 왜 멸하라고 하실까? 하나님도 참 희한하시네' 라고 생각하고는 겉으로는 순종하는 척하면서 뒤로 필요한 것들은 남겨놓습니다. 그런데 하나님께서 이런 사울의 행동을 보시지 못합니까?

우리는 이런 사울을 보면서 참 잘못 살았던 왕이라고 평가합니다. 그렇다면 이런 잘못은 사울만 저지르고 있습니까? 과연 여러분은 하나님과의 관계 속에서 하나님의 말씀대로만 살았다고 자부하십니까? 우리도 때때로 숨어서 하나님의 말씀대로 살지 못하는 부분들이 있었음을 깨달읍시다.

분명 하나님은 다 멸하라고 명령하셨지만 사울에게는 순종하는 믿음이 없었습니다. 그보다는 당장 눈에 보이는 것을 계수해보니 아깝다는 생각만 듭니다. 그래서 가치 없는 것들은 진멸하고 좋은 것들은 남깁니다. 물론 사울에게도 하나님을 위한다고 하는 나름의 명분은 있었습니다. 하지만 이런 명분은 말 그대로 명분일 뿐이고 사실 그 내면으로 들어가면 자기 실속을 차리고 싶었던 겁니다.

우리가 왕은 아닙니다. 때문에 사울처럼 거창한 잘못은 저지르지 않습니다. 하지만 가정 안에서 주를 위한다는 명분을 앞세우면서 실상은 자신의 실속을 차리는 일이 얼마나 많습니까? 뻔히 속 보이는 일들을 하면서 삽니다. 사울 왕을 통해 자신을 보는 여러분들이 되시길 바랍니다.

십일조를 예로 들어봅시다. "저는요, 아직 신랑이 반대해서 온전한 십일조는 드리지 못하고 단지 생활비 정도에서 십일조를 하고 있습니다." 어떻게 들립니까? 인간적으로 볼 때는 아주 지혜롭고 타당해보입니다. 일리도 있습니다. 하지만 분명히 이런 행동은 하나님의 말씀대로 사는 삶이라고는 보기 힘듭니다. 만일 나중에 남편이 주님을 영접하게 되었을 때 아내가 "여보, 당신이 반대해서 나는 십일조 온전히 하지 않고 생활비에서만 했어요"라고 한다면 과연 남편이 "당신 참 지혜롭다"고 하겠습니까? 모르긴 몰라도 "당신 믿음도 없었구만"이라고 할 겁니다. 지금은 남편이 믿지 않으니까 온전한 십일조에 대해서 이해하지 못하지만 나중에 믿음이 들어가면 이렇게 말할 겁니다.

사울 왕에게는 인간적인 욕심이 있었습니다. 이것부터가 사울이 왕의 수준이 되지 못한다는 증거입니다. 그러니까 자꾸 하나님의 말씀을 거역합니다. 이런 사울을 보시면서 하나님은 '저 사울과는 일할 수 없겠네' 라고 생각하십니다. 그렇다면 하나님께서 여러분은 어떤 눈으로 보신다고 생각합니까? '하나님이 저 ○○○하고 뭘 할 수 없겠네. 수준이 안 맞네. 도무지 함께 일할 수 없겠네' 라고 생각하신다면 어떻게 하실 겁니까?

점차로 사울에게서 하나님의 은혜가 떠나갑니다. 그러니 자연히 사울은 힘을 잃어갑니다. 건강도 잃어갑니다. 그러다 전쟁이 일어납니다. 아무런 대책도 없습니다. 그제야 부랴부랴 하나님께 제사를 드린다고 법석을 떱니다. 정신이 들고 보니 하나님의 힘을 얻어야겠다는 생각이 들었습니다. 요새 말로 하면 전쟁 앞에서 하나님의 은혜를 사모합니다.

그런데 긴급 상황에서 제사를 드려야 하는데 제사장인 사무엘이 오지 않습니다. 한시라도 빨리 왔으면 좋으련만 사울의 마음은 급한데 사무엘은 오지 않습니다. 물론 사무엘이 늦게 온 것에도 사울의 믿음을 시험하고자 하시는 하나님의 뜻이 계셨습니다. 그렇다면 생각해봅시다. 사울이 급한 것이 더 중요합니까, 하나님이 급하신 것이 더 중요합니까? 아무리 사울 왕이 급해도 하나님께서 급하시지 않으면 아무런 소용이 없습니다. 이때 사울이 마땅히 가져야 할 마음의 자세는 "살든지 죽든지 뜻대로 하시옵소서. 아버지 잘못했나이다"입니다. 느긋하게 마음먹고 사무엘이 오기를 기다렸다가 제사를 드렸다면 얼마나 좋았겠습니까? 그런데 사울은 급한 마음에 옳지 못한 방법, 길이 아닌 길을 갑니다.

사울의 이런 어리석은 행동은 오늘을 사는 여러분에게도 얼마나 중요한 의미가 되는지 모릅니다. 어떤 일에 급하다는 생각이 드십니까? 그것부터가 잘못입니다. 내가 급한 것은 소용이 없습니다. 급하다면 하나님이 급하셔야 합니다. 이스라엘 백성이 사울 왕의 백성입니까? 아닙니다. 하나님의 백성입니다. 마찬가지입니다. 내가 지금 살아있다고 해서 내 생명이 나의 것입니까? 아닙니다. 하나님 아버지의 생명입니다. 당신 주머니에 있다고 해서 그 돈이 당신 것입니까? 아닙니다. 하나님의 돈입니다. 사울에게 이런 마음이 있었다면 그렇게 서두르지는 않았을 겁니다. 하나님의 순서에 맞게 순종하면서 살았다면 그런 엄청난 잘못은 저지르지 않았을 겁니다.

믿음은 우리에게 느긋한 마음을 줍니다. 그런데 사울에게는 이런 느긋함이 없었습니다. 사울은 너무도 급한 나머지 사무엘을 기다리지 못하고 자기가 직접 제사를 드리는 잘못을 저지릅니다. 욕심으로 인해 재물이 무너지는 것도 모자라서 그는 제사의 단까지 무너뜨립니다. 이렇게 하나하나 무너지다 보니 도무지 손 쓸 수 없는 문제가 되는 겁니다.

이제 하나님의 신은 완전히 사울을 떠났습니다. 하나님은 사울을 왕으로 세우신 것을 후회하십니다. 그 즈음 소년 다윗이 블레셋 장수 골리앗을 무찌릅니다. 입 있는 사람마다 다윗을 칭송합니다. "다윗은 만만이요, 사울은 천천이로다." 사울에게 넉넉한 마음이 있었다면 "그래, 나는 천천이요, 너는 만만이다"라고 할 수도 있었습니다. 사울과 다윗이 무슨 사이입니까? 장인과 사위의 관계입니다. 남도 아니고, 사위도 자식인데 좀 넉넉한 마음을 가질 수도 있었다는 겁니다. 맞습니까, 틀립니까?

만일 사울에게 이런 넉넉한 마음이 있었더라면 사울의 평생은 참으로 행복했을지도 모릅니다. 하지만 사울은 그렇지 못했습니다. "이것이 뭔 소리여! 뭐, 나는 천천이고 다윗은 만만이라고?" 이렇게 좁은 마음에서 질투가 생깁니다. 시기가 생깁니다. 이런 시기와 질투가 사울 인생 전반을 망하게 합니다. 그의 온 힘을 엉뚱한 데에 쓰도록 합니다. 왕은 온 힘을 어디에 써야 합니까? 국력을 강화하고, 적군을 물리치고, 나라를 부강하게 하는 곳에 힘을 모음이 마땅합니다. 그런데 사울은 다윗을 죽이는 데 혈안이 되어 있는 힘을 다 소진하고 맙니다. 저는 우리나라 지도자들도 사울과 다윗을 통해 뭔가 깨달았으면 좋겠습니다.

사울만 해도 넓은 마음으로 "그래, 어차피 나는 왕을 다 했고 이제 네가 왕을 할 것이니 나는 천천이고 너는 만만이다"라고 다윗을 인정해주었다면 다시 백성들은 "사울은 십만만이요 다윗은 만만이라"고 했을지도 모릅니다. 넓은 마음 하나가 별 것 아닌 것 같아도 그것이 큰 그릇인가 아닌가를 좌우하는 기준이 됩니다. 하지만 사울은 그런 그릇도 되지 못했습니다. 그러니 다윗 하나 죽이겠다고 수천 명의 병사를 몰고 다니면서 정력을 소비하고 국력을 소비하고 있습니다. 그러니 국방은 누가 튼튼하게 할 것이며 경제력은 누가 쌓습니까?

하지만 다윗은 사울과 달랐습니다. 왕이 되는 순간 정적부터 자기편으로 바꿉니다. 그리고는 힘을 모아 대외적인 적을 찾습니다. 그러니까 다윗의 시대에는 분열이 없습니다. 이스라엘이 땅을 가장 넓히고 부강했던 시대, 풍요로웠던 시대가 바로 다윗 왕의 시대입니다.

물론 여러분이나 제가 대통령은 아닙니다. 하지만 우리의 가정, 우리의 교회, 우리의 사회에서 이런 넉넉한 마음을 가지고 사시길 바랍니다. 이처럼 사울은 마음부터 잘못된 삶을 살았습니다.

사울의 잘못된 언어

한 사람을 평가할 수 있는 가장 빠르고 정확한 방법이 그 사람의 말을 들어보는 겁니다. 말을 통해 그 수준이 나옵니다. 사울이 하는 말을 봅시다. 전쟁이 났습니다. 그러자 사울이 내린 명령이 뭔지 아십니까?

> 이 날에 이스라엘 백성이 피곤하였으니 이는 사울이 백성에게 맹세시
> 켜 경계하여 이르기를 저녁 곧 내가 내 원수에게 보수하는 때까지 아무
> 식물이든지 먹는 사람은 저주를 받을지어다 하였음이라 (삼상 14:24)

다시 말해서 "지금부터 금식이다. 음식을 먹으면 저주를 받을 것이다"라
고 합니다. 아니 전쟁이 났는데 무슨 금식입니까?

그런데 그렇게 공포한 후 그 명령을 어긴 사람이 누구입니까? 바로 사울
의 아들 요나단입니다. 요나단은 너무 배가 고픈 나머지 꿀을 먹습니다.
그리고 이렇게 말합니다.

> 요나단이 가로되 내 부친이 이 땅으로 곤란케 하셨도다 보라 내가 이
> 꿀 조금을 맛보고도 내 눈이 이렇게 밝았거든 하물며 백성이 오늘 그 대
> 적에게서 탈취하여 얻은 것을 임의로 먹었더면 블레셋 사람을 살륙함이
> 더욱 많지 아니하였겠느냐 (삼상 14:29, 30)

자기가 굶어보니까 이렇게 꿀만 한번 먹어도 눈이 번쩍 뜨이는데 왜 이
백성을 굶기는가에 대해 묻고 있습니다.

이처럼 사울은 말하는 것도 수준 미달이고 행동하는 것도 수준 미달입
니다. 말이 아무 것도 아닌 것 같지만 말이야말로 그 사람의 수준, 그 사람
의 마음을 가장 정확하게 드러내는 표현방법입니다. 수준 있는 사람은 말
도 수준 있게 합니다. 그런데 사울은 보니까 말도 수준이 없습니다.

성경을 보면 이렇게 함부로 말을 한 사람이 또 한 명 있습니다. 입다입니
다. 입다가 잘못 입을 놀립니다. 원래 입다는 출신부터 좋지 않습니다.

> 길르앗 사람 큰 용사 입다는 기생이 길르앗에게 낳은 아들이었고
> (삿 11:1)

결국 출신성분이 좋지 않아 가문에서 쫓김을 당합니다. 그런데 암몬 자손들이 쳐들어오니까 길르앗 장로들이 힘이 센 입다를 찾아와서는 자기들의 장관이 되어 암몬 자손들을 무찔러달라고 합니다. 처음에는 거절하지만 결국 입다는 이들의 부탁을 수락합니다. 그러면서 아주 성급한 서원을 합니다. "그가 여호와께 서원하여 가로되 주께서 과연 암몬 자손을 내 손에 붙이시면 내가 암몬 자손에게서 평안히 돌아올 때에 누구든지 내 집 문에서 나와서 나를 영접하는 그는 여호와께 돌릴 것이니 내가 그를 번제로 드리겠나이다 하니라"(삿 11:30, 31)라는 경솔한 서원을 말하고 맙니다.

　　아니, 같은 서원일지라도 얼마든지 바람직한 것도 많지 않습니까? 이를테면 "하나님, 이번 전쟁에서 이기게만 해주시면 내가 노획물을 주님께 드리겠습니다!"라든지, "내가 평생 주님의 은혜를 잊지 않겠습니다"라든지, 야곱처럼 "십일조를 드리겠나이다"라든지, "내가 성전 건축을 하겠습니다"라든지 하는 것도 얼마든지 있는데, 입다는 "전쟁에서 이기게만 하시면 내가 전쟁 마친 후 돌아올 때 제일 먼저 나를 환영 나오는 사람을 제물로 드리겠습니다"라는 경솔한 서원을 하더란 말입니다. 이것이 바로 입다의 수준입니다.

　　왜 하필이면 그런 기도를 합니까? 우리 주변에도 보면 수준 낮게 말하는 사람들이 더러 있습니다. "아, 그건 진짜 확실해"라고만 해도 전달이 될 것을 어떤 사람들은 "그게 아니면 내 눈을 빼"라고 합니다. 어떤 사람들은 "그게 아니면 내 열 손가락에 장을 지진다"라고 합니다. 이런 식으로 말하는 사람들은 그 말을 통해 자기의 수준을 드러내는 겁니다. 여러분들은 아무리 확실한 일이더라도 "확실해, 아주 확실해"라는 정도로만 말씀하십시오. 이것이 수준 높은 사람들이 하는 말입니다. "이게 아니면 내가 네 아들이다" 뭐 이런 말 좀 하지 마십시오.

세상에는 확실한 것처럼 보여도 확실하지 않은 것들이 얼마나 많은지 모릅니다. 그러니 이렇게 함부로 장담하는 사람들은 스스로 무식함을 폭로하는 것밖에 되지 않습니다. 이 세상에 확실한 것은 하나밖에 없습니다. 확실한 것이 없다고 하는 그 사실 하나만 확실합니다. 아무리 자기 확신을 강조하고 싶을지라도 눈을 뺀다든지, 열 손가락에 장을 지진다든지, 이런 무식한 소리는 하지 맙시다.

저희 교회에서 성전을 지을 때 주변의 많은 사람들이 관심을 갖고 또 걱정도 해주고 그랬습니다. "여러 가지 어려운 상황이 있지만 하나님께서 해주시면 얼마든지 할 수 있어"라고 힘을 주는 사람이 있는가 하면 어떤 사람들은 "중문교회 지어지면 내 손에 장을 지진다!"고 했습니다. 하지만 결국 우리 교회는 하나님의 뜻 안에서 계획대로 지어졌습니다. 그런데 그때 손에 장을 지지겠다고 한 사람 치고 말대로 실천하는 사람을 한 명도 보지 못했습니다. 아마도 시간이 없어 장을 지지지 못하는가 봅니다.

저야 남들이 그렇게 말을 하든 저렇게 말을 하든 상관없습니다. 단지 그렇게 말하는 사람들의 수준이 걱정입니다. 언어의 수준이 안되는데 어찌 삶의 수준이 되겠습니까? 여러분들은 일상 속에서 늘 수준 있는 말을 하시기를 원합니다. "힘들어. 힘들 것 같아"라고 표현해도 충분할 것을 "안돼, 그게 되면 내 눈깔 빼라. 내 눈깔 빼!"라고 수준 낮게 표현하지는 말자는 말입니다. 어차피 전달되는 의미는 같은데 왜 그렇게 무식하게 말하는지 모르겠습니다. 사울 왕 역시 하는 말마다 무식으로 충만했습니다.

사울의 잘못된 삶

사울은 마음과 말뿐만 아니라 삶까지도 무식합니다. 사울을 보면 하는 행동마다 무식하기 그지없습니다. 그런 무식한 삶이 단에서, 예배에서 여실히 나타납니다. 예배야말로 인간의 모든 인격과 삶의 결정입니다. 때문에 예배는 중요합니다. 예배는 하나님과 인간의 관계 아닙니까? 때문에 예배를 무시한다는 것은 곧 하나님을 무시한다는 의미입니다. 이렇게 하나님을 무시하는 사람이 세상에서 무시하지 못할 것이 뭐가 있겠습니까? 그러니 이런 사람은 뭘 해도 되지 않습니다. 반대로 하나님을 공경하는 사람은 매사에 공경하는 자세로 살기 때문에 뭘 해도 되는 겁니다. 단, 예배, 제사가 별 것 아닌 것 같지만 거기서 인간의 생명이 결정됩니다.

우리는 이 단을 통해서 은혜를 받습니다. 은혜 받은 사람 치고 잘못되는 사람이 없고 은혜 받지 않은 사람 치고 잘되는 사람이 없습니다. 그런데 사울은 겁 없이 단을 무너뜨리는 행동을 합니다. 왜 사울이 이런 엄청난 어리석음을 범했는지 아십니까? 지나치게 사람을 의식하기 때문입니다.

사무엘상 15장 14-15절을 봅시다.

> 사무엘이 가로되 그러면 내 귀에 들려오는 이 양의 소리와 내게 들리는 소의 소리는 어찜이니이까 사울이 가로되 그것은 무리가 아말렉 사람에게서 끌어 온 것인데 백성이 당신의 하나님 여호와께 제사하려 하여 양과 소의 가장 좋은 것을 남김이요 그 외의 것은 우리가 진멸하였나이다

이어서 17절을 보십시다.

> 사무엘이 가로되 왕이 스스로 작게 여길 그때에 이스라엘 지파의 머리가 되지 아니하셨나이까 여호와께서 왕에게 기름을 부어 이스라엘 왕

을 삼으시고

겸손하니까 하나님께서 높여주십니다. 그런데 왕으로 세움을 받은 후 사울은 왜 그렇게도 스스로 높아지려고 안간힘을 썼는지 모르겠습니다. 사실 이때야말로 사울이 회개할 기회입니다. 여러분의 삶 가운데 잘못이 깨달아지고 지적이 되어진다면 그때 거역하지 말고 회개의 기회로 삼으십시오.

22절을 봅시다.

> 사무엘이 가로되 여호와께서 번제와 다른 제사를 그 목소리 순종하는 것을 좋아하심같이 좋아하시겠나이까 순종이 제사보다 낫고 듣는 것이 수양의 기름보다 나으니

이쯤 되면 사울은 마땅히 회개를 했어야 합니다. "하나님, 잘못했습니다. 사무엘 선지자여 잘못했습니다. 이 놈을 용서하여 주십시오"라고 하는 것이 옳습니다.

다윗을 보자면 그는 이 점에 있어서도 훌륭합니다. 다윗은 마음도 훌륭하고 말도 훌륭하지만 행동 역시 훌륭했습니다. 어찌 보면 사울이 저지른 잘못보다 다윗이 저지른 잘못이 더 클지도 모릅니다. 다윗은 다른 남자의 아내를 간음하고 그것도 모자라 살인까지 하지 않았습니까? 사울은 적어도 그런 죄는 짓지 않았습니다. 그런데 다윗과 사울이 결정적으로 다른 점이 이 부분입니다. 다윗은 자신의 잘못이 지적될 때 그 자리에서 무릎 꿇고 침상을 적시며 기도합니다. 그런데 사울은 그렇지 못합니다.

제가 볼 때 하나님은 회개하는 자에게 마음이 약하십니다. 하나님의 역사를 보면 무슨 잘못을 했을지라도 회개만 하면 용서하시는 분입니다. 때

로는 "너 절대 용서 못한다"고 하나님께서 말씀하셨으면서도 사람들이 울면서 회개하면 용서해주십니다. 물론 하나님이 변덕스러운 분은 아니지만 회개하는 사람에게는 항상 용서하시는 쪽으로 마음을 돌리십니다.

예레미야, 이사야, 에스겔을 읽으면서 이런 하나님의 모습을 수도 없이 만났습니다. 제가 봐도 도무지 용서할 수 없을 형편으로 나라가 썩었습니다. 하지만 하나님께서는 앞에서는 용서하지 않겠다고 하시지만 뒤돌아서서는 "그래도 잘못했다고 하면 용서해주마"라고 하십니다.

모세의 시대를 봐도 그렇습니다. 하나님은 당신이 만들어놓으신 인간에 의해서 배신을 당하십니다.

> 하늘이여 귀를 기울이라 내가 말하리라 땅은 내 입의 말을 들을찌어다 나의 교훈은 내리는 비요 나의 말은 맺히는 이슬이요 연한 풀 위에 가는 비요 채소 위에 단비로다 내가 여호와의 이름을 전파하리니 너희는 위엄을 우리 하나님께 돌릴찌어다 그는 반석이시니 그 공덕이 완전하고 그 모든 길이 공평하며 진실 무망하신 하나님이시니 공의로우시고 정직하시도다 그들이 여호와를 향하여 악을 행하니 하나님의 자녀가 아니요 흠이 있는 사곡한 종류로다 우매무지한 백성아 여호와께 이같이 보답하느냐 그는 너를 얻으신 너의 아버지가 아니시냐 너를 지으시고 세우셨도다 (신 32:1-6)

하지만 이내 곧 이렇게 말씀하십니다.

> 여호와께서 말씀하시되 오라 우리가 서로 변론하자 너희 죄가 주홍 같을지라도 눈과 같이 희어질 것이요 진홍같이 붉을찌라도 양털같이 되리라 (사 1:18)

만일 저 같으면 "이젠 끝이다, 이 자식들아!" 하고 마무리지을 것 같습니다. 그런데 하나님은 그렇게 행하시지 않습니다.

사울도 아무리 잘못을 했을지라도 회개만 했다면 사정은 달라졌을 겁니다. 그런데 사무엘이 사울 왕에게 "왕이여! 당신이 스스로 낮게 여길 때 하나님이 높여주셨거늘 왜 자꾸 자신을 세우십니까?"라고 잘못을 지적하자, 사울이 뭐라고 말하는지 한번 봅시다.

> 사울이 가로되 내가 범죄하였을찌라도 청하옵나니 내 백성의 장로들의 앞과 이스라엘의 앞에서 나를 높이사 나와 함께 돌아가서 나로 당신의 하나님 여호와께 경배하게 하소서 (삼상 15:30)

도무지 정신을 차리지 못하고 있습니다.

자기는 잘못했지만 장로들 앞에서는 자신을 높여달라고 합니다. 왜 자꾸 높아지려고 하는지 모르겠습니다. 스스로 낮아지면 하나님께서 알아서 높여주시겠건만 왜 자꾸 스스로 높아지려고 하는 겁니까? 이런 사울의 교만함이 무식한 행동을 하게 합니다. 결국 사울 왕은 이런 결정적인 실수로 인해 수십 명의 제사장을 죽이고 맙니다.

저도 될 수 있는 대로 좋지 않은 말은 하지 않으려고 합니다. 때로는 가정의 좋지 않은 점들을 알지만 구태여 제가 들먹거리며 이야기하지는 않습니다. 제가 하지 않을지라도 다른 사람들이 다 합니다. 때론 버릇없는 가정이 있을지라도 가만히 있습니다. 그러면 다른 적당한 분이 그 가정의 버릇없음을 지적해주십니다.

그런데 목회를 하다 보면 더러 하나님이 세우셔서 쓰시는 사람들을 해코지하려는 분들이 계십니다. 만일 그런 사람이 주변에 있다면 경계하십시오. 하나님이 세우신 사람은 하나님의 손에 맡기는 것이 옳습니다. 하나님께서 어련히 알아서 처리하시겠습니까? 그런데 왜 여러분들은 자진해서 그 문제 속으로 뛰어드십니까?

사울과 다윗이 얼마나 다른지 한번 봅시다. 사울이 다윗을 죽이려고 하는 행동을 보면 미친개와 진배없습니다. 온통 머릿속이 다윗을 없애려는 생각 하나로만 가득합니다. 하지만 다윗은 여러 번의 기회가 있었지만 사울 왕에게 손을 대지 않습니다. 사울이 그렇게 자기를 죽이려고 할지라도 다윗은 사울처럼 행동하지 않습니다. 왜 그렇습니까? 다윗은 사울 왕이 이미 하나님이 기름 부어서 세운 왕임을 인정하기 때문입니다. 다윗은 하나님이 세우신 왕을 자기가 해쳐서는 안된다고 믿습니다. 다윗은 하나님께서 하나님의 때에, 하나님의 방법으로 해결해 주실 것을 믿습니다.

우리는 이런 다윗에게 배울 것이 있습니다. 만일 다윗이 사울 왕을 죽였다고 칩시다. 그렇다면 사울 왕의 소행을 다 알기 때문에 다윗이 사울을 죽이고 왕위에 오른다고 할지라도 뭐라 할 사람은 없습니다. 미친 개 같았던 사울이니까 죽어 마땅하다고 생각할지도 모르겠습니다. 하지만 한편에서는 이런 말이 나올 수 있습니다. "다윗은 사울을 죽이고 왕이 된 사람이야." 그러다 만일 다윗이 잘못되기라도 한다면 "칼로 승한 사람이 칼로 망하는구먼" 이런 말이 나올 수도 있습니다.

다윗은 수준이 높고 지혜로웠던지라 칼로 나라를 세우지 않습니다. 물론 하나님께서 다윗에게 여러 차례 사울을 해할 수 있는 기회를 주셨지만, 정작 다윗은 이 모든 문제를 하나님 앞에 맡깁니다. 우리는 이런 다윗의 모습을 배우자는 겁니다.

하나님은 스스로 작게 여기는 자를 들어서 왕까지 높여주십니다. 만일 사울이 왕으로 기름부음을 받았던 당시의 초심을 잊지 않고 계속 간직했다면, 그 겸손함을 계속해서 유지했더라면 적어도 "내 백성의 장로들 앞과 이스라엘의 앞에서 나를 높이샤"라고 하지는 않았을 겁니다. 마땅히 다윗처럼 그 자리에서 잘못을 회개했을 겁니다.

물론 회개가 마음대로 되는 것은 아닙니다. 그것 역시 하나님의 은혜입니다. 만일 여러분의 심령에 회개의 마음이 드십니까? 그렇다면 그 회개로 인해 나중에 잘되는 것은 그만두고라도 회개할 마음이 생겼다는 사실 하나만으로도 감사하십시오. 내가 은혜를 받는다는 그 사실 하나로 감사하십시오. 내가 원한다고 해서 회개가 되는 것이 아니기 때문입니다. 하나님의 섭리 안에서 회개도 하게 되는 것이고 은혜도 받게 되는 것입니다. 그러니 마땅히 하나님께 감사드려야 합니다.

그러니 좀더 정확하게 이야기하자면 다윗이 사울에게 그렇게 넉넉할 수 있었던 것 역시 다윗 혼자의 마음은 아니란 말입니다. 이미 다윗의 삶 가운데 하나님께서 은혜를 끼치셨기 때문에 회개할 수 있었던 겁니다. 만일 여러분의 삶 가운데 넉넉한 마음이 생긴다면 그것 역시 내 것이 아닙니다. 하나님이 여러분 안에 이 마음을 심어주셨기 때문에 가능한 것입니다. 여러분의 마음일 수도 있지만 어찌 보면 하나님께서 붙잡아주시는 마음이란 말입니다. 성경에 나오는 믿음의 사람들을 보십시오. 한 사람도 예외 없이 하나님께서 붙잡아주십니다.

> 너희를 저주하는 자를 위하여 축복하며 너희를 모욕하는 자를 위하여 기도하라 (눅 6:28)

저주하는 자를 위해서 축복하고 모욕하는 자를 위해서도 기도하라고 하십니다. 저주와 모욕은 하나님께 맡기고 우리는 축복과 기도만 해주라고 말씀하십니다. 원수가 곤란함 가운데 있다 할지라도 "할렐루야. 저 작자가 주리는 것을 보니 하나님은 살아계셔"라고 생각하지도, 말하지도 마십시오. 이런 마음은 하나님께서 기뻐하시는 마음이 아닙니다.

저는 하나님께서 암몬이나 모압, 블레셋을 심판하시는 모습을 보면서 깜짝 놀랐습니다. 하나님께서 왜 암몬을 심판하셨습니까? 이스라엘을 징벌하시겠다고 할 때 암몬 사람들이 뭐라고 말한 줄 아십니까? "아하, 쌤통이다. 아하, 좋다!"라고 했습니다. 이런 마음 때문에 암몬은 심판을 당합니다. 그렇다면 하나님이 이스라엘을 심판하실 때 암몬 사람들은 어떻게 했어야 합니까? "주여, 안타깝습니다." 이것이 하나님께서 기뻐하시는 마음입니다.

여러분도 혹시 주변에서 누군가 심판 받고 있을 때 "아하, 신난다"라고 하지 마십시오. 하나님은 그런 마음을 품은 자를 어여쁘게 보시지 않습니다. 암몬을 통해 하나님의 무서운 명령을 들읍시다. 아무리 나를 해롭게 한 사람일지라도 그가 어려움을 당하면 "주님, 어쩌면 좋답니까…"라는 측은한 마음을 가져야 합니다. 그런 시험을 당하기에 마땅한 사람일지라도 그 사람을 위해서 복을 빌어주는 믿음의 사람들이 되시길 바랍니다. "아우, 목사님 그 사람은 복 빌어주면 안돼요. 그러다 진짜 복이 임하면 어떻게 해요?" 그럴지라도 복을 빌어주어야 합니다. 그것이 그리스도인의 마음이기 때문입니다. 무슨 말인지 이해가 되십니까?

어떤 사람은 약게 기도합니다. 복이 그에게 가지 않는다면 자기에게 돌아올 것을 미리 계산하고 복을 받지 못할 사람을 위해서만 기도합니다. 정말 복이 갈 것 같은 사람을 위해서는 기도하지 않습니다. 이렇게 단수 높은 기도를 합니다. 하지만 하나님은 사람의 중심을 보시기 때문에 그렇게 악한 마음으로 기도하는 사람의 기도는 상달되지 않습니다. 그러니까 우리는 복을 받기에 합당한 사람이든, 합당하지 않은 사람이든, 내게 유익을 준 사람이든, 해를 끼친 사람이든 늘 복을 빌어 기도해주는 믿음의 사람이 됩시다.

사울을 보니까 먼저 마음이 잘못되니까 말이 잘못됩니다. 말이 잘못되니까 그 다음에는 행동이 잘못됩니다. 그래서 사울 왕은 하는 짓마다 엉뚱한 짓만 벌이고 다닙니다. 이런 사울의 문제가 비단 그의 개인적인 문제로 끝난다면 차라리 좋겠는데 국가적인 문제로 번집니다.

이런 이유로 한 조직의 우두머리에 있는 사람은 수준을 갖추어야 합니다. 그 한사람으로 인해 온 나라가 살게 될 수도 있고 그 한 사람이 정신 차리지 못해서 온 나라가 힘들어질 수도 있기 때문입니다. 때문에 왕의 자리, 지도자의 자리는 중요합니다.

가정도 마찬가지입니다. 가장 한 사람이 잘되면 모든 가족이 다 편안합니다. 하지만 가장 한 사람이 잘못되면 온 가족들이 힘들어집니다. 맞습니까, 틀립니까?

사람을 의식하는 사울

사울이 왜 이렇게 계속 실수의 삶을 사는가 살펴보면 그 이유는 지나치게 사람을 의식한다는 데 있습니다. 사람보다 먼저 하나님을 의식하면서 살아야 하는데 사울은 사람을 먼저 의식합니다. 하지만 다윗은 다릅니다. 그는 하나님만 의식하면서 삽니다. 그런데 사울은 하나님보다 사람을 의식했습니다.

그렇다면 여러분들은 누구를 의식하면서 삽니까? 하나님을 의식하면서 삽시다. 그러면 문제가 없습니다. 하나님은 그 사람이 좋은 옷을 입었는지 허름한 옷을 입었는지 보시지 않습니다. 오로지 우리의 마음과 중심을 보십니다. 그러니 우리는 겉모습에만 신경을 쓰지 말고 마음, 그 중심에 신경을 쓰면서 삽시다.

내가 너희에게 이르노니 사람이 무슨 무익한 말을 하든지 심판 날에
이에 대하여 심문을 받으리니 (마 12:36)

모든 것을 들으시는 하나님을 의식하면서 사시는 여러분들이 되시길 바랍니다. 하나님을 의식하면서 살 때 우리는 앞에 한 말과 뒤에서 한 말이 동일해집니다. 그런데 사람을 의식하는 사람들은 앞에서 하는 말과 뒤에서 하는 말이 다릅니다. 솔직히 이런 사람들이 참 많습니다. 겉으로는 친절하고 친한 척하지만 뒤로는 다른 생각을 갖습니다. 심지어 교회 안에서 하나님의 자녀들끼리도 그럴 때가 있습니다. 앞에서는 "요새 집사님 같은 사람 없어" 뭐 이렇게 하고는 뒤에서는 "아이고, 내가 저런 것 또 만날까 봐…" 이럽니다. 여러분들은 이런 두 마음을 품지 마십시오.

여러분은 수준을 높입시다. 먼저 마음의 수준을 높이고 그 다음은 말의 수준을 높이십시오. 그리고는 행동의 수준을 높입시다. 만일 사울의 수준이 높게 변화되었다면 그래서 회개의 신앙이 있었다면 하나님은 사울도 용서해주셨을 겁니다. 하지만 사울에게는 이런 회개와 변화가 없었습니다. 사울의 마지막이 어떤지 아십니까? 결국 숱하게 많은 피를 흘리더니 자살해서 죽고 맙니다. 돌이키기에는 너무 많이 갔습니다. 이 부분은 중요

합니다. 회개에도 다 때가 있습니다. 가룻 유다를 봐도 그렇고 사울을 봐도 그렇고 그들은 돌이키기에 너무 많이 가버렸습니다.

부부싸움만 해도 일단 한번 싸웠다 하면 아주 길게 가는 사람들이 있습니다. 좋지 못합니다. 일단 싸울 때 싸우더라도 속히 화해하십시오. 설령 그 다음에 바로 또 싸울지라도 일단은 화해한 후 또 싸우란 말입니다. 일단 화해를 하면 회복이 되기 때문에 좀 낫습니다.

어떤 부부를 보면 화해조차 하기 힘들 정도로 너무 멀리 가버렸습니다. 이미 이 두 사람 사이에 사랑이 없어진 지 오래입니다. 그저 자식 때문에 살고, 체면 때문에 살고, 별 도리가 없으니까 그냥 삽니다. 상대방에 대해 포기했기 때문에 아예 신경도 끄고 삽니다. 신경을 껐다는 것이 무슨 말입니까? 관심이 죽었다는 겁니다. 그러니 얼마나 안타깝습니까? 만일 여러분의 신경이 죽어있다면 너무 멀어지기 전에, 회복과 너무 멀리 떨어지기 전에 지금이라도 살리십시오.

사울의 계속된 실수로 인해 하나님과 너무 멀어지게 됩니다. 그러다 결국은 여호와의 신이 사울에게서 떠나고 여호와의 부리시는 악신이 그를 번뇌케 합니다. 그렇게 되었을 때 제일 먼저 괴로운 사람은 누구입니까? 사울 자신입니다. 그 다음에는 누가 괴롭습니까? 온 나라가 함께 괴롭습니다. 그럼 반대로 사울이 평안했다면 어떠했겠습니까? 온 나라가 평안했을 겁니다. 여러분도 마찬가지입니다. 여러분이 괴로우면 여러분의 가족이 모두 괴롭습니다. 내가 괴로운 것도 문제이지만 가족들이 모두 함께 괴로워진다는 말입니다. 나하고 사는 배우자도 괴롭습니다. 하지만 여러분이 평안하면 모든 가족이 평안합니다.

"목사님, 저도 정말 그렇게 하고 싶어요. 신랑이 어지간하기만 해도 그렇게 하겠어요. 그런데 저 양반은…" 가정의 평화를 지킨다는 것이 쉬운 일은 아닙니다. 특히 남편에게 문제가 있을 경우 가정의 평화를 지키기란 여간 힘이 들지 않습니다. 때문에 가정의 평화를 지키는 여자는 대단한 것입니다. 신랑이 돌아서기를 기다리지 마십시오. 대부분의 남자들은 돌이키는 것이 대체로 힘듭니다. 그럼 누가 먼저 돌아서야 합니까? 여자가 돌아가야 합니다.

그런데 요즘은 어떤 세상인지 오히려 남자들은 돌아가려고 하는데 여자들이 돌아오지 않습니다. 부부싸움을 한 부부를 나란히 앉혀놓고 화해하고 손을 잡으라고 하면 거반 남자들은 잡으려고 하는데 여자들은 손을 뺍니다. 제가 볼 때 아내 쪽에서 먼저 "아이고, 여보. 목사님 말씀 듣고 나니 정말 이래서는 안되겠어요. 우리 없던 일로 하고 이제 새롭게 삽시다. 할렐루야." 이러면 참 좋겠는데, 가까이 앉으라고 하면 남편은 아내 쪽으로 다가서서 앉는데 아내들이 꿈쩍도 하지 않습니다. 남편이 손을 잡으려고 하니까 아내가 뿌리칩니다.

제가 볼 때 아내 쪽에서 화해할 의사를 비추면 회복될 가정이 많습니다. 그런데 화해하지 않으려고 합니다. 남편은 화해하려는 의지가 있는데 아내 쪽에서 다가서지 않습니다. 물론 대체로 아내들이 잘못하는 경우보다는 남편 쪽에서 잘못하는 경우가 많기는 합니다. 그런데 남편들이 잘못을 인정하고 화해를 청해도 아내들이 받아주지 않습니다. 왜 그렇습니까?

남편들에게는 잘못을 해서 화해를 할 때 어영부영 넘어가려는 기질이 있습니다. 그런데 여자들은 이렇게 어영부영 넘어가지지가 않습니다. 아내들에게 부탁 좀 하겠습니다. 넘어가도 될 것은, 아니 넘어가지 못할 것이라도 가정의 평화를 위해서 좀 넘길 수 있는 넉넉한 마음을 가지시길 바랍니다.

얼마 전에 어떤 분이 집사람에게 자랑할 것이 있다면서 전화를 했습니다. 내용인즉 이러합니다. 그 분의 시어머님이 치매가 왔습니다. 예전에 시아버님도 치매로 돌아가셨는데 시어머니까지 치매를 앓고 계시니 정말 못살겠더랍니다. 그래서 그 부부가 의논을 했답니다. "왜 시어른들은 우리만 모셔야 하는가, 다 같은 자식인데 다른 형제들도 좀 골고루 돌아가면서 모시면 어떻겠는가?" 의논 끝에 다른 형제들도 돌아가면서 모시기로 합의를 보았답니다. 그리고는 돌아오는 월요일에 다른 형제의 집으로 보내드리기로 결정했습니다.

어머님을 다른 곳으로 모시기로 한 전날 주일예배를 드렸습니다. 그런데 마침 그날 설교 말씀 내용이 이러했답니다. "정신이 오락가락하고 똥 싸는 부모님이 계시다면 모시도록 하십시오. 오늘 이 자리에 그만 모셔야겠다고 생각하고 온 사람이 틀림없이 있습니다. 모십시오. 그 어른이 예수님인 줄 알고 모시도록 하십시오." 이 집사님은 설교시간 내내 얼굴을 들 수 없었다고 합니다. 누가 마치 목사님에게 이른 것 같더랍니다.

돌아가면서 모시기로 했던 것을 취소하고 다시 모시기로 했답니다. 그런데 치매 기운으로 며느리도 못 알아보시는 시어머님이 "아가씨는 복 받을 거야" 하더랍니다. 무의식 속에도 집사님의 복을 빌어주더랍니다.

그러던 어느 날 부동산소개소에서 전화가 왔습니다. 땅 분양을 하는데 한번 신청해보라고 합니다. 그래서 가보았더니 이미 문을 내린 후입니다. 접수하고 있는 사람들에게 멀리서 왔으니 늦었지만 신청서라도 받아달라고 부탁했답니다. 다 안된다고 하는데 그 옆에 있던 한 사람이 들어와보라고 합니다. 그래서 끝으로 접수를 하고 집으로 돌아왔습니다.

제비뽑기를 하는 날도 일이 있어 늦게야 갔답니다. 그랬더니 먼저 뽑았던 수십 명의 사람들이 이미 다 '꽝'이더랍니다. 그 사람들도 도대체 누가 되는가 보기 위해서 가지 않고 있더랍니다. 이제 심지가 두 개밖에 남지 않았습니다. 이 집사님은 통 안에 손을 넣고는 기도를 했답니다. 그런데 신기하게도 분명 같은 지질로 된 종이로 된 제비인데 하나는 꺼끌꺼끌하고 하나는 미끌미끌하더랍니다. 그런데 그 순간 마음속에서 왠지 꺼끌꺼끌한 것을 빼라고 하는 소리가 들리는 것 같더랍니다. 집사님은 마음이 움직이는 대로 뽑았는데 당첨이 되었답니다.

심지를 뽑고 보니 그 땅이 요지랍니다.

이제 땅은 분양받았으니 거기에 건물을 지어야 하는데 어디 돈이 있습니까? 그래서 어떻게 해야 하나 생각하고 있는데 10년 만에 친구로부터 전화를 받았습니다. "나 건축업을 하는데 너 나한테 맡기고 지어봐라." 그래서 친구의 도움으로 그 땅에 건물까지 지어 올렸답니다. 그런데 신기한 것은 그 옆에도 건물들이 많은데 사람들이 그 집만 와서 입주 문의를 하더랍니다. 그분은 생전에 만져볼 수도 없는 큰돈을 벌었다고 합니다.

그러면서 그 분이 제 아내에게 이런 말을 하더랍니다. "목사님 설교 속에 하나님이 역사하세요." 그렇습니다. 비록 목사의 입에서 나오는 말이지만 강단 위에 섰을 때에는 하나님의 말씀이기 때문에 역사하는 힘이 있습니다.

사울도 한때는 훌륭했습니다. 때문에 하나님께서 왕으로 기름부으셨습니다. 여러분도 스스로를 낮게 여기십시오. 설령 그로 인해 내 인격이 짓밟아진다고 여겨질지라도 참고 견디십시오. 그때야말로 여러분의 인격이 짓밟히는 것이 아니라 여러분에게 가장 훌륭한 인격이 쌓이고 있는 겁니다. 머리로는 알겠는데 마음이 말을 듣지 않습니까? 그러니까 하나님께서 말씀을 통해서 명령하시는 겁니다. 예수님도 십자가에서 그렇게 사단에게 짓밟혔지만, 인간에게 짓밟혔지만 삼일 만에 부활하시어 우리를 구원해주시지 않습니까?

　사울은 자신의 인격이 짓밟히는 것을 견디지 못했습니다. 사울이 사무엘로부터 잘못을 책망받을 때 사람들 앞에서 망신당하는 것을 감수하였더라면, 하나님 앞에서 눈물을 흘렸다면, 다윗처럼 시인하고 회개했더라면 그때는 꼭 죽을 것 같았을지라도 곧 소생했을 겁니다. 아무리 왕의 권력을 가지고 있다 해도 그 힘을 빌려 자신의 실수를 커버하려고 하면 안됩니다.

　잘못을 했다면 지위 고하를 막론하고 인정해야 합니다. 내가 잘못했다고 용서를 구해야 합니다. 만일 지금의 자리에서 내려오라고 하면 내려가겠노라 하는 각오로 용서를 빌어야 합니다. 사울 왕은 마땅히 그렇게 했어야 합니다. 그런데 사울은 그렇게 하지 않습니다. 남들 앞에서 체면 좀 세워달라고 합니다. 그러니까 안되는 것입니다. 그런 마음가짐으로는 아무런 변화도 기대할 수 없습니다. 하나님은 그런 사람을 쓰시지 않습니다. 잘못했다면 자신의 잘못을 바로 시인하고 회개하는 눈물을 흘리십시오. 그것이 가장 옳고 바른 방법입니다.

　물론 여러분이 한 나라의 왕은 아닙니다. 그저 평범한 국민에 지나지 않습니다. 하지만 가정 안에서 여러분의 인격이 짓밟히더라도 견디십시오. '너무너무 더러워. 평생 잘 해준 것도 없이 내게 어찌 이럴 수 있어. 어디 가면 내가 밥 세 끼 못 얻어먹을 줄 알아? 나 혼자 사는 것이 스무 배는 더 편하겠네. 이 썩을 놈!' 이런 생각이 들더라도 참으십시오. 그렇게 참아야 남편이 구원을 받습니다. 그 사람을 구원하려면 그만큼 여러분의 희생이 필요합니다.

목사인 제가 보기에도 정말 나쁜 사람들이 있습니다. 마음 같아서는 이혼이라도 시키고 싶습니다. 이제 그만 살라고 하고 싶습니다. 밥은 우리 집에서라도 먹여줄 테니 살지 말라고 하고 싶습니다. 그런데 그 부인이 그렇게 나오게 되면 그 남편이 혼자되는 것은 둘째 문제이고 구원은 어떻게 합니까?

주님이 참으심으로 여러분과 내가 구원을 받았습니다. 만일 여러분 안에 '내가 어디 가면 밥 세끼 못 먹고살겠어? 그만둬버려' 하고 싶은 마음 간절하더라도 그렇게 하지 마십시오. 오늘 가정에서, 직장에서 삶이 처한 형편에서 여러분의 인격과 명예와 모든 것이 사정없이 짓밟힐지라도 꾹 참고 견디시길 바랍니다. 그럴 때 여러분 안에서 부활의 역사가 일어나는 것입니다.

VI 에스더

VI

에스더

이때에 네가 만일 잠잠하여 말이 없으면 유다인은 다른 데로 말미암아 놓임과 구원을 얻으려니와 너와 네 아비 집은 멸망하리라 네가 왕후의 위를 얻은 것이 이때를 위함이 아닌지 누가 아느냐 에스더가 명하여 모르드개에게 회답하되 당신은 가서 수산에 있는 유다인을 다 모으고 나를 위하여 금식하되 밤낮 삼 일을 먹지도 말고 마시지도 마소서 나도 나의 시녀로 더불어 이렇게 금식한 후에 규례를 어기고 왕에게 나아가리니 죽으면 죽으리이다 모르드개가 가서 에스더의 명한 대로 다 행하니라 〈에스더 4장 14절–17절〉

이름의 뜻 별
가족관계 모르드개라고 하는 사촌이 있음

완제품만 만드시는 하나님

수준 있는 행동을 해서 수준 있는 사람이 되는 것입니까, 아니면 수준 있는 사람이 수준 있는 행동을 하는 것입니까? 수준 있는 사람만이 수준 있는 행동을 할 수 있습니다. 때문에 수준 있는 사람이 되는 것이 먼저입니다. 사람들이 많이 하는 말장난 가운데 하나가 바로 '닭이 먼저냐 달걀이 먼저냐' 입니다. 여러분은 어떤 것이 먼저라고 생각하십니까? "닭이 먼저다!" "아니다. 그렇다면 달걀 없이 닭이 어디서 나왔느냐? 달걀이 먼저다!" "아니다. 그렇다면 닭 없이 어떻게 달걀이 나올 수 있느냐?" 뭐 이런 논쟁 아닌 논쟁이 계속되었습니다.

저도 어릴 때는 양쪽 다 일리가 있고 타당하다고 생각했습니다. 그런데 성장하고 나니 정말 말도 되지 않은 것을 가지고 논쟁했다는 것을 깨닫게 되었습니다. 두 번 생각할 것도 없이 한번만 깊이 생각하면 닭이 먼저라는 게 분명합니다. 왜 그런가 하면 닭은 달걀을 만들 수 있습니다. 하지만 달걀은 절대 저절로 닭이 될 수 없습니다. 닭은 알을 낳아서 다시 달걀을 만들 수 있지만 어떻게 달걀이 저 혼자 닭이 됩니까? 달걀이 닭이 되기 위해서는 또 다른 닭이 반드시 있어야 합니다. 그렇지 않습니까? 때문에 닭이 먼저인 것은 자명한 겁니다. 말을 만들려고 작정해서 이런 것이 말장난으로 사람들의 입에 오르내리는 것이지, 분명히 닭이 먼저입니다. 그래서 하나님은 천지를 창조하실 때 달걀을 지으신 것이 아니라 닭을 지으셨습니다. 하나님은 불완전한 것은 만들지 않으십니다. 하나님은 언제나 완제품만을 만드십니다.

닭이 하나님의 완제품이듯 우리 역시 하나님께서 만드신 완전한 작품입니다. 여러분에게는 이런 긍지가 있습니까? 그런데 다른 사람과 자신을 비교하면서 스스로를 비하하는 경우가 많습니다. 내가 가진 것은 보지 못하고 남보다 못한 점만 집중합니다. 백인 우월 사상 속에 흑인이 침해를 많이 받다 보니까 특히 흑인들에게는 그런 심리가 지배적입니다. 풍선에 바람을 가득 넣고 그 구멍을 손으로 쥐고 있다가 갑자기 손을 탁 놓으면 어떻게 됩니까? 그 풍선이 위로 날아오릅니다. 그런데 열등감에 시달리는 흑인이 이런 말을 했답니다. "내 풍선도 올라가나요?" "그래, 네 풍선도 올라간다." 흑인의 마음에는 백인이 가지고 있는 풍선이야 올라가겠지만 자기가 가진 풍선도 그렇게 될지 자신이 없었던 겁니다. 얼마나 한이 맺혔으면 그렇게 물었겠습니까? 하지만 여러분, 우리가 알아야 할 것이 있습니다. 하나님 앞에서 볼 때 잘난 사람도 완제품이지만 못난 사람 역시 완제품이라는 사실입니다. 이것을 믿으십시오. 하나님은 여러분이 생각하는 것처럼 어정쩡한 인간은 만들지 않으십니다.

여러분이 혹시 비교의식 속에 오는 열등감에 사로잡혀있을지라도 그것은 여러분의 잘못이지, 하나님의 잘못이 아닙니다. 왜 여러분들은 여러분보다 잘난 사람은 보는 눈이 있으면서 여러분보다 불우하고 못나고 가난한 사람들을 보는 눈은 없습니까? 음성의 꽃동네를 아십니까? 그 곳의 표어가 바로 "얻어먹을 수 있는 힘만 있어도 감사해라"입니다. 얻어먹을 수 있는 힘! 그런데 여러분은 벌어서 먹고살지 않습니까? 그런데 왜 쓸 데 없이 나보다 높고 큰 사람만 바라보고는 열등감에 시달립니까?

수준 있는 사람에게서 수준 있는 행동이

하나님은 달걀을 만드시지 않았습니다. 닭을 만드셨습니다. 이처럼 하나님은 불완전한 것은 만들지 않으십니다. 이런 하나님께서 나를 만드셨다면 나 역시 불완전한 존재가 아니란 말입니다. 단지 여러분의 의식이 불완전할 뿐입니다. 몸에 장애가 있을지라도 마음에는 장애가 없어야 합니다. 그런데 요즘은 반대로 사는 사람들이 너무도 많습니다. 몸은 멀쩡한데 마음이 불구입니다. 다시 말해서 육체는 건강한데 마음이 불구란 말입니다. 저는 여러분들이 몸도 마음도 건강하시길 바랍니다.

그렇다면 건강한 마음이 어디에서 시작되어야 합니까? '하나님은 절대로 불완전한 작품을 만들지 않으신다. 그런 하나님께서 나를 만드셨다. 그렇다면 나는 완전품이다.' 그렇습니다. 저 역시 하나님이 만드신 완제품입니다. 비록 머리카락이 좀 빠지긴 했지만 여전히 저는 완제품입니다. 여러분도 마찬가지로 완제품입니다. 남보다 살이 좀 쪘을지라도 그것은 내가 관리를 소홀하게 해서 그런 것이지, 그것이 여러분이 완제품이라는 데는 아무런 작용도 하지 않습니다.

사람들에게는 'A는 B다. 그렇다면 B는 반드시 A다'라고 믿어버리는 고정관념이 있습니다. 여기에 많은 사람들이 속습니다. 하지만 그렇지 않은 것들이 얼마나 많은지 모릅니다. A는 B이지만 그렇다고 B는 A가 아닌 것들이 세상에는 너무 많습니다. 예를 들어 하나님은 사랑이십니다. 그렇지만 사랑이 하나님은 아닙니다. 그런데 많은 사람들이 여기에서 속습니다. 물론 'A는 B다. 그리고 B는 A다'라는 것도 있습니다. 하지만 그렇지 않은 것도 얼마든지 많습니다.

이처럼 수준 있는 사람은 수준 있는 행동을 합니다. 하지만 수준 있는 행동을 하는 모든 사람이 수준 있는 사람은 아닙니다. 그러니까 사람에게 있어 행동보다 중요한 것은 그 사람의 수준입니다. 된 사람에게서 된 행동이 나옵니다. 하지만 된 행동을 한 모든 사람이 된 사람은 아니란 말입니다. 그렇다면 우리는 어디에 먼저 신경을 써야 되겠습니까? 되는 행동을 하는 데 신경을 써야 합니까, 아니면 사람이 되는 것에 신경을 써야 합니까? 사람이 되는 것에 먼저 노력을 기울여야 합니다. 그럴 때 되는 행동은 저절로 나오기 때문입니다.

다니엘은 기도에 생명을 걸었습니다. 죽을지라도 기도합니다. 왜 그가 그렇게 기도했을까요? 그는 기도의 중요성을 알았기 때문입니다. 기도가 생명보다 중요하다는 사실을 알았습니다. 그런데 우리는 이런 생명의 위협도 받지 않으면서 기도하지 않습니다. 왜 그렇습니까? 다니엘이 깨달은 그 기도의 중요성을 깨닫지 못했기 때문입니다. 아브라함은 순종에 생명을 겁니다. 왜 그랬을까요? 하나님 말씀에 순종하는 것의 중요성을 너무도 잘 알았기 때문입니다. 모세는 민족의 중요성을 알았기 때문에 민족 해방에 생명을 겁니다. 이순신 장군은 나라를 구하는 데 생명을 걸었습니다. 안중근 의사는 이토오 히로부미를 죽이는 데 생명을 겁니다. 하지만 우리는 그들이 발견한 그 중요성을 발견하지 못했기 때문에 이렇게 살지 못합니다.

뭔가를 이루어내는 사람들을 보면 한결같이 그 일에, 그 사명에 생명을 겁니다. 그렇다면 여러분은 무슨 일에 생명을 걸고 살아가십니까? 그 주제가 있어야 합니다. 그런데 아무 곳에도 생명 걸 일이 없는 사람들이 너무도 많습니다. 우리는 이들을 일컬어 별 볼 일 없는 사람이라고 합니다. 물론 그렇게 생명을 걸고 뭔가 이룬다면 그 업적도 중요합니다. 하지만 그보다 더 중요한 것은 그렇게 생명을 걸고 살아가는 삶의 과정의 모습이 참 아름답다는 겁니다.

돌아가도 서울만 가면 된다?

인간에게는 저마다의 동기가 있어서 그 동기가 과정을 만들고 그 과정이 결과를 만들어냅니다. 그런데 세상의 관점과 하나님의 관점이 다른 부분이 있습니다. 세상의 관점은 온통 그 결과에만 집중합니다. "꿩 잡는 게 매다." 다시 말해서 매는 꿩만 잡으면 된다고 합니다. "돌아가도 서울만 가면 된다." 이런 사고방식들은 철저한 세상의 사고방식입니다. 세상은 결과가 좋으면 과정은 다 덮어진다고 생각하기 때문에 이렇게 말을 합니다. 즉 어떻게 해서라도 결과만 좋으면 된다고 봅니다.

뉴스를 보면 요즘도 각 분야에서 온갖 비리들이 자행되고 있지 않습니까? 왜 그렇습니까? 어떤 짓을 해서라도 돈만 벌면 된다는 생각이 세상에 지배적이기 때문입니다. 하지만 절대로 그렇지 않습니다. 하나님은 결과를 보시는 분이 아니라 과정을 보시는 분입니다. 인간들은 비록 그 결과를 중요하게 여기지만 하나님은 과정을 중요하게 보십니다. 왜 그런지 아십니까? 그 안에 아주 중요한 원리가 들어있기 때문입니다.

잘못된 과정에서는 좋은 결과를 기대할 수 없습니다. 어떻게 과정이 잘못되었는데 결과가 좋습니까? "돌아가도 서울만 가면 된다?" 웃기지 마십시오. 대전에서 돌아가면 부산입니다. 돌아서는 서울을 갈 수 없습니다. 서울은 곧장 가야 합니다. 천국도 마찬가지입니다. 아무렇게나 해서 갈 수 있는 곳이 아닙니다. 천국을 가는 길이 오직 '예수 그리스도를 믿음'이라는 한 길밖에 없습니다. 주님은 말씀하십니다.

> 예수께서 가라사대 내가 곧 길이요 진리요 생명이니 나로 말미암지
> 않고는 아버지께로 올 자가 없느니라 (요 14:6)

그런데 우리는 연약한 인간인지라 자꾸 인간적인 사고방식으로 말씀을 보고 세상을 살아갑니다. 이렇게 하나님의 방식으로 보지 않는다는 데서 문제가 시작됩니다.

아이들 교육비도 만만치 않고 물가도 비싸고 정말 살림하기 힘든 때 아닙니까? 돈이 절실히 필요한 한 아내가 남편을 쪼았습니다. "돈 좀 벌어와요. 무슨 남자가 이렇게 능력이 없어요? 행복하게 해준다고 하고는 고작 이렇게 살려고 날 데리고 왔어요?" 이런 바가지를 견디다 못한 남편이 뛰

쳐나갑니다. 그리고 다음날 아침, 엄청난 돈을 가지고 집에 들어옵니다. "할렐루야! 나는 당신이 이렇게 능력이 많은지 몰랐어요. 하룻밤 사이에 어떻게 이렇게 많은 돈을 벌어왔어요?" 아내는 일단 목적한 바를 이루었습니다. 그런데 3일 후 남편이 잡혀갔다면 뭐가 잘못된 것입니까? 과정이 문제입니다. 아무리 많은 돈을 벌었을지라도 과정이 잘못되면 문제가 됩니다. 당장은 아닐지라도 언젠가는 문제를 일으킵니다.

과정은 길고 결과는 짧습니다. 그 결과를 이루기 위한 과정은 길지만 결과는 그냥 하루입니다. 때문에 과정을 놓치고 나면 결과를 얻어도 별 것 없다는 겁니다. 사실 인간의 가치는 과정에 있습니다. 뿐만 아니라 더욱 중요한 것은 인간은 더러 과정을 덮을 수 있을지라도 하나님의 눈은 가릴 수 없다는 겁니다. 잘못된 과정에서 좋은 결과가 나올 수 없고 좋은 과정 속에서 나쁜 결과가 나오지 않습니다. 인간 만사가 다 그렇습니다. 그렇기 때문에 여러분은 결과보다는 그 과정을 중요하게 여기시길 바랍니다.

오늘을 성실하게 사는 사람을 보면 그 결과도 성실합니다. 하지만 오늘을 부실하게 사는 사람의 결과는 보나마나 부실합니다. 어찌 부실하게 산 사람의 결과가 성실하며 성실하게 산 사람의 결과가 부실하겠습니까? 동기와 과정은 늘 결과와 맞아떨어지기 때문에 하나님은 동기와 과정을 중요하게 여기십니다.

여러분들은 인생의 결과에 너무 집착하면서 살지 않습니까? 어떤 학생들은 오늘 해야 할 공부는 하지 않으면서 어떤 대학이 가는 것이 좋을지 그것만 고민합니다. 그런데 결과만 생각하는 이 학생은 결국 대학에 떨어지고 맙니다. 오늘부터 과정을 중요하게 여기면서 새롭게 인생을 써나가는 여러분들이 되십시다. 생명 걸고 살아가는 목표를 세우는 여러분들이 되시길 바랍니다. 여러분의 삶 가운데 생명 걸고 살아갈 뭔가가 있기를 바랍니다. 지금까지 가지고 있던 평가 기준을 버리고 하나님의 기준에 맞게 살자는 말입니다.

죽으면 죽으리라

그런데 이런 것을 머리로 알고 있는 많은 사람들도 여전히 과정보다는 결과에 신경을 씁니다. 왜 그런지 아십니까? 우리에게 세상식 사고방식이 아직까지 남아있기 때문입니다. "목사님, 우리는 남자도 아닌데 여자가 생명을 걸고 살 것이 뭐가 있나요? 집에서 살림이나 잘하면 되는 것 아닌가요?" 오늘의 주인공은 누구입니까? 에스더입니다. 에스더 역시 여자였습니다.

에스더서 전반에 흐르는 중심 용어가 뭔지 아십니까?

> 당신은 가서 수산에 있는 유다인을 다 모으고 나를 위하여 금식하되 밤낮 삼 일을 먹지도 말고 마시지도 마소서 나도 나의 시녀로 더불어 이렇게 금식한 후에 규례를 어기고 왕에게 나아가리니 죽으면 죽으리이다
> (에 4:16)

"죽으면 죽으리라." 모 드라마에서 나온 "생즉필사 사즉필생"(生則必死 死則必生)이란 말이 있어 한때 유행처럼 번진 적이 있습니다. 이 말이 무슨 뜻입니까? 살고자 하면 죽고 죽고자 하면 산다는 말 아닙니까? 그런데 이 말의 원조가 구약에서는 에스더이고, 신약에서는 예수님이십니다. 예수님도 마태복음 16장 25절을 보면 이렇게 말씀하십니다.

누구든지 제 목숨을 구원코자 하면 잃을 것이요 누구든지 나를 위하
여 제 목숨을 잃으면 찾으리라

이 말씀은 비단 예수님과 에스더에 그치지 않습니다. 여러분에게도 적
용되는 말씀입니다. 여러분 한 명이 가정에서 죽으면 여러분의 가정이 살
아납니다. 여러분 한 사람이 직장에서 죽으면 그 사람으로 인해 직장이 다
삽니다. 여러분 한 사람이 교회에서 죽으면 그 사람으로 인해 교회는 살아
납니다. 저는 이것을 확신합니다. 그런데 반대로 여러분 한 사람이 죽지
않으려고 한다면 어떻게 되겠습니까?

예수님이 한 분 죽으심으로 온 인류가 구원받지 않았습니까? 그런데 예
수님이 우리를 위해서 돌아가시지 않았다면 어떻게 되었겠습니까? 예수님
이 우리를 위해서 먼저 죽어주셨다면 이제는 우리가 죽을 차례입니다. 이
것을 잊지 말고 여러분들이 어느 곳에 처하든지 자기 자신을 죽이려는 각
오로 살아가시길 바랍니다.

이민 가서 사는 우리 민족들을 보면 얼마나 열심히 사는지 모릅니다. 놀
라지 마십시오. 심지어는 전쟁 통에도 장사하는 민족이 바로 우리 민족입
니다. 살겠다고 다 도망갔는데 한국 사람들은 문 열고 장사하더랍니다. 이
것을 보고 다른 나라 사람들이 그러다 죽으면 어쩌려고 그러느냐 하는 걱
정의 소리를 했답니다. 그랬더니 장사하던 사람이 "어차피 목숨 걸고 왔습
니다"라고 하더랍니다. 그런데 아무도 장사하지 않을 때 혼자 장사하니 얼
마나 잘되었겠습니까? 위기가 곧 기회입니다.

우리나라의 자원은 뭡니까? 땅도 좁지만 그나마 파도 나오는 것이 없습
니다. 우리나라에 있는 자원이란 인적 자원뿐입니다. 이런 인적 자원 안에
있는 '열심'이라는 마음이 우리나라의 자원입니다. 우리 민족은 뭘 하든지

생명을 겁니다. 40일 금식기도 하다가 죽는 사람은 우리나라 사람밖에 없답니다. 물론 40일 금식 기도 후 건강을 회복한 사람도 많습니다. 하지만 때로는 40일 금식기도를 하다 장이 붙어 죽기도 한답니다. 다른 나라의 사람들은 아예 시도조차 하지 않는 40일 금식기도를 우리나라 사람들은 합니다. 우리 민족에게는 다른 나라 어디에서도 찾을 수 없는 '생명을 거는 열심'이 있습니다.

우리는 운동을 해도 즐기면서 하지 않고 죽기 아니면 살기로 합니다. 하다못해 화투를 쳐도 취미로 치는 것이 아니라 죽기 아니면 까무러치기식입니다. 운전도 생명 걸고 갑니다. 물론 여기에는 부작용도 많습니다. 하지만 긍정적인 데 이런 열심을 보인다면 뭔가를 이루어내는 역사가 창조됩니다. 그 일례로 한국 교회처럼 부흥되는 교회가 세계 어디에도 없습니다.

바라기는 목숨을 걸기는 걸되 좀 선한 것, 좋은 것, 바람직한 것에 걸었으면 좋겠습니다. 여러분에게 이런 것을 선별하여 행할 수 있는 지혜의 눈이 열리기를 바랍니다. 우리는 이런 태도가 완전히 체질화되었습니다. 하다못해 직장생활도 생명 걸고 합니다. 일을 해도 생명을 걸고, 기도를 해도 생명을 걸고, 전도를 해도 생명을 겁니다. 생명을 걸고 뭔가를 한다는 것은 참 좋은 것이지만 기왕이면 바람직한 것에 목숨을 걸기를 바랍니다.

왕비가 되는 에스더

에스더는 바벨론의 포로로 잡혀간 베냐민 사람 아비하일의 딸로 태어납니다. 그런데 불행하게도 에스더의 아버지 아비하일이 일찍 죽습니다. 그래서 삼촌 모르드개의 밑에서 자랍니다. 에스더는 미모를 타고났습니다. 다시 말해서 에스더는 예쁘다고 하는 장점을 가지고 태어났고, 아버지가 일찍 돌아가셨다는 단점을 가지고 성장합니다. 삼촌 밑에서 불우하게 자란 미모의 여인이니 얼마든지 잘못될 위험스런 요인이 많습니다. 부모님이 없으면서 외모가 뛰어나다 보면 아무래도 타락의 삶을 살기 쉽습니다. 하지만 에스더는 이 면에서 참으로 훌륭하게 자랍니다. 환경이 사람을 좌우하지만 사람만 바로 선다면 환경을 뛰어넘는다는 대표적인 인물이 에스더입니다. 다 자기 하기 나름입니다.

당시의 왕은 아하수에로입니다. 그 나라의 국토는 인도에서 구스(지금은 수단인데)까지로 관할구역으로 볼 때만 해도 120도입니다. 우리나라가 8도 아닙니까? 그러니 어림잡아도 우리나라보다 몇 배입니까? 15배는 족히 되는 면적을 지닌 큰 나라였습니다. 에스더는 그런 나라의 왕비가 됩니다.

원래 아하수에로는 미색을 즐기던 왕이었습니다. 아하수에로에게는 본디 와스디라는 왕비가 있었습니다. 에스더 1장 11절을 보십시오.

> 왕후 와스디를 청하여 왕후의 면류관을 정제하고 왕의 앞으로 나아오
> 게 하여 그 아리따움을 뭇백성과 방백들에게 보이게 하라 하니 이는 왕
> 후의 용모가 보기에 좋음이라

남자들에게는 보통 이런 면이 있습니다. 취기가 오르면 자랑할 것을 찾아 자랑합니다. 자식이 자랑인 사람은 자식을 자랑합니다. 불러내서 노래라도 한번 시킵니다. 이렇게 해서 아버지의 위상을 세워주는 날에는 그날 용돈은 제한 없이 나옵니다. 손에 잡히는 대로 줍니다.

아하수에로도 취기가 오르니까 남들에게 부인의 아름다움을 자랑하고

싶어졌습니다. 남편이 이런다면 아내들은 비위를 맞추어주는 것이 좋습니다. 아무리 지금 남편이 잘못하고 있고 술만 깨면 바가지를 긁겠다고 작정할지라도 취중인 남편과는 절대로 부딪치지 마십시오. 옳고 그른가를 따지는 것도 중요하지만 더 중요한 것은 일단 남편의 자존심을 세워주는 겁니다. 평상시에도 그렇지만 취중에 있는 남편이라면 더더욱 자존심을 세워주어야 합니다. 그러니까 남편이 마음에 들지 않을지라도 일단은 협조해주십시오. 추후에 맨 정신이 돌아오면 바가지를 긁을지라도 취중에 부딪치는 것은 현명하지 않습니다. 이것이 삶의 지혜입니다.

그런데 와스디에게는 이런 지혜가 없었습니다. 결혼한 지 오래 되어서 그런지 와스디는 왕을 조금 우습게 여긴 행동을 합니다. 여러분도 처음에는 남편이라고 하면 벌벌 떨었지만 한 20년 살다 보니 마음이 달라지지 않습니까? 이런 마음은 예나 지금이나 마찬가지인 것 같습니다. 와스디도 처음에는 왕과 결혼해서 남편이라 하면 두렵고 떨렸을 것입니다. 하지만 결혼생활을 오래 하다 보니 너나 나나 싫었나 봅니다. 남편이 취중에 나오라고 하는데 나오지 않습니다. 술주정에는 따르지 않겠다는 심산입니다. 그런데 결국은 이것이 화근이 되어 왕비의 자리에서 쫓겨납니다.

이제 왕은 혼자입니다. 하나님은 이렇게 해서 에스더가 들어갈 수 있는 공간을 만드십니다. 이처럼 하나님은 이 우주의 역사 속에서 이렇게 섭리하십니다. 성경을 보고, 기도를 하고, 인생을 살면 살수록 하나님이 인간사 속에서 섭리하고 계심을 절실히 깨닫습니다. 마찬가지로 여러분의 삶 한가운데에서 섭리하시고 역사하시는 하나님을 믿으시길 바랍니다.

물론 이렇게 하나님이 섭리하시고 에스더의 자리를 만들고 계시는 순간에도 정작 에스더 자신은 곧 왕후가 된다는 것을 전혀 모르고 있습니다.

이처럼 하나님이 우리를 위해서 준비해놓으신 복은 눈으로 볼 수 없습니다. 귀로 들을 수 있는 복도 아닙니다. 마음으로 상상할 수 있는 복도 아닙니다. 눈으로 전혀 볼 수도 없고, 귀로 들을 수도 없으며, 마음으로조차 상상되지 않는 일 가운데에서 하나님은 역사하십니다. 그래서 하나님의 역사는 다이내믹합니다. 드라마틱합니다. 하나님은 뻔하게 보이는 방법으로 역사하시지 않습니다. 뻔한 곳에 응답이 있지 않습니다. 여러분의 상상을 뛰어넘는 그 곳에 응답이 있다는 겁니다.

아브라함이 이삭을 제물로 바치기 위해 모리아 산으로 올라갔을 때 양이 그 자리에 있을 줄 알았습니까? 상상조차 하지 못했습니다. 이처럼 하나님은 깜짝 쇼를 준비하십니다. 하나님은 언제나 여러분을 향해 깜짝 쇼를 준비하고 계십니다. 문제는 하나님이 그 일을 내게 맡기실 때 내가 그 배역을 감당할 수 있는 깨끗한 사람, 준비된 사람으로 갖추어있는가 하는 부분입니다. 여러분이 준비만 되어 있다면 언제든지 하나님은 여러분을 쓰시고자 하십니다.

만일 에스더가 자기 인생을 비관하면서 살았다고 칩시다. "나는 왜 남들 다 있는 아빠가 없을까? 삼촌 밑에서 이렇게 커야 하는 내 인생이 참 불쌍하다"라고 하면서 대강 살았다면, 그래서 돈 있는 남자 아무나 결혼하고 말았다면 어떻게 되었겠습니까? 그의 인생도 문제지만 나라는 누가 구했겠습니까? 하나님이 쓰시고자 할 때 여러분들은 준비된 사람이십니까? 여러분이 자신의 인생을 소중히 여기지 않고 함부로 생활한다면 하나님은 여러분을 쓰시지 못합니다.

이렇게 에스더 한 사람이 잘못되는 것으로 그친다면 그나마 다행입니다. 하지만 나라는 누가 구원합니까? 물론 하나님은 다른 방법으로 역사를 이루셨을지도 모릅니다. 하지만 에스더가 없었다면 나라는 어떻게 되었겠습니까? 여러분도 생명 걸고 자기를 지켜나가시길 바랍니다. 그때 하나님께서는 각자의 그릇에 맞는 축복된 길로 인도해주실 겁니다. 자기 자신을 우습게 생각하지 마십시오. 그럼 이제부터 에스더를 통해서 깨달아야 할 것을 살펴보겠습니다.

아름다운 에스더

첫째로 에스더는 뛰어난 미모를 타고났습니다. 제가 볼 때 아름다움은 분명히 하나님의 복입니다. 성경적으로 봐도 그렇습니다. 욥이 엄청난 시험을 당할 때 열 명의 자식이 모두 죽습니다. 그리고 욥이 시험을 이기자 하나님은 더 큰 복으로 채워주십니다. 재산의 복은 물론이고 자녀의 복도 더하여 주십니다. 그런데 그때 태어난 욥의 딸들이 아름다웠다고 기록되어 있습니다. 어느 정도로 아름다웠는지 세계에서 으뜸이 될 정도라고 합니다. 지금 말로 하자면 미스 월드 정도는 되었던 것 같습니다. 그리고 이렇게 뛰어난 미모를 갖춘 딸을 주신 것이 하나님의 복이라고 기록되어 있습니다. 저는 이 말씀을 통해 '아하, 미모도 일단은 하나님의 축복이고 선물이구나' 라는 것을 깨달았습니다.

이것을 인정합시다. '기본적으로 타고난 미모 역시 하나님의 복이며 선물이다.' 그렇다면 외모가 못났으면 하나님의 복을 받지 못한 것입니까? 그것은 아닙니다. 예쁘면 예쁜 대로 못 생기면 못 생긴 대로 그 안에 하나님의 섭리가 있습니다. 건강도 마찬가지입니다. 건강한 것이 하나님의 복이기는 하지만 건강하면 건강한 대로 약하면 약한 대로 그 안에 하나님의 뜻이 있다는 말입니다.

저는 이 부분에 있어 사람들의 마음이 조금 넉넉해졌으면 좋겠습니다. 그냥 그렇게 인정합시다. 무슨 말인지 이해가 되십니까? "이 집사 참 예뻐." 그러면 "그래" 하면 좋을 것을 "예쁘기는 뭐가 예쁘냐?" 그렇게 말하지 맙시다. 보면 꼭 이렇게 삐딱한 사람들이 하나 둘 있습니다. "아유, 그 집사 참 착해" 그러면 "그래, 진짜 그 집사님 참 착해" 이렇게 하면 될 것을 "착하기는 뭐가 착해. 네가 몰라서 그렇지…" 이런 식으로 말하지 말자는 겁니다. 여러분들의 마음이 조금 넉넉했으면 좋겠습니다.

일전에 연합집회 인도를 한 적이 있습니다. 참 은혜스런 집회였던지라 그 연합 지방의 목사님들이 또 제게 세미나를 인도해달라고 합니다. 그래서 세미나 가진 적이 있습니다. 그때 저는 연합집회 때 잘못한 것 있다면 고치겠으니 허심탄회하게 지적해달라고 말씀드렸습니다. 그랬더니 어떤 분이 이렇게 말씀하십니다. 1500명이 참석했는데 1498명이 은혜를 받았는데 딱 두 명이 은혜를 못 받았다는 겁니다. 그 중 한 명은 뚱뚱한 사람이고 또 한 명은 과부랍니다.

제가 집회 중에 뚱뚱한 사람을 가지고 뭐라고 했더니 가뜩이나 뚱뚱한 것도 힘든데 뭐라고 했다며 투덜거렸답니다. 또 한 사람은 과부랍니다. 과부의 심정이 얼마나 어려운 것인데 그것을 거론하냐면서 상처를 받았다고 합니다. 이 '과부'라는 단어를 쓴 것을 가지고 뭐라고 합니다. 그래서 앞으로는 '과부'라고 하지 않고 '홀로 된 여인'으로 바꿔 호칭하려고 합니다. 하지만 제게도 애로사항이 있습니다. 성경은 분명히 '홀로 된 여인'으로 되어있지 않고 '과부'로 되어있다는 겁니다. 바라기는 말의 내용을 받아들여야지 제가 사용하는 단어 하나에 너무 예민하지 않았으면 좋겠습니다.

물론 말하는 제가 조심하는 것이 먼저입니다. 하지만 듣는 사람도 좀 마음을 넓히셨으면 좋겠다고 생각합니다.

어떤 목사님은 다른 교회가 잘되는 것을 보면 "아이고 정말 잘되었다"라고 하면서 마치 내 일처럼 기뻐해 주십니다. 그런데 어떤 목사님은 "아이고, 부흥만 되면 뭣해?"라고 합니다. 그렇다면 부흥이 되지 않으면 또 뭘합니까? "아무개는 진짜 기도를 많이 한다고 해요"라고 하면 "진짜 훌륭하네요" 이렇게 하면 되는 것인데 "기도만 하면 뭣해?"라고 합니다. 그럼 기도만 안 하면 또 뭘 합니까? 이렇게 좁은 마음으로 살지 맙시다.

에스더는 타고난 미인입니다. 그러니까 고깝게 듣지 말고 그냥 인정합시다. 에스더는 잘났습니다. 그러니까 잘났다고 인정해줍시다. 그런데 앞서 뭐라고 했습니까? 아하수에로 왕은 유난히 미색을 밝힌 왕이라고 하지 않았습니까? 와스디도 미인이었습니다. 아마도 아하수에로는 아름답지 않은 여인은 잘 상대하지 않았나 봅니다. 그런 남자의 눈에 쏙 들 정도였다니 에스더의 미모가 무척이나 빼어났다는 말입니다. 하나님이 에스더를 뛰어난 미모로 만드신 것 역시 그렇게 쓰시기 위함이라는 겁니다.

아름다움을 잘 지킨 에스더

두 번째로 에스더에게 배울 것은 뛰어난 미모를 잘 지켰다는 겁니다. '지킨다' 라는 단어를 보니 에덴동산이 떠오릅니다. 우리는 에덴동산에서부터 잘 지켰어야 합니다. 아무리 하나님께서 아름다운 에덴동산을 만드시고 우리에게 행복할 수 있는 모든 여건을 마련해주셨을지라도 아담과 하와가 지키지 못하니까 깨지고 말지 않습니까?

아름다움도 우리가 지켜야 하는 부분입니다. 하나님에게 아무리 아름다움을 선물로 주실지라도 이것을 지키지 못하면 끝나고 맙니다. 만일 에스더가 자기 미모를 이용해서 이 남자 저 남자 연애나 하고 다녔다면 어찌 되었겠습니까?

그러니 우리는 어떤 상황에서도 자신을 잘 지켜나갑시다. 아무리 어려운 상황에 처할지라도 스스로를 지켜나가는 여러분들이 되시기를 바랍니다. 자신에게 주어진 것들을 지켜나가는 인생이 되시기를 바랍니다. 타고난 재주만 믿고 아무런 노력도 하지 않는다면 어찌 큰일을 이룰 수 있겠습니까? 스스로 지키고 노력해야 합니다.

이제부터 중요한 원리를 말씀드리려고 합니다. 하나님께서는 분명히 야곱에게 복주시겠다고 약속하십니다. 하지만 하나님이 약속하셨다고 해서 저절로 거저 복을 받지는 않습니다. 이미 복을 보장받은 야곱일지라도 고난을 겪습니다. 뼈 빠지게 일을 합니다. 이럴 때 하나님의 복을 받게 됩니다.

복은 저절로 받게 되는 것이 아닙니다. 아무리 복 받을 사람으로 보장을 받았을지라도 열심히 일하고 고난을 겪어야 그 복이 완성되어간다는 말입니다. 다시 말해서 복은 저절로 되는 것이 아니라 창조해나가고 지켜나가야 하는 겁니다. 타고난 것만 가지고는 이루어지지 않습니다. 은사도 마찬가지입니다. 아무리 좋은 은사를 타고났을지라도 개발하지 않으면 안됩니다. 에스더는 아름다움을 복으로 받습니다. 그리고 그 복을 잘 지켜나갑니다. 그러자 하나님의 복이 에스더에게 임하더라는 말입니다.

어려움을 이기는 에스더

세 번째로 에스더는 어려움을 만납니다. 개인적으로 봐도 그렇고 국가적으로 봐도 그렇고 어디에나 정적은 있기 마련입니다. 에스더처럼 거창한 인물이 아닐지라도 저마다 정적은 있습니다. 에스더에게도 정적이 있었습니다. 바로 하만입니다. 하만은 이스라엘 말살정책을 쓰려고 했습니다. 그런데 결국 이스라엘이 말살된 것이 아니라 하만이 말살되고 맙니다. 우리는 여기에서 배울 교훈이 있습니다. '남을 죽이고자 하면 내가 죽고 남을 살리고자 하면 내가 산다.'

내가 죽을지언정 죽이지는 말고, 욕을 얻어먹을지언정 욕하지는 말고, 저주를 받을지언정 저주하지는 말고, 얻어맞을지언정 때리지는 맙시다. 아무리 다른 사람이 나를 욕할지라도 여러분도 그 사람과 똑같이 욕하고 다니지 마십시오. 대신 복을 빌어주십시오.

하만은 당시 잘 나가던 사람입니다. 때문에 하만은 교만했습니다. 이처럼 잘 나가는 사람들이 조심해야 할 것이 있는데 바로 '교만' 입니다. 자신이 교만한지, 아닌지를 어떻게 알 수 있습니까? 일단 교만한 사람은 보이는 것이 없게 됩니다. 안하무인(眼下無人)입니다. 그리고 기분 나쁜 것이 자꾸 많아집니다. 기분 나쁜 것이 많아진다면 교만하다는 증거입니다. 겸손한 사람은 기분 나쁠 일이 없습니다. 교만하기 때문에 기분 나쁜 일이 많은 것입니다.

여러분도 결혼 초기에는 별로 기분 나쁠 일이 없었는데 지금은 다르지 않습니까? 왜 그렇습니까? 그때는 여러분이 겸손했기 때문입니다. 하지만 요즘은 어떻습니까? 만일 예전과는 다르게 기분 나빠지는 일이 많아진다면 그것은 정말 기분 나쁜 일이 많아진 것이 아니라 여러분이 교만해졌다는 증거입니다.

하만에게 자꾸 기분 나쁜 일이 생깁니다. 왜 그렇습니까? 그가 교만해졌기 때문입니다. 하지만 예수님은 별로 기분 나쁜 일이 없었습니다. 예수님은 겸손한 분이시기 때문입니다. 하만은 기분 나쁜 일이 얼마나 많았는지 심지어는 인사하지 않는 것까지 꼬투리를 잡아 기분 나빠합니다.

제가 볼 때 에스더도 훌륭하지만 에스더의 삼촌 모르드개 역시 너무도 훌륭합니다. 에스더를 얼마나 잘 키웠는지 모릅니다. 친자식도 키우기 힘든데 조카를 이렇게 훌륭하게 키웠다니 참으로 대단합니다. 또 성경을 읽다 보면 모르드개가 에스더를 아주 지혜롭게 일깨우는 부분이 나옵니다. 모르드개는 아주 지혜로운 사람입니다. '절대 유대인인 것을 말하지 마라', '네가 한번 결심하고 이러이러할 때 나서라'라고 지시합니다. 얼마나 지혜로운지 모릅니다. 물론 혼자 잘난 사람도 있습니다. 하지만 누군가 옆에서 잘 도와줄 때 그 진가가 제대로 발휘되는 경우가 많습니다. 뭔가 이루는 사람들을 보면 혼자 잘나서 잘하는 경우는 별로 없습니다. 그 사람 곁에서 잘 도와주는 사람이 있습니다.

모르드개는 지혜롭기만 한 것이 아니라 자존심도 대단했습니다. 하만의 권세가 그렇게 하늘 높은 줄 모를 정도이니 그냥 고개 숙여주면 세상 조용할 것을 모르드개는 유난히 고개를 꼿꼿하게 세웁니다. 대체로 무슨 일을 해내는 사람을 보면 자존심이 참 강합니다. 물론 그 강한 자존심으로 인해 때때로 어려움을 겪기도 하지만 일단은 자존심이 참 강합니다.

하만은 이스라엘 전체를 죽여버리려고 합니다. 그때 하나님께서 모르드개를 통해 에스더에게 말씀하십니다.

모르드개가 그를 시켜 에스더에게 회답하되 너는 왕궁에 있으니 모든

> 유다인 중에 홀로 면하리라 생각지 말라 이때에 네가 만일 잠잠하여 말
> 이 없으면 유다인은 다른 데로 말미암아 놓임과 구원을 얻으려니와 너와
> 네 아비 집은 멸망하리라 네가 왕후의 위를 얻은 것이 이때를 위함이 아
> 닌지 누가 아느냐 (에 4:13, 14)

다시 말하면 이렇습니다. "네가 임금님 앞에 나아가서 네 민족의 어려움을 고하고 구원해라. 네가 지금 하지 않으면 하나님께서는 다른 사람이라도 쓰실 것이다. 너를 여기까지 올려놓은 것은 이때를 위함인지 네가 아느냐?" 하나님은 이처럼 무슨 일이 되었든 단독으로 행하시지 않고 사람을 통해 일하십니다.

주의 일을 하고 있는 제게는 담대함도 있지만 때로는 두려움도 있습니다. 제가 하나님의 일을 하지 않는다고 해서 하나님은 그 일을 결코 포기하시지 않습니다. 내가 하지 않는다 할지라도 누군가를 통해서 반드시 그 일을 이루십니다. 저는 그것을 알기 때문에 두려움을 갖습니다.

하나님의 역사는 절대 멈추지 않습니다. 모세가 죽었다고 해서 하나님의 역사가 끝났습니까? 아닙니다. 여호수아를 통해서 역사하십니다. 여호수아가 죽은 다음에는 또 사사들을 동원하십니다. 사울이 죽었다고 해서 하나님의 역사가 끝난 것이 아니라 다윗을 통해 그 역사가 이어집니다. 이처럼 하나님의 역사는 내가 하지 않는다고 해서 멈추지 않습니다. 때문에 하나님께서 우리에게 뭔가를 명하실 때 우리는 바로 그 명령에 순종해야 합니다. 이것이 지혜입니다. 여러분이 주님의 명령에 순종하지 않을지라도 하나님께서는 계획하신 역사를 멈추시지 않습니다. 다른 사람을 통해서라도 반드시 그 일을 이루십니다. 그렇게 되기 전에 여러분이 자발적으로 하시길 바랍니다. 그래서 저는 하나님 앞에 절대 "no"라고 하지 않습니

다. "아멘"과 "예"만 합니다. 예수님께서 항상 "예" 하신 것처럼 여러분의
입술도 늘 "예"만 하시기를 바랍니다.

내가 하지 않는다면 하나님은 다른 사람을 통해서라도 기어이 이루신다
는 것을 기억합시다. 그러니까 기왕이면 내가 하는 것이 낫지 않습니까?
바로 그것입니다.

> 내가 또 주의 목소리를 들은즉 이르시되 내가 누구를 보내며 누가 우
> 리를 위하여 갈꼬 그때에 내가 가로되 내가 여기 있나이다 나를 보내소
> 서 (사 6:8)

믿음의 사람들은 모두 "주여, 내가 가겠사오니 나를 보내주시옵소서"라
고 부르심에 답합니다.

제가 왜 이렇게도 열심히 사는지 아십니까? 제가 하지 않을지라도 하나
님은 일하심을 알기 때문입니다. 때문에 하나라도 놓치지 않으려고 악착
같이 발버둥을 치는 겁니다. 어려움이 올 때마다 대처하는 저만의 노하우
가 있습니다. "하나님 앞으로도 얼마나 많은 집회가 약속되어 있는지 모릅
니다. 이것을 일일이 다 수정하려면 복잡해집니다. 하나님 신경 좀 써주세
요." 요즘은 어디도 안전을 보장할 수 없는 불안한 시대입니다. 비행기 사
고, 기차 사고, 자동차 사고가 얼마나 많이 일어납니까? 하지만 저는 뭘 타
고 이동을 하든 담대함이 있습니다. 저는 비행기를 타도 이렇게 생각합니
다. '하나님 감사합니다. 여기 탄 사람들은 저에게 감사해야 합니다. 나 하
나 때문에라도 이 비행기는 안전할 것이기 때문입니다.'

지금 광고가 다 되었는데 제게 무슨 일이 생겨 집회를 열지 못한다면 사
람들이 얼마나 실망할 것이며 그보다 먼저 하나님의 역사하심이 어떻게

되겠습니까? 저 하나 때문에라도 안전하게 갈 것이라고 생각합니다. 물론 다른 사람에게 말하면 이상하다 생각하니까 입 밖으로 꺼내지는 않지만 제 안에는 그런 생각이 있습니다. 다른 사람은 교만이라고 볼지도 모르겠으나 저는 그렇게 생각합니다. 하나님은 사명 있는 자를 죽이시기 않기 때문입니다.

에스더는 어려움 앞에서 순종합니다. 순종이 별 것 아닌 것 같지만 별 것 맞습니다. 그렇다면 여러분은 주신 사명을 열심히 감당하겠습니까, 이리 피하고 저리 도망가겠습니까? 하루라도 빨리, 아니 한시라도 빨리 주의 사명을 감당하는 여러분들이 되시길 바랍니다.

금식기도로 어려움을 해결하는 에스더

아하수에로가 저격 당할 위기에 놓일 때 모르드개가 미리 왕에게 알리지 않습니까? 왕은 이런 일이 있다 보니 항상 신변의 위협을 느낍니다. 외부 사람들과 함부로 접촉하지 않습니다. 심지어는 왕후까지도 왕이 부르지 않는데 나오면 죽여버리겠다고 합니다. 그러니까 왕후도 마음대로 왕에게 가지 못합니다. 이런 상황에서 왕이 부르지도 않는데 에스더가 왕에게 나아가는 것이 쉽겠습니까? 만일 아하수에로가 "아이고, 여보 어서와"라고 한다면 감사한 일이지만 혹시라도 "너 왜 왔느냐?"라고 한다면 문제는 심각해집니다. 와스디를 쫓아낼 때만 봐도 아하수에로의 성질이 보통이 아니었습니다.

그러니까 에스더는 왕을 만난 지 오래 되었어도 함부로 나가지 못합니다. 그런 곤란한 상황에서 에스더는 뭘 하는지 아십니까? 기도를 합니다.

그런데 보통 기도가 아니라 금식기도를 합니다. 하나님은 일반적인 기도도 잘 들어주십니다. 하지만 금식기도는 더욱 잘 응답해주십니다. 그래서 금식기도가 위대한 것입니다.

사무엘도 금식 회개 기도를 하고는 블레셋을 멸합니다. 니느웨도 금식 회개 기도를 드림으로 멸망당할 고비에서 건짐을 받습니다. 길게 금식한 것도 아닙니다. 불과 3일밖에 하지 않았습니다. 하지만 하나님께서는 응답해주십니다. 오늘 여러분의 삶 속에 어려움이 있습니까? 그렇다면 기도하십시오. 기도에는 분명히 능력이 있습니다.

보이지 않는 곳에는 하나님의 역사가 있고 보이는 곳에는 인간의 역사가 있습니다. 하나님은 늘 이렇게 양면적으로 역사하십니다. 다시 말해서 보이지 않는 곳에서 에스더가 금식기도를 하자 하나님께서는 이를 응답하시고 역사하십니다. 에스더가 3일 동안 금식기도를 하자 얼굴이 핼쑥해집니다. 핼쑥한 아내를 보니 아하수에로에게 안타까이 여기는 마음이 생깁니다.

여러분, 라이벌 앞에 설 때는 핼쑥하게 서야 합니다. 중요합니다. 라이벌 앞에 설 때 포동포동하고 윤기가 좔좔 흐르면 시험 들기 쉽습니다. '아따 어지간히 요새 잘 먹는가보네.' 그러니까 라이벌 앞에 설 때는 항상 초췌한 모습이 필요합니다. 마치 에서 앞에 야곱이 절뚝거리면서 서는 것처럼 아하수에로 왕 앞에서 에스더는 초췌하게 섭니다. 이로 인해 에스더는 아하수에로의 동정을 사는 겁니다. 이것이 금식기도를 통해서 외모로 나타나는 현상입니다. 게다가 얼굴이 창백해지면 조금 더 예뻐 보이지 않습니까? 아하수에로의 눈에 에스더가 유난히 더 예뻐 보입니다.

결국 잔치를 베풀던 중 이스라엘을 죽이려던 하만은 도리어 죽임을 당하고 에스더는 민족을 구원하는 역사를 이루어냅니다. 한 여자가 죽으면 죽으리라는 각오로 살아갈 때 자기는 물론 민족까지 구원해냅니다. 우리는 에스더처럼 국가적인 인물은 아닙니다. 하지만 가정적인 인물. 교회적인 인물은 됩니다. 여러분이 가정에서, 교회에서 에스더 같은 자세로 산다면 여러분 하나로 인해 여러분의 가정은 얼마나 튼튼해지겠습니까? 여러분의 교회는 얼마나 더 튼튼해지겠습니까? 꼭 민족을 살려야만 위대한 것입니까? 가정을 살리는 것도 못지않게 위대한 일입니다.

여러분 한 사람이 죽으면 죽으리라는 사명으로 남편을 구원하고 가정을 에덴동산처럼 꾸민다면 하나님의 채점방식으로는 에스더도 100점, 여러분도 100점입니다. 여러분도 에스더처럼 100점 맞는 인생이 되시길 바랍니다. 그러기 위해서는 에스더 같은 마음 자세로 살아야 합니다. 하나님은 말씀 가운데 역사하시는 분입니다. 오늘의 말씀을 통해 여러분 한 사람이 희생하기로 각오하십시오. 그래서 가정을 살리고 교회를 살리는 역사가 있기를 바랍니다.

VII

로스

VII

롯

데라의 후예는 이러하니라 데라는 아브람과 나홀과 하란을 낳았고 하란은 롯을 낳았으며 〈창세기 11장 27절〉

이름의 뜻 가리웠다
가족관계 아버지-하란, 아내-이름을 모름(나중에 소금 기둥이 됨),
자녀-아들 둘(모압과 벤암미)과 딸이 둘 있음

평생 남의 신세만 지고 사는 롯

앞서도 말씀드린 바 있지만 성경에 나오는 3만 여 명의 사람들 가운데는 우리가 본받아야 할 위대한 사람이 있는가 하면 또 그렇지 못한 사람들도 있습니다. 위대한 사람들을 보면 그 사람이 대단한 것은 알겠지만 우리와 너무 거리가 멀게 느껴집니다. 본받아야겠다는 것은 알지만 갈 길이 너무 멉니다. 어디서부터 어떻게 해야 될지 도무지 감이 잡히지 않습니다. 하지만 성경에 이런 사람들만 있는 것은 아닙니다. 우리와 흡사한 사람들도 있습니다. 이런 사람들을 볼 때 우리도 가능성이 있구나 생각되고 힘을 얻습니다. 이처럼 다른 사람의 성공이 우리에게 도전을 주기도 하지만 때로는 좌절감도 주듯 실수 역시 우리를 안타깝게 하기는 하지만 때로는 힘을 줍니다. 오늘은 실수의 대명사 롯을 만나려고 합니다.

롯 183

데라에게는 세 아들이 있었습니다. 맏아들이 아브람, 둘째 아들이 나홀,
셋째 아들은 하란입니다. 그런데 맏아들 아브람과 둘째 나홀은 아직 장가
를 가지 않았는데 하란이 맨 먼저 결혼을 합니다. 그렇게 해서 낳은 자식
이 바로 롯입니다. 그러니까 롯의 입장에서 보면 아버지는 하란, 할아버지
는 데라입니다. 그리고 큰아버지가 아브람입니다. 하란은 롯 말고도 딸
둘, 밀가와 이스가를 낳습니다.

에스더가 불우한 환경을 극복하고, 어려움을 딛고 오히려 더 훌륭하게
된 사람의 예라면 롯은 불우한 가정환경을 결국 극복하지 못하는 사람의
전형적인 예입니다. 성경을 보면 이런 롯을 좋게 표현한 딱 한 사람이 있
습니다. 베드로입니다. 베드로 외에는 아무도 롯을 좋게 표현하지 않습니
다. 롯을 한마디로 표현하라면 '변함없이 신세만 지다가 죽은 사람' 입니다.

롯을 보면 사람이 변화된다는 것이 얼마나 어렵고 힘든가를 배울 수 있
습니다. 만일 여러분이 남에게 도움을 주면서 살고 있다면 감사하십시오.
남을 도와주지 못하고 산다면 지금부터라도 도전을 받으시고 다른 사람을
도와줄 수 있는 사람이 되시길 바랍니다. 그런데 나아가 다른 사람의 신세
만 지고 산다면 아랫니를 꽉 깨물고 '다시는 다른 사람의 도움을 받지 않
으리라' 결단하시길 바랍니다. 그렇지 않으면 삶이 그렇게 굳어버리기 때
문에 계속해서 여러분은 평생 남의 신세만 지다가 죽습니다. 마치 롯처럼
말입니다.

물론 삶이 변화된다는 것은 굉장히 어렵습니다. 여러분들은 한 달 생활
비 가운데 일정 금액을 다른 사람을 돕는 데 할애하십니까? 그 액수가 중

요한 것은 아닙니다. 다만 얼마라도 남에게 도움을 주면서 사십니까, 아니면 다만 몇 푼이라도 도움을 받으면서 사십니까? 만일 도움을 받는 입장에 있다면 입술을 깨물고 다짐하십시오. 그리고 주는 사람으로 바뀌도록 노력하십시오. 지금 결단하지 않으면 여러분은 평생 여기저기 손이나 벌리면서 사는 인생으로 끝날 확률이 너무도 높습니다. 오늘 만날 롯은 우리에게 이런 교훈을 줍니다.

무슨 일이 있어도 남에게 구차한 소리를 하지 마십시오. 잠시 제 말씀을 드리려고 합니다. 물론 제 인생이 무슨 표본이라도 되어서 말씀드리는 것은 아닙니다. 성경의 어느 인물도 심지어 아브라함도 우리 인생의 표본은 될 수 없습니다. 우리 인생의 표본은 오직 예수님뿐입니다. 단지 제 경험을 통해서 깨달은 것을 말씀드리려고 합니다.

길지 않은 인생을 살았지만 때로는 정말 아쉬운 소리를 해야 하는 절박한 상황이 너무도 많았습니다. 얼마나 힘이 드는지 도와달라는 소리가 정말 목젖까지 치밀어 올라옵니다. 그런데 그때마다 도와달라고 손 벌리지 않고 견디어낼 수 있었던 것을 하나님께 감사드립니다. 얼마나 감사한지 모릅니다. 물론 제게는 오래 전부터 남에게 절대 도움을 받지 말자고 하는 굳은 생각이 있기도 했습니다. 하지만 제가 그렇게 쉽게 남에게 도움을 청하지 않게 된 결정적인 사건이 하나 있었습니다.

제가 실습 전도사였을 때입니다. 그때 저는 이미 결혼도 했고 딸도 하나 있었습니다. 물론 본가에 도움을 요청한다면 얼마든지 도와주셨을 겁니다. 그런데 이상하게 저는 집의 도움을 받는 것에 대해 거부반응이 참 심합니다. 정말 아무에게도 신세지고 싶지 않아 아무 대책 없이 제 힘으로 독립을 했습니다.

당시 6만원의 사례비를 받고는 전도사로 들어갔습니다. 그 6만원으로 생활을 해야 했습니다. 먼저 십일조 6천원과 주일 헌금 4천원을 떼어놓습니다. 방값 3만원까지 주고 나면 2만원이 남습니다. 그 돈으로 우리 가족은 한 달을 살아야 합니다. 아마도 평생에 할 고생을 그때 모아서 하지 않았나 싶을 정도로 정말 너무 어려운 나날이었습니다. 사실 그때까지 저는 고생을 모르고 자랐습니다. 그러니 더욱 힘들었는지도 모르겠습니다.

저희 집은 방앗간을 했습니다. 그러니 남들은 어려워 배를 곯을 때도 저는 밥 하나는 풍성하게 먹었습니다. 그 어렵다고 할 때도 쌀은 넉넉해서 늘 쌀밥을 먹었습니다. 이렇게 50년대, 60년대에도 쌀밥을 먹은 제가 80년대에 정부미 혼합곡을 사서 밥을 해먹으려고 하니까 여간 어렵지 않습니다. 그래도 감사하는 마음으로 참고 살았습니다.

그런데 상황이 더 어려워지더니 결국은 그나마 혼합곡도 사기 힘든 형편이 되었습니다. 너무도 힘든 나머지 담임 목사님에게 제 평생에 기억에 남는 어려운 부탁을 해보았습니다. "목사님, 저희도 성미 조금만 주시면 좋겠습니다." 제 생각은 이랬습니다. 아무래도 저보다야 담임목사님이 여유가 있지 않습니까? 만일 그분이 "힘들지? 그래, 장 전도사 참아. 그러면 나중에 좋은 날 꼭 올 거야." 이렇게 말씀해주시고 사비를 털어서라도 쌀을 사서 주셨다면 20년도 넘게 지난 일이지만 아직도 저는 그분의 은혜를 잊지 못했을 것입니다. 그런데 그 목사님께서는 "야, 나 먹을 것도 모자란다"라고 딱 잘라 말씀하십니다.

성미들 좀 떼십시오. 왜 성미를 떼지 않아서 담임목사도 모자라게 하십니까? 그래서 그 밑의 전도사까지도 못 얻어먹게 합니까? 아마도 그 교회의 교인들은 성미를 잘 떼지 않았나 봅니다. 그 일이 있은 후 저는 이를 악

물고 '내 평생 절대로 누구에게든 아쉬운 소리하지 않으리' 라고 결심했습니다.

　당시는 서운했지만 지금 생각해보면 얼마나 감사한지 모릅니다. 만일 그때 목사님께서 도움을 주셔서 제가 도움 받는 것이 몸에 배었다면 오늘의 제가 되지 못했을지도 모릅니다. 그렇다고 해서 제가 여러분들에게 남을 돕지 말라는 말은 아닙니다. 어떤 이유에서든 도움 청하는 손을 외면한다면 문제가 있습니다. 그 일이 있은 후 지금까지 저는 다른 것은 몰라도 쌀이 없는 사람에게는 꼭 도움을 줍니다.

　도움 받고 사는 사람이 있다면 하루 속히 삶의 패턴을 고치십시오. 우리에게 도와줄 의무는 있어도 도움 받을 의무는 없습니다. 모든 인간은 자기 힘으로 먹고 소화시켜야지 링거를 맞으면서는 평생 살 수 없습니다. 다시 말해서 자기가 먹을 것은 자기 힘으로 벌어서 살아야지 도움만 가지고는 살지 못한다는 겁니다. 혹시 나도 모르는 사이에 도움 받는 것이 체질화된 분은 안 계십니까? 나도 모르는 사이에 남에게 도움 받는 것이 내 몸의 일부가 되어버린 사람이 있다면 롯을 통해서 꼭 깨달으시기를 바랍니다. 누구에게든 도와달라는 말을 하지 마십시오. 이렇게 죽을지언정 남의 도움은 받지 않겠다는 각오로 살아봅시다. 그러면 하나님이 그 삶의 자세를 보시고 감동하시어 누구의 손이 되었든 하나님의 방법으로 도우실 겁니다. 하지만 내 입으로 먼저 기대를 걸고 도움을 청하지는 말자는 겁니다.

하란의 실수

　잠시 언급한 대로 하란은 형님들은 아무도 결혼하지 않았는데 먼저 결혼을 했습니다. 이렇게 결혼한 하란의 부인은 이름조차 기록되지 않았습니다. 하란은 그렇게 이름 모를 여자와 결혼해서 아들 하나 딸 둘만 낳습니다. 문제는 그렇게 자식만 낳고는 아버지보다 먼저 죽는다는 겁니다.

하란의 첫 번째 실수는 결혼을 너무 빠르게 했다는 것입니다. 기다렸다가 형이 결혼한 후 했다면 좋았을 것을 너무 서둘렀습니다. 어느 정도로 서둘렀는가 하면 하란의 딸을 나홀이 데리고 갈 정도로 빨랐으니 어림잡아도 형보다 최소 20년 이상은 빨리 결혼을 했다는 추측이 가능합니다. 하란은 이 부분에서 부모의 속을 상하게 한 자식입니다. 물론 그런 말이 기록된 바는 없지만 앞 뒤 정황을 살펴보면 충분히 추측이 됩니다.

두 번째로 하란은 제대로 집안을 갖춘 여자와 결혼을 하지 않는 실수를 범합니다. 오죽하면 부인의 이름이 성경에 기록조차 되지 않았을까요? 다시 말해서 하란의 아내는 이름조차 올릴 만한 여자가 되지 못했다는 겁니다. 오다가다 한눈에 반해서 살았고 그러다 보니 자식을 셋 낳은 겁니다.

세 번째로 하란이 한 실수는 부모보다 일찍 죽는 겁니다. 물론 이것은 자기의 의지와는 상관없는 것입니다. 우리가 모르는 이유가 있기도 할 것입니다. 하지만 이렇게 부모보다 앞서 죽는 것은 불효 가운데 가장 큰 불효입니다. 결혼의 순서를 바꾸어 역혼도 할 수 있습니다. 하지만 죽는 순서를 부모하고 바꾸는 것만은 안되는 일입니다.

"부모가 돌아가시면 산에 묻지만 자식이 죽으면 가슴에 묻는다." 그렇습니다. 부모는 먼저 죽은 자식을 평생 마음에 품고 살아갑니다. 무슨 일이 있어도 죽는 순서는 지켜야 합니다. 이것이 효도의 시작입니다. 물론 자기 의지로 되는 것은 아니지만 어찌 되었든 부모님보다는 먼저 죽지 마십시오.

부모에게는 씻을 수 없는 불효를 한 하란이 자식들에게는 얼마나 큰 부담감을 주는지 모릅니다. 치아와 치아 사이에는 빈틈이 없어야 합니다. 그래야 각각의 치아들이 자신의 자리에서 맡은 역할을 제대로 할 수 있습니다. 그런데 이가 하나 빠져보십시오. 그러면 그렇게 빠진 공간으로 인해 옆에 있던 이가 서로 밀립니다. 그때 적절한 조치를 하지 않으면 결국 틀니를 해야 하는 지경까지 이릅니다. 가족도 마찬가지입니다. 모든 가족들은 그 자리를 지키고 있어야 합니다. 그런데 만일 아버지가 죽는다고 생각해보십시오. 그러면 아버지가 없는 빈 공간을 메우고 살기가 얼마나 어려운 줄 아십니까? 엄마도 마찬가지입니다. 엄마 없이 자라는 아이들을 보면 얼마나 안타까운지 모릅니다. 자식 없이 살아가는 부모 역시 그 빈 공간으로 인해 평생이 힘이 듭니다. 때문에 가족은 모두 살아 제 자리를 지켜야 합니다.

"목사님, 죽고 싶어서 죽나요?" 저도 이해는 합니다. 하지만 요즘은 조심하면 죽지 않을 수 있는데 본인이 조심하지 않아서 죽는 경우가 너무도 많기 때문에 이런 말씀을 드리는 겁니다. 교통사고로 죽는 사람도 너무 많고 스스로 몸 관리를 잘못해서 병으로 죽는 사람도 많습니다. 어떤 사람은 무절제한 생활이 원인이 되어 죽음에 이릅니다. 이런 것은 조심하자는 말입니다. 천수를 누리고 부름 받는 것이야 어떻게 막겠습니까? 그것은 인간의 영역을 벗어난 하나님의 권한입니다. 하지만 교통사고 같은 것은 우리가 조심하면 얼마든지 막을 수 있지 않습니까? 과속만 하지 않았어도, 음주운전만 하지 않았어도 죽지 않았을 거라면 그것을 조심하자는 말입니다. 심지어 어떤 분은 건널목 건너다 죽습니다. 차가 오나, 오지 않나 좌우로 살피기만 했어도 그런 일이 없었을 것을 그 찰나의 순간에 죽고 맙니다. 이런 사람들을 볼 때 얼마나 안타까운지 모릅니다.

게다가 요즘은 자살이 사회 문제로 불거지고 있습니다. 이미 죽은 사람들에게야 소용없는 말이 되겠지만 혹시 앞으로라도 죽고 싶은 사람을 위해서 말씀을 드립니다. 자살하지 마십시오. 죽을 힘만 있다면 그 힘을 가지고 열심히 사십시오. 그럼 뭔들 못하겠습니까? 제가 희소식 하나 전하겠습니다. 정말 지금은 아무리 못살 것 같이 힘들어도 살다보면 좋은 일이 반드시 생깁니다. 이 고비만 넘기면 앞으로 좋은 일이 얼마나 많을지 모릅니다. 그러니 지금 이 고비만 넘기십시오. 그리고 장차 있을 엄청나게 좋은 일을 기대하십시오.

저는 유명한 목사님들은 다 훌륭한 줄로만 알았습니다. 그런데 어떤 분은 스스로 목숨을 끊으려고 한강에 가서 신발을 일곱 번이나 벗었다 신었다 하셨답니다. 죽으려고 한강에 가서 신발을 벗었다 다시 신고, 또 벗었다 다시 신고 이렇게 하기를 일곱 번 한 다음에 지금의 유명한 목사님이 되셨다는 말씀을 듣고 얼마나 놀랐는지 모릅니다. "하나님, 차라리 절 잡아가세요"라고 했답니다. 하지만 그 고비를 넘기고 나니까 지금은 얼마나 큰 일을 하시는 주의 종이 되었는지 모릅니다.

혹시 여러분 안에 죽고 싶은 마음이 있습니까? 지금은 없을지라도 혹시 앞으로 생긴다면 '도대체 내가 왜 이 모양인가' 라고 생각하지 말고 '나도 세계적인 인물이 되려는가 보다' 라고 생각하십시오. 세계적인 인물들도 한때는 죽고 싶을 정도로 힘들었음을 잊지 마십시오. "하나님, 정말 이렇게는 못살겠어요. 난 죽어야 해요"라는 마음이 든다면 말을 바꾸어 "하나님, 감사해요. 저 조금 있으면 세계적인 인물이 될 것 같아요. 저 지금 죽고 싶어요"라고 하십시오. 이 고비만 잘 넘기면 반드시 세계적인 인물이 됩니다. 그러니 죽지 마십시오. 무슨 이유인지는 모르겠지만 결혼도 잘못한 하란은 부모보다 일찍 죽고 맙니다.

평생을 큰아버지에게 붙어사는 롯

하란이 죽음으로 롯은 졸지에 아버지 없는 불쌍한 아이가 되고 맙니다. 그런데 너무도 감사한 것은 큰아버지가 참 좋은 분이셨다는 겁니다. 이제 롯은 큰아버지 아브람과 함께 삽니다. 이때부터 롯은 큰아버지의 신세를 지면서 살기 시작합니다. 그런데 문제는 그렇게 신세를 지는 생활이 한시적인 것이 아니라 죽을 때까지 평생 동안 이어진다는 점입니다. 롯은 큰아버지의 도움을 받는 것이 습관이 되다 보니 자연스레 남에게 도움 받는다는 생각에 대해 아무런 의식이 없습니다. 도움을 받는 것이 얼마나 부끄러운 것인지도 인식하지 못합니다. 남의 집에 붙어서 사는 것이 얼마나 부끄러운 것인가에 대한 의식도 없습니다.

대체로 도움 받는 사람이 놀고 있을 때도 도와주는 사람은 일을 합니다. 그렇게 일을 하기 때문에 남을 도울 수 있는 겁니다. 그렇다면 누구는 열심히 일해서 남을 도와주는 인생으로 타고나고 누구는 놀면서 도움 받을 인생으로 태어난다는 말입니까? 큰 교회 성도님들을 보면 새벽부터 사역을 시작합니다. 그 이른 시간에 전도도 나가고 심방도 합니다. 반대로 남의 도움을 받는 교회들은 이와 다른 모습을 보입니다. 다 그런 것은 아니지만 대체로 그렇습니다.

그래서 선은 선순환되고, 악은 악순환되는 것입니다. 큰 사람을 보면 일이 많기 때문에 일하기도 하지만 일하다 보니 더 커지기도 합니다. 반대로 작은 사람을 보면 할 일이 없으니까 놀고 놀다 보니 또 할 일이 없어집니다. 그러니까 점점 더 작아지게 됩니다. 이것이 악순환이 됩니다.

여러분들의 인생의 궤도가 선순환하시기를 바랍니다. 무슨 어려움을 만나든지 남의 도움을 받아서 해결하려고 하지 마십시오. 어찌 되었든 내가 해보겠다는 노력하는 의지가 중요한 것입니다. 인간의 몸은 참으로 신기합니다. 툭하면 병원에 누워서 링거 맞는 사람을 보면 평생 건강하기 힘이 듭니다. '차라리 죽으면 죽으리라'는 심정을 가지고 링거를 빼고 스스로 힘을 내서 밥 먹고 어떻게든 노력하는 사람이 결국은 자기 의지로 건강을 회복하더라는 말입니다. 자꾸 링거에 의존하는 사람은 그렇게 링거 맞다가 죽습니다. 물론 너무너무 어려울 때 한두 번의 링거를 맞는다면 그것까지는 어쩔 수 없습니다. 마찬가지로 평생에 한두 번 너무너무 어려울 때 도움 받는 것은 어쩔 수 없습니다. 하지만 이렇게 하다보면 자칫 습관이 되기 쉬운데 이것을 경계하고 조심해야 합니다.

인격도 수준도 못 미치는 롯

롯은 그렇게 평생을 큰아버지에게 붙어서 삽니다. "못 쓰면 이어서 써라"라는 말을 아십니까? 롯 자체는 짧으니까 큰아버지에게 붙어서 이어서 인생을 쓰고 있습니다. 어찌 되었든 큰아버지 덕분에 롯은 복을 받고 잘 나가는 것처럼 보입니다. 하지만 이렇게 평생을 큰아버지에게 신세를 질 수는 없는 것 아닙니까? 그러니 롯이 인격과 수준을 갖춘 사람이라면 마땅히 큰아버지의 집에서 붙어 살 때 독립할 수 있는 힘을 길렀어야 합니다. 그런데 롯은 아무런 노력도 하지 않으면서 하루하루 큰아버지의 신세를 지고 삽니다.

어떤 사람이 수준 있는 사람입니까? 다른 것 없습니다. 믿음으로 사는 사람, 은혜를 저버리지 않는 사람, 남에게 신세를 졌다면 잊지 않고 또 자신도 다른 사람에게 도움 줄 수 있는 사람으로 스스로를 키워가는 사람이 수준 있는 사람입니다. 롯은 큰아버지의 도움을 받고 살 때 이런 수준을 스스로 키웠어야 합니다. 세상을 이겨낼 수 있는 저항력을 길렀어야 합니다. 그런데 롯은 안일하게 도움만 받고 살았습니다. 그러니 롯의 인격이 자라지 못한 것은 당연한 결과라고 할 수 있습니다.

'인격' 즉 사람 됨됨이를 갖추기 위해서는 중요한 몇 가지 요소들이 있습니다. 첫째는 은혜를 잊지 않고 살아야 합니다. 누군가에게 은혜를 입었다면 감사함을 잊지 마십시오. 중요합니다. 모름지기 은혜를 잊지 않는 사람이 인격을 갖춘 사람입니다. 두 번째는 희생할 줄 알아야 합니다. 세 번째는 어른을 공경해야 합니다. 불효자식이 잘되는 것을 보셨습니까? 저는 보지 못했습니다. 잘되는 사람들을 보면 다 효자입니다. 신앙생활 잘하고 축복받아 잘 사는 사람을 봐도 다 효자입니다.

이 안에는 너무도 중요한 원리가 들어있습니다. 어른을 공경하는 마음 속에 이미 복이 들어있다는 겁니다. 때문에 불효자식은 잘될 수가 없습니다. 하나님 앞에서는 물론이고 사람 앞에서도 불효자식은 잘될 수 없습니다. 부모가 효자라고 인정해 주는 사람, 하나님이 효자라고 인정해주는 사람이 뭐를 이루어도 이룬다는 말입니다.

네 번째는 양보할 줄 아는 마음입니다. 그런데 롯을 보면 인격적으로 갖추어야 할 모든 면들이 두루두루 참 많이 부족했습니다. 그리고 훌륭한 인격을 갖춘 사람은 희생할 줄 압니다. 다시 말해서 희생할 줄 아는 사람인가, 희생하지 않는 사람인가를 보면 그 사람이 인격을 갖추었는지 아닌지를 알 수 있다는 말입니다. 그리고 희생의 또 다른 이름은 사랑입니다. 사랑하는 사람을 위해서 우리는 희생합니다. 마치 쌍둥이와 같습니다. 저만 알고 사는 사람 치고 잘되는 사람을 본 적이 없습니다. 당장은 잘된 것처럼 보일지도 모르겠습니다. 하지만 종국에는 잘되지 않습니다.

그렇다면 사랑과 희생의 대명사가 누구입니까? 예수님이십니다. 얼마나 사랑이시고 희생이신가 하면 우리를 위해서 십자가의 죽음까지 마다하시지 않으십니다. 예수님께서는 우리를 사랑하시어 십자가에서 죽으십니다. 이것으로 예수님의 삶이 모두 끝났습니까? 아닙니다. 사흘 후에 다시 부활하십니다. 그렇습니다. 인간의 눈으로 볼 때는 사랑하는 사람을 위해서 희생하면 없어질 것 같고 손해볼 것 같습니다. 하지만 언젠가는 부활한다는 겁니다. 마치 예수님께서 우리를 위해 죽으셨지만 사흘 후에 부활하시어 이제는 모든 백성, 모든 민족이 그분 앞에서 무릎을 꿇는 것처럼 말입니다.

자리를 잘못 잡은 롯

롯이 장성하여 이제 아브라함과 갈라서야 할 때에 이르렀습니다. 저는 지금 '양보'에 대해서 말씀드리고자 합니다. 버스나 지하철에서 어르신들에게 자리를 양보하는 것과 양보하지 않는 것, 비단 그 행동 하나만 놓고 보면 별 것이 아닌 것처럼 여겨집니다. 하지만 그것이 별 것 맞습니다.

가나안으로 갈 것인지, 소돔과 고모라로 갈 것인지를 결정할 때 마땅히 롯은 가나안으로 갔어야 하고, 아브라함은 소돔과 고모라로 갔어야 합니다. 왜 그런지 아십니까? 롯에게는 소돔과 고모라를 변화시킬 능력이 없기 때문입니다. 소돔과 고모라를 변화시킬 수 있는 아브라함이 그 땅으로 가고 믿음이 없는 롯은 가나안에서 사는 것이 맞습니다.

믿음의 사람은 아무리 죄악의 도시에서 살지라도 그 도시를 변화시킬 수 있는 힘이 있습니다. 하지만 믿음이 없는 사람은 죄악의 도시에 쉽게 동화되고 맙니다. 이런 이유로 내가 그 자리를 변화시킬 수 있는 능력이 있다면 죄악의 자리에 가도 되겠으나 내게 그런 능력이 없다면 그런 자리에 발을 들여놓으면 안됩니다. 그 곳을 변화시킬 자신이 있을 때 들어가십시오. 그런데 변화시키기는커녕 오히려 내가 변화될 것 같다면 아예 그런 자리는 근처도 가지 않는 것이 옳습니다. 무슨 말인지 아시겠습니까?

술자리를 예로 들어도 그렇습니다. 자기는 술 마시지 않고 그들을 전도할 자신이 있다면 가도 됩니다. 하지만 그럴 자신이 없다면 술자리에는 가지 마십시오. 모름지기 믿음의 사람들은 자리를 잘 잡아야 합니다.

> 복 있는 사람은 악인의 꾀를 좇지 아니하며 죄인의 길에 서지 아니하며 오만한 자의 자리에 앉지 아니하고 (시 1:1)

롯은 이것을 몰랐습니다. 그리고는 잘못 자리를 잡습니다. 왜 그런지 아십니까? 롯의 인격이 잘못되었기 때문입니다. 그런데 그보다 더 중요한 것은 롯은 세상을 사랑했다는 겁니다. 롯은 세상이 참 좋았습니다. 그렇기 때문에 자기가 좋아하는 것을 선택한 것입니다. 그러니 세상을 사랑하는 사람이 어찌 세상을 변화시킵니까? 죄를 미워해야 죄를 이기는 것이지 죄를 사랑하는 사람이 어떻게 죄를 이깁니까? 세상을 미워해야 세상을 이기는 것 아닙니까? 그렇습니다. 롯은 세상을 사랑했습니다. 그러니까 롯에게는 세상을 변화시킬 힘이 없었습니다.

그렇다면 여러분들은 뭔가 깨달아지는 것이 있습니까? 지금까지 여러분들이 변화시키고자 했지만 도무지 변화되지 않은 그 이유를 아시겠습니까? 여러분들이 은연중에 그것들을 사랑하기 때문입니다. 왜 세상을 변화시키지 못합니까? 내가 은근히 세상을 사랑하기 때문입니다. 세상을 미워해야 변화시킬 수 있는데, 죄를 미워해야 죄를 이길 수 있는데 마음 깊숙한 곳에서 사랑하고 있다는 말입니다. 그러니 어찌 죄를 이기며 세상을 변화시킬 수 있겠습니까? 이처럼 롯은 세상을 좋아하니까 소돔과 고모라를 변화시킬 수가 없습니다. 세상이 좋은 롯은 가나안으로 갈 것인지, 소돔과 고모라로 갈 것인지를 결정해야 할 때 주저하지 않고 소돔과 고모라로 갑니다. 자기가 좋아하는 땅으로 간다는 말입니다. 그렇다면 여러분은 어떤 자리를 좋아하십니까? 여러분은 무엇을 할 때 즐겁습니까? 전 여러분들이 기도할 때 즐겁고 행복하시기를 바랍니다.

원기둥과 가지

참으로 신앙생활을 잘하는 젊은 부부가 있었습니다. 그 부부는 바쁘게 살면서 새벽예배도 잘 나옵니다. 그 부부의 믿음을 보고 있노라면 얼마나 흐뭇한지 모릅니다. 그 부부를 볼 때마다 '참 복 받을 부부다' 이런 생각이 듭니다. 그런데 감사하게도 그 가정에서 하는 사업이 참으로 잘됩니다. 그러니 제 마음은 또 얼마나 기쁜지 모릅니다. 목사에게 있어 가장 기쁜 것이 뭔지 아십니까? 교인들이 잘되는 것입니다. 교인들이 잘되는 것이 곧 나의 기쁨입니다. 그 부부를 볼 때마다 얼마나 흐뭇하고 기뻤는지 모릅니다.

그런데 언제부터인지 좀 이상한 말을 합니다. 교회가 멀다고 하기도 하고 뭐 그렇습니다. 저는 직감적으로 이 부부가 영적으로 병이 난 것을 알았습니다. 심방을 가보니 집안에 화투가 보입니다. 제가 물었습니다. "요즘은 왜 새벽예배를 잘 참석하지 않으십니까?" 그랬더니 아내 되는 집사님이 이렇게 말씀하십니다. "목사님, 이이가요 요즘 저녁마다 화투를 쳐요." 그렇습니다. 사람이 본분에서 벗어난 엉뚱한 일에 취미가 들면 본분이 어려워지기 마련입니다. 직장생활하는 사람이 직장보다 엉뚱한 것이 더 좋아진다면 직장생활은 힘들어지기 마련입니다. 사업하는 사람이 사업보다 취미가 더 재미있다면 사업이 힘들어지는 것은 시간문제입니다.

이런 것은 마치 나무의 모습과 같습니다. 나무를 보면 원 기둥과 원 기둥에 붙은 가지로 되어있지 않습니까? 그런데 원 기둥보다 가지가 더 굵다고 상상해보십시오. 그렇게 되면 그 나무는 서있기조차 힘들어집니다. 나무라면 마땅히 원 기둥이 굵고 가지가 가늘어야 하는 것 아닙니까? 그런데 기둥은 가는데 가지만 굵다면 어찌 되겠습니까? 당연히 힘들어집니다. 다시 말해서 원 기둥이 되는 직장생활은 가는데 가지인 취미 생활만 마구 굵어진다면 당연히 힘들어진다는 말입니다. 직장인이 출근하는 아침에는 도살장에 끌려가는 소의 심정이고 취미인 낚시를 하러 갈 때는 잠도 설칠 정도로 기뻐한다면 문제입니다.

전업주부의 본분이 뭡니까? 살림입니다. 그런데 주부가 살림은 빈약하기 그지없게 하면서 사방팔방 놀러 다니는 것에는 온 힘을 쏟는다면 그 가정의 모습이 어떻겠습니까? 이런 주부일수록 "힘들어서 살림 못하겠다"라는 말을 입에 붙이고 삽니다. 만일 여러분이 힘을 잃고 산다면 스스로 물어보십시오. 살림이 힘든 것입니까? 아니면 엉뚱한 데 취미를 붙인 겁니까? '내가 본분에서 벗어났구나' 깨달으시길 바랍니다.

본분에서 벗어난 일에 재미를 붙이면 그 다음은 본분이 힘들어질 차례입니다. 친구들과 놀러 다니는 것은 재미있는데 집에서 밥 해먹는 것은 영 힘듭니까? 반대가 되어야 합니다. 집에서 밥 해먹는 것은 재미있고 나가서 노는 것이 힘들어야 합니다. 그래야 밥이 제대로 되고 반찬이 제대로 됩니다. 그래야 남편이 건강하고 아이들이 건강하게 자랍니다. 물론 이 말이 모두 맞는 것은 아닙니다. 제가 하고자 하는 말을 강조하다 보니 다소 편협하고 한쪽으로 치우치게 표현되었을지도 모릅니다. 하지만 그렇다고 꼭 틀린 것도 아닙니다.

목회자의 세계도 보면 마찬가지입니다. 목회가 기준이 안되고 취미가 기준이 되는 목회자를 보면 힘들게 사역을 합니다. 원 기둥을 기도와 말씀으로, 가지를 테니스라고 가정합시다. 테니스 칠 때는 프로선수 같은데 기도할 때는 졸려서 제대로 기도하지 못한다면 어떻게 되겠습니까? 그런데 그런 목회자일수록 힘들어서 목회 못하겠다는 말이 입에 붙어서 삽니다. 기도하고 말씀 보는 데 전심전력을 다하다 체력관리를 위해서 적당한 시간을 내어 테니스를 친다면 그것은 이해가 됩니다. 하지만 주객이 바뀌면 안된다는 말씀을 드리고 싶습니다.

가지가 원 기둥만큼이나 굵어졌다면, 아니 원 기둥보다 더 굵어진 인생이라면 그 인생은 힘들 수밖에 없습니다. 원 기둥은 원 기둥 같아야 하고 가지는 가지 같아야 합니다. 살림은 비쩍 말라 가는데 놀러 다니는 것만 굵직굵직하다면 당연히 힘들지 않겠습니까? 인생이 힘들다고 생각하신다면 다른 것보다 먼저 여러분의 삶의 나무는 어떤 모습인지 스스로 살펴보십시오. 여러분 중에는 물론 제대로 된 나무의 모습으로 살아가시는 분도 있을 겁니다. 하지만 어떤 분은 완전히 주객이 전도된 나무의 모습으로 살아갑니다. 또 어떤 분은 딱히 이것도 아니고 그렇다고 딱히 저것도 아닌 모습으로 오락가락할지도 모릅니다. 나가면 '이렇게 좋은 세상도 있었네' 싶다가 집에 오면 '아이고 내가 정신차려야 되겠다' 싶지는 않으십니까? 그렇다면 회개하십시오.

의인 10명이 없는 연고로

롯은 기도하고 말씀 보는 일에는 게으르면서 소돔 고모라에서 노는 일은 너무도 좋아했습니다. 그러니까 자력할 수 있는 힘을 키우지도 못한 채 평생 큰아버지의 신세를 지는 사람이 됩니다. 롯에게는 소돔 고모라를 변화시킬 수 있는 능력이 없습니다.

사람은 크게 네 가지 유형으로 나눌 수 있습니다. 첫 번째로 자기는 그만 두고라도 남까지 타락시키는 사람입니다. 자기 혼자 죄 지으면 괜찮은데 다른 사람까지 여기저기 끌고 들어가서 죄를 짓게 합니다. 두 번째는 자기 혼자 살짝살짝 죄를 짓는 사람입니다. 세 번째는 자기 혼자만 지키면서 사는 사람입니다. 그저 자기 혼자 죄 짓지 않고 사는 사람입니다. 네 번째는 남까지 지킬 힘이 있는 사람입니다. 자기는 말할 것도 없고 남까지 구원하는 사람입니다. 그렇다면 여러분들은 몇 번째에 속합니까? 여러분의 현주소는 어디입니까?

하나님의 백성이라면 마땅히 예수님으로 세상을 변화시켜야 합니다. 그런데 나는 변화되지 않으면서 어찌 세상을 변화시킨다는 말입니까? 세상을 변화시키기 전에 내가 먼저 변화되어야 합니다. 그러니까 어떤 측면에서 보면 세상을 변화시키는 것보다 더 중요한 것은 내가 변화되는 것입니다. 그런데 롯에게는 전혀 이런 모습을 기대할 수 없었습니다.

롯이 자기 자신을 제대로 알았다면 양보라도 했어야 하는 것 아닙니까? 만일 아브라함이 소돔 고모라에 갔다면 어떻게 되었겠습니까? 마땅히 그 땅을 변화시켰을 것이고 그 땅은 멸망하지 않았을 겁니다. 아브라함이 소돔과 고모라에 갔다면 적어도 저렇게 처참한 불의 심판은 받지 않아도 되었을 겁니다.

한 집안에 정말 믿음 좋은 며느리가 들어오면 시댁식구를 다 구원할 수 있습니다. 하지만 시원치 않은 사람이 들어온다면 쉽지 않습니다. 그러니까 사람이라는 것은 산다고 해서 다 사는 것이 아니라 저마다의 중요한 책임과 의무가 있습니다. 우리는 이것을 깨달으면서 살아야 합니다.

많은 사람들이 소돔 고모라가 망한 이유가 그들의 죄가 많았기 때문이라 알고 있습니다. 하지만 자세히 보십시오. 소돔과 고모라는 죄인이 많아서 심판을 받은 것이 아니라 의인 10명이 없어서 심판을 받았습니다. 그런데 하나님의 심판이 세상에 내려오기 전에 나타나는 마지막 죄는 항상 '간음'입니다. 소돔 고모라 역시 간음으로 망했습니다. 그래서 죄의 최고봉이 바로 간음이라는 말입니다.

형편없이 사는 롯

솔직히 이야기하면 롯도 소돔 고모라가 멸망할 때 함께 죽을 뻔한 사람입니다. 롯의 삶에 대해 오직 베드로만 좋게 평가하고 다른 누구도 좋은 평가를 내리지 않습니다. 다른 사람들은 롯에 대해 아예 언급하지 않거나 아니면 나쁘게 평가하는데 유독 베드로만 하나님이 의로운 롯을 살리셨다고 기록합니다. 물론 베드로가 이렇게 기록하기는 하지만 창세기에 기록된 롯을 보면 의롭다고 평하기에는 여러 면으로 무리가 많습니다. 그렇다면 롯만 어리석은 삶을 살았습니까? 어리석은 인생을 산 것이 남의 이야기입니까? 남 이야기 할 것이 없는 게 내 안에도 롯과 같은 모습이 얼마든지 있다는 겁니다. 그러니 우리가 누구를 비난하고 정죄하겠습니까?

창세기 19장 5절을 보십시오.

> 롯을 부르고 그에게 이르되 이 저녁에 네게 온 사람이 어디 있느냐 이끌어 내라 우리가 그들을 상관하리라

이 말씀의 정확한 뜻을 아십니까? 어떤 상황에서 이런 말씀이 기록되었는가 하면 천사들이 롯의 집에 옵니다. 그러니까 소돔 고모라 사람들이 와서는 그 천사들을 내놓으라고 합니다. 이때 '상관한다' 는 단어가 사용됩니다. 이렇게 번역하니까 그 의미가 정확하게 전달되지 않는데 좀더 노골적으로 표현하자면 '천사들 좀 달라, 우리하고 연애 좀 하자' 이 뜻입니다. 다시 말해서 동성연애 좀 해보자는 말입니다. 그러니 좀더 노골적으로 적어보자면 "천사들을 내놓아봐라 그 천사들과 동성연애 좀 하게" 이렇습니다. 이렇게도 소돔과 고모라는 타락했습니다. 객지 사람 누구 하나 오면 벌떼같이 달라붙어서 그 사람과 연애하는 도시가 바로 소돔 고모라였습니다.

그때 롯이 뭐라고 말하는지 아십니까? 이 또한 기가 막힙니다.

> 내게 남자를 가까이 아니한 두 딸이 있노라 청컨대 내가 그들을 너희에게로 이끌어 내리니 너희 눈에 좋은 대로 그들에게 행하고 이 사람들은 내 집에 들어왔은즉 이 사람들에게는 아무 짓도 하지 말라 (창 19:8)

아버지로서 내놓는 해결책이 이것입니다. 천사 지키겠다고 딸을 창녀로 만들겠다니 말이 됩니까? '너희 눈에 좋은 대로 하라' 니 무슨 말입니까?

자기 딸을 갖고 싶은 대로 가지고 놀라는 말 아닙니까?

더군다나 롯의 딸들에게는 이미 정혼한 남자들이 있었습니다. 나중에 소돔 고모라가 멸망할 때 롯이 나오자고 하지만 사위들이 장인의 말을 듣지 않습니다. 제가 생각해도 자명한 결과입니다. 장인의 소행이 이랬는데 어찌 그의 말을 믿을 수 있겠습니까? 그런데 이런 롯을 베드로는 왜 의롭다고 했는지 도대체 이해가 되지 않습니다.

어찌 되었든 창세기에 나타난 롯은 형편없는 사람이었습니다. 아니 어찌 천사 지키겠다고 딸을 창녀로 만든단 말입니까? 그런데 중요한 것은 어떻게 롯이 그렇게 생각을 할 수 있었는가 하는 점입니다. 그것이 바로 소돔 고모라의 문화, 삶의 스타일이었다는 겁니다. 우리로서는 그렇게 말하는 롯이 도무지 이해가 되지 않지만 그 땅에 사는 사람들에게는 통하는 말입니다. 그런 사람들이 모여서 사는 땅이 소돔 고모라이기 때문입니다. 그러니 객지에서 천사가 왔을 때 그 천사하고 동성연애 한번 하자고 하는 판에 뭔들 못하겠습니까? 도무지 지킬 것도 없고 질서도 없었던 땅입니다.

사실 지역마다 저마다의 문화적 차이는 있을 수 있습니다. 미국 사람인 경우는 조금의 친분 관계만 있으면 서슴지 않고 양 볼에 뽀뽀를 합니다. 그것이 반가움의 표시이고 인사입니다. 그런데 우리로서는 도무지 이해가 되지 않습니다. 만일 우리나라에서 그렇게 한다면 배우자들이 가만히 있지 않을 것입니다. 어떤 사람은 '저 사람이 제정신인가?' 생각할지도 모릅니다. 그래도 여기까지는 문화적인 차이라고 억지로 이해합시다.

그런데 소돔 고모라는 이 정도가 아닙니다. 아버지가 딸을 내줄 테니 너희들 눈에 좋은 대로 마음대로 하라고 합니다. 그러니 소돔 고모라가 멸망할 것이니 이 땅을 뜨자고 할 때 사위들이 장인의 말을 들을 리가 없습니다. 왜 그렇습니까? 지금까지 롯은 사위들에게 말이 먹히지 않을 정도의 삶을 살았다는 증거입니다.

남편이 아무리 큰소리를 쳐도 여자가 듣지 않는다면 이미 남편의 권위를 잃어버렸다는 증거입니다. 부모가 아무리 소리를 질러도 아이들이 꿈쩍도 하지 않는다면 부모로서의 권위가 이미 상실되었다는 뜻입니다. 그렇다면 여러분의 가정을 돌아보십시오. 여러분의 말에는 과연 권위가 있습니까? 여러분이 큰소리치면 겉으로야 듣는 척하지만 속으로는 비웃지 않는가 이 말입니다. 그것은 말의 내용이 문제가 아니라 그 사람의 삶이 비웃음거리였기 때문입니다. 그렇게 사는 사람의 말이라면 들을 필요도 없다 뭐 이런 것입니다.

삶 자체를 권위 있게 산다면 달라집니다. 구태여 말을 하지 않고 눈빛만 보여도 그 눈빛에 따라줍니다. 조심합니다. 그러니 큰소리 칠 것도 없습니다. 내가 먼저 무게 있게 살았다면 나지막한 소리로 "나는 그런 것 싫어합니다"라고만 말해도 그 말의 뜻을 받아주기 마련입니다. 그런데 말에 권위가 없는 사람은 "그것 하기만 해봐라. 다리몽둥이를 부러뜨릴 것이니"라고 강하게 말해도 도무지 먹히지 않습니다. 속으로 '그럼 네 다리는 편할 줄 아냐?' 이렇게 말합니다.

중보기도의 덕으로 살게 되는 롯

롯이 이나마 사는 것이 무엇 때문인 줄 아십니까? 아브라함의 중보기도 덕분입니다. 롯은 축복도 큰아버지에게 붙어서 받더니 급기야 기도까지 얹혀서 받습니다.

돈이 없다면 그거야 빌려서 산다고 칩시다. 하지만 기도는 얼마든지 할수 있지 않습니까? 마찬가지입니다. 여러분이 경제적으로 넉넉하지 못해서 다른 사람에게 물질적인 도움은 주지 못한다 하더라도 그 사람을 위해서 기도는 얼마든지 해줄 수 있지 않습니까? 롯이 어느 정도 수준만 있었다면 "하나님, 우리 아브라함 큰아버지 축복해주세요. 내가 이렇게 행복하게 사는 것도 다 큰아버지 덕입니다"라고 기도할 수 있었을 겁니다. 이것이 마땅한 도리입니다. 그런데 롯은 그렇지 못합니다. 큰아버지에게 물질적인 도움을 받더니 결국 큰아버지의 중보기도로 목숨을 유지합니다.

남에게 신세지면서 사는 사람들을 보면 한두 가지 신세로 그치는 것이 아닙니다. 반대로 남에게 도움을 주는 사람을 보아도 한두 가지 도움만 주고 사는 것이 아닙니다. 기도도 주고 물질도 주고 키워주기도 합니다. 그런데 반대로 받는 사람을 보면 기도도 받고 물질도 받고 키움도 받습니다.

그렇다면 여러분의 인생은 아브라함의 인생입니까, 롯의 인생입니까? 설령 오늘까지 롯과 같은 인생으로 살았을지라도 오늘 이후로 은혜 받고 아브라함 같은 인생으로 변화되시길 바랍니다. 물론 쉬운 일은 아닙니다. 좀더 정확하게 말하자면 아주 어렵습니다. 이를 악 물고 굳게 결심하지 않는다면 도무지 삶은 변화하지 않습니다. 자기 자신을 변화시킨다는 것이 얼마나 어려운지 모릅니다. 몸부림친다고 해서 되는 일이 아닙니다. 혹시 여러분 안에는 좋지 못한 삶의 습관들은 없습니까? 몇 년 전부터 고치겠다고 숱하게 노력했지만 잘되지 않는 부분들은 없습니까? 한 인간이 변화된다는 것은 어렵고 힘든 일입니다. 롯을 보아도 그렇습니다.

여러분에게 물질이 없어 다른 사람을 물질적으로는 도와줄 수 없을지라도 중보기도로 도와주는 사람이 되시길 바랍니다. 지난 말이지만 롯이 아브라함을 위한 기도를 했다면 얼마나 좋았겠습니까? 하지만 롯은 아브라함에게 물질로도 도움을 주지 못하고 기도로도 도움을 주지 못하고 오히려 평생 동안 도움을 받습니다.

　그렇다면 여러분은 받는 기도가 많습니까, 주는 기도가 많습니까? 저는 여러분들이 주는 기도가 많아지는 인생이 되시기를 바랍니다. 나라와 민족을 위해서 기도하십시오. 대통령을 위해서 기도하십시오. 목사님을 위해서 기도하십시오. 아픈 사람들을 위해서 기도하십시오. 남을 위한 기도는 얼마나 말하기도 좋은지 모릅니다. "하나님, 지금 제게 달라는 말이 아닙니다. 그 사람이 얼마나 절실한지 모릅니다. 그러니 좀 채워주십시오." "하나님, 100만원씩 십일조를 할 수 있도록 도와주세요." 이것은 좀 염치없습니다. 하지만 "하나님, 그 집에 십일조 1000만원씩 하게 해주세요. 저 달라는 말이 아닙니다." 이 기도는 훨씬 하기 쉽습니다. 그러니까 중보기도의 위력을 느끼고 싶다면 서로 남을 위한 기도를 한번 해보십시오. '너는 나를 위해서 그렇게 기도해라, 나는 너를 위해서 그렇게 기도하마.' 중보기도의 위력을 경험하는 여러분들이 되시길 바랍니다.

딸과 동침하여 두 아들을 낳는 롯

　그렇게 타락한, 심지어 동성연애까지 공공연히 자행되던 소돔 고모라가 멸망할 때 그 땅을 떠나 살게 되는 사람이 모두 몇 명입니까? 롯, 롯의 처, 그리고 두 딸들 이렇게 모두 네 명입니다.(그나마 롯의 부인은 실격하고 맙니다.) 사위들은 롯이 함께 나오자고 할 때 따라나서지 않습니다.

　　롯이 나가서 그 딸들과 정혼한 사위들에게 고하여 이르되 여호와께서

이 성을 멸하실 터이니 너희는 일어나 이곳에서 떠나라 하되 그 사위들
이 농담으로 여겼더라 (창 19:14)

롯의 이야기는 콩으로 메주를 쑨다고 해도 믿을 수 없다고 여겼기 때문
입니다. 이미 롯은 사위들에게 실없는 사람이 되어버리고 말았습니다.

또 안타까운 것은 롯의 처입니다. 미련을 버리지 못하고 뒤를 돌아보다
가 소금 기둥이 되고 맙니다.

롯의 아내는 뒤를 돌아본 고로 소금 기둥이 되었더라 (창 19:26)

일단 신랑 말을 듣고 따라 나서기는 하는데 못내 아쉬워서 뒤를 돌아보
다가 결국 소금 기둥이 되었다는 말입니다. 그러니 얼마나 안타깝습니까?
그런데 제가 더 안타까운 것은 지금 이 땅에도 롯의 부인과 같은 사람이 많
다는 사실입니다. 주님이 지금 오시어 이리 올라오라고 한다면 따라 올라
갈 사람도 있겠지만 이 세상에 대한 미련으로 올라가다가 떨어질 사람들
도 상당히 많다는 것이 더욱 안타깝다는 말입니다.

겨우 롯과 그 딸들은 살아남습니다. 그런데 기막힌 일이 벌어집니다.

우리가 우리 아버지에게 술을 마시우고 동침하여 우리 아버지로 말미
암아 인종을 전하자 하고 (창 19:32)

그 와중에 롯이 술을 어떻게 들고 나갔는지 나가자마자 롯이 술을 마셨
다는 기록이 있습니다.

그 밤에 그들이 아비에게 술을 마시우고 큰딸이 들어가서 그 아비와
동침하니라 그러나 그 아비는 그 딸의 눕고 일어나는 것을 깨닫지 못하
였더라 (창 19:33)

어떻게 이런 사고방식을 가질 수 있을까요? 이것이 바로 소돔 고모라 스타일입니다. 소돔 고모라에서는 흔히 있을 수 있던 일입니다.

결국 롯의 딸들은 아버지에게 술을 드시게 한 후 아버지와 동침하여 아기를 낳습니다. 그럼 그 아기를 뭐라고 불러야 합니까? 이 집안의 촌수가 무지하게 복잡해집니다. 어머니도 아버지라고 그러고 아들놈도 또 아버지라고 부르고 촌수가 아주 개판입니다. 그렇게 해서 나온 사람이 모압이고 또 그렇게 해서 나온 사람이 벤암미(암몬 족속의 조상)입니다.

그런데 이런 잘못은 그때로 그치는 것이 아닙니다. 이들이 이스라엘 대대의 원수가 되어버리고 맙니다. 싸웠다 하면 암몬과 모압입니다. 만들지 말았어야 할 자식을 만든 결과입니다.

이처럼 인생은 역사성을 가지고 있습니다. 한번 지나간다고 해서 그것으로 끝나는 것이 아닙니다. 계속 이어집니다. 저 복잡한 이스라엘의 역사를 보십시오. 롯의 두 딸들이 이스라엘 대대의 원수의 불씨를 만들어내지 않습니까?

아버지를 일찍 여의게 된 롯은 계속해서 큰아버지의 신세를 지고 삽니다. 도무지 삶의 스타일을 바꾸지 못합니다. 롯의 실패한 인생을 통해 우리는 뭔가 깨달아야 합니다. 여러분은 쉽게 다른 사람의 신세를 지고 사시지는 않습니까? 이것부터 끊으십시오. 구차하게 신세지면서 살지 맙시다. 롯을 통해서 삶의 결단을 내리고 변화된 새생활로 돌아서는 여러분들이 되시길 바랍니다. 이 말씀이 여러분들에게 큰 도전이 되어 삶의 변화가 일어나고 변화된 삶 가운데 또 다른 변화를 창출해내는, 그래서 인생이 선순환되기를 주의 이름으로 부탁드립니다.

VIII

삭개오

VIII 삭개오

인자의 온 것은 잃어버린 자를 찾아 구원하려 함이니라 〈누가복음 19장 10절〉

이름의 뜻 순결, 정의, 정결한 자

구원의 기회를 잘 만난 삭개오

히브리서 11장 1절부터 40절을 보면 대단한 믿음의 사람들이 16명 나옵니다. 저는 개인적으로 그 안에 삭개오도 들어가면 좋겠다는 생각입니다. 물론 삭개오가 대단한 사람이라서 그런 생각을 하는 것은 아닙니다. 그가 구원받은 삶의 모습과 과정이 우리에게 참으로 많은 교훈을 주기 때문입니다. 모쪼록 오늘을 사는 사람들이 삭개오처럼 구원받기를 바라는 마음으로 삭개오를 공부하고자 합니다.

삭개오의 이름의 뜻은 '정결한 자'입니다. 정결한 자라, 이름이 참 좋습니다. 다시 말해서 삭개오는 태어날 때부터 남들에게 정결한 자라고 불렸습니다. 그런데 성경 속에 나오는 인물들을 보면 그들의 삶과 이름 사이에 묘한 상관관계가 있습니다. 분명히 이름은 태어날 때 짓습니다. 이름을 먼저 짓고 그 사람이 사는데 성경 속의 인물들을 가만히 보면 꼭 다 산 다음에 죽을 때 그의 삶을 놓고 이름을 지은 것처럼 이름에 걸맞게 사는 사람들이 너무도 많습니다. 대부분의 사람들이 다 이름대로 삽니다. 그런 이유로 저는 이름을 잘 지어야 한다는 생각입니다. 삭개오도 마찬가지입니다. 분명히 삭개오라고 이름을 먼저 짓고 살았는데 꼭 그의 삶이 정결했기 때문에 나중에 삭개오라고 이름지은 것 같다는 겁니다.

삭개오가 예수님을 만나서 구원을 받는 과정을 보면 우리에게 얼마나 큰 은혜가 되는지 모릅니다. 삭개오가 예수님을 만난 장면은 누가복음 19장에 나옵니다. 누가복음은 모두 24장으로 되어 있으니까 19장에서 24장까지 가려면 5장 남았습니다. 그나마 이 5장도 대부분은 예수님의 수난이 기록되어 있습니다. 그러니까 누가복음을 마무리하는 시점에서 예수님은 여리고를 지나가다가 삭개오를 만나십니다. 그러니 삭개오야말로 구원의 기회를 참 잘 만난 사람입니다.

목회를 하면서 많은 사람들을 만나다 보면 되는 사람이 있는가 하면 반대로 도무지 되지 않는 사람도 있습니다. 되는 사람의 공통점을 살펴보면 그렇게 타이밍이 잘 맞을 수가 없습니다. 아무리 어려워 보일지라도 좋은 기회를 만나 기사회생합니다. 그런데 반대로 잘 안되는 사람들은 자꾸 타이밍이 어긋납니다. 아무리 기회를 잡으려고 따라다니고 애를 쓰지만 도무지 되지 않습니다. 그래서 그 사람 가운데 하나님이 역사하시는지 아닌지를 알려면 타이밍을 보면 됩니다. 하나님은 '때'를 맞추어서 역사하시는 분이기 때문입니다. 중요한 말씀입니다.

모세를 봅시다. 하필이면 모세가 강물에 버려지던 그 날 바로의 딸이 목욕을 하러 오지 않습니까? 어제 왔어도 소용이 없고 매일 목욕하러 왔을지라도 그날 오지 않았다면 아무런 소용이 없는데 딱 그날, 때를 맞추어 목욕하러 옵니다. 그렇다면 과연 여러분의 인생은 어떻습니까? 여러분은 때에 맞는 하나님의 역사하심을, 인도하심을, 섭리하심을 느끼면서 사십니까?

　모세가 아무리 장성했을지라도 이스라엘이 노예가 아니어서 백성을 인도해낼 필요가 없었다면, 다시 말해서 할 일이 없었다면 구약사에서 모세의 역할은 별반 중요하지 않았을 겁니다. 우리나라만 해도 이순신 장군이 아무리 명장일지라도 나라가 평안할 때 태어났다면 그는 아무 일도 못하고 죽었을 겁니다.

　이처럼 하나님은 때를 맞추어서 역사하십니다. 삭개오는 지금 이렇게 자신의 삶 한가운데 하나님이 역사하신다는 것을 모르고 살아갑니다. 하지만 성경 전후 문맥을 살펴보면 삭개오의 삶 속에서 아주 기막히게 때를 따라 역사하시는 하나님을 만날 수 있습니다.

　그렇습니다. 우리의 인생에서도 정말 놓치면 안되는 때가 있습니다. 우리는 어떤 때를 놓치면 안됩니까? 돈 버는 기회? 그것은 차라리 괜찮습니다. 결혼할 기회? 물론 결혼도 다 때가 있기는 하지만 그것도 차라리 괜찮습니다. 공부할 기회? 물론 때가 있습니다. 하지만 그것도 차라리 괜찮습니다. 인생에서 정말 놓치면 안되는 때가 있는데 그것은 바로 은혜 받을 기회, 구원받을 기회입니다. 이 기회는 정말 놓치면 안됩니다.

　돈이야 있으면 살아가는 데 좀 편리하고 없으면 다소 불편할 뿐이지, 우리의 생사를 좌우하지는 않습니다. 공부도 마찬가지입니다. 물론 공부할 때 공부를 잘한다면 얼마나 좋겠습니까? 하지만 생각해보면 여러분들이 공부를 잘 해서 이렇게 잘 살고 있습니까? 때론 공부 못하는 사람들이 오히려 더 잘사는 경우도 많습니다. 확률적으로는 공부 잘하는 사람들이 잘 살지만 그렇다고 공부 못했다고 해서 다 못사는 것은 아닙니다. 제때 결혼하는 것도 중요합니다. 하지만 때로는 늦게 결혼해서 진짜 괜찮은 사람 만날 수도 있습니다.

그런데 구원만큼은 다른 문제입니다. 구원은 편리한가, 불편한가의 문제가 아닙니다. 사느냐 죽느냐 하는 문제보다도 더 큰 문제입니다. 내가 이 땅에 태어나기를 잘 했는가, 차라리 태어나지 않는 것이 더 좋을 뻔했느냐 이것을 결정해주는 것이 바로 구원입니다. 그러니까 은혜 받을 때가 있다면 양보하지 말고 받으십시오. 그리고 구원의 확신 안에서 살아가기를 바랍니다.

은혜 받을 만한 자 삭개오

삭개오의 이름의 뜻이 뭐라고 했습니까? '정결한 자'. 제가 삭개오의 삶을 가만히 연구해보니까 그는 정말 이름대로 그렇게 정결하게 살았습니다. 당시 여자 죄인 중에 최고의 죄인은 창기였고 남자 죄인 중에 최고로 나쁜 사람은 세리였습니다. 다시 말해서 여자 중에 지옥의 대표적 주자가 창기이고 남자 중에서 지옥의 대표적 주자가 세리였다는 말입니다. 그러니 당연히 세리였던 삭개오는 사람들로부터 인정을 받지 못했습니다.

그런데 주님은 이 둘을 일컬어 그들이 오히려 더 천국에 가깝다고 하십니다. 여기에서 우리는 놀라운 사실을 하나 발견할 수 있습니다. 주님의 견해는 우리의 고정관념, 사고방식과는 180도 다를 수 있다는 사실입니다. 그렇습니다. 여러분의 판단은 절대로 온전하지 않습니다. 이 사실을 절대적으로 깨달으십시오. 그러니까 자신의 판단을 기준으로 삼아 누구는 그렇다, 누구는 옳다, 누구는 그르다 이렇게 판단하면서 살지 마십시오. 여러분의 관점과 하나님의 관점은 얼마든지 다를 수 있다는 사실을 잊지 마십시오. 그렇습니다. 당시 사람들이 삭개오를 보는 관점과 하나님께서 삭개오를 바라보시는 관점은 상당히 달랐습니다.

그럼 왜 그 당시 이스라엘 사람들은 세리를 악의 선두주자로 보았을까요? 이스라엘은 로마의 식민지 하에 있었습니다. 그런데 로마가 직접 이스라엘을 다 다스리지 못합니다. 그러니까 구역마다 지도자를 세우고는 그 사람들을 통해서 간접적으로 다스렸습니다. 이렇게 세워진 지도자들은 이스라엘 사람들 중 몇 명을 세리로 정해서 세금을 걷도록 했습니다. 그렇게 걷힌 세금은 일부는 로마에 상납하고 나머지는 자치활동을 할 때 사용했습니다. 그런데 상식적으로 생각해볼 때 세리들이 걷어야 하는 돈만 걷었겠습니까? 당시 세리들은 정해진 금액보다 많은 돈을 세금으로 걷어들였습니다. 그래서 일정액은 상납하고 나머지는 자신들의 주머니로 슬쩍 집어넣었습니다. 때문에 대부분의 세리장들은 아주 넉넉하게 살았습니다.

하지만 그들이 그렇게 넉넉하게 살 수 있었던 돈의 출처가 무엇입니까? 부정직하게 빼앗은 동포들의 돈을 가지고 그들은 호의호식하면서 살았다는 겁니다. 그러니 이스라엘 민족에게 있어 세리들은 당연히 나쁜 놈들, 백성의 피를 빨아먹는 놈들, 로마에 붙어서 아부하고 사는 놈들이었습니다.

그런데 이런 일을 하던 삭개오는 정결한 삶을 살았다는 겁니다. 저는 이렇게 생각합니다. 얼마든지 의인 속에 죄인이 있을 수 있고 죄인 속에 의인이 있을 수 있습니다. 물론 예수님을 만나기 전 삭개오의 품성에 이견들이 많습니다. 혹자는 그가 예수님을 만나서 회개하면서부터 정결한 자가 되었다고 합니다. 또 어떤 사람들은 삭개오는 본래부터 정결한 자였다고 합니다. 처음에는 저도 이것이 궁금했습니다. 삭개오가 원래는 나쁜 놈이었는데 예수님을 만나서 정결해진 것인지, 아니면 예수님을 만나기 전부터도 정결한 자였는지. 여러분은 어떻게 생각하십니까? 저는 이 말도 일리가 있고 저 말도 일리가 있게 여겨졌습니다.

　이런 고민을 가지고 말씀을 묵상하던 중 출애굽기 33장 19절을 읽으면서 깨달은 것이 하나 있습니다.

> …나는 은혜 줄 자에게 은혜를 주고 긍휼히 여길 자에게 긍휼을 베푸느니라

　그런데 인생을 살면 살수록 그 말씀 안에 너무도 소중한 원리가 숨어있음을 고백합니다. 목사 된 심정으로 제가 간절히 바라는 것이 있다면 모든 성도들이 은혜 안에 거하는 겁니다. 성도님들이 은혜를 받기만 하면 얼마나 좋겠는가 하는 심정 하나로 강단에 섭니다. 어떤 때는 성대가 상할 정도로 소리도 지르는가 하면 때론 원맨쇼를 자청해서 하기도 합니다.

　그런데 이렇게까지 해도 간혹 은혜 받지 못하는 사람들이 있습니다. 처음에는 저의 책임이라고 생각했습니다. 하지만 지금은 그렇게 생각하지 않습니다. 제 영역에서 벗어난 문제입니다. 물론 모든 사람들이 은혜를 받지 못한다면 전적으로 제 문제입니다. 하지만 같은 장소에서 함께 있는 사람들은 은혜 받는데 간혹 받지 못하는 사람이 있다면 그것은 제 문제만은 아니라는 생각입니다. 물론 제가 더 은혜가 많다면 그 사람까지도 은혜를 받을지 모르겠습니다. 하지만 아무리 노력해도 은혜를 받지 못하는 사람이 있습니다.

　그런데 생각해보면 예수님도 은혜의 사신이었지만 그의 제자 가운데는 은혜 받지 못한 가룟 유다가 있지 않습니까? 그러니까 여러분이 은혜를 받지 못한다면 괜히 강사 탓만 하지 말고 내 탓도 한번 해보자는 겁니다. 그

리고 또 하나, 하나님은 아무에게나 은혜를 주시지 않는다는 것을 깨달았습니다. 하나님의 은혜를 받는 사람들을 보면 정말 은혜 받을 만한 자였습니다. 바꿔 말하면 하나님은 은혜 받을 행동을 한 사람에게 은혜를 주시더라는 말씀입니다.

당시 세리가 삭개오 하나뿐이었겠습니까? 많았습니다. 그런데 이렇게 많은 사람들 가운데 왜 유독 삭개오에게 주님의 구원이 임했겠습니까? 그 악한 세리의 무리들 속에서 삭개오를 바라보시는 하나님의 기준이 있지 않았겠는가 생각합니다.

아무리 흉악한 강도의 무리일지라도 그 안으로 들어가보면 착한 강도도 있고 나쁜 강도도 있습니다. 강도라고 해서 다 같지 않습니다. 영화를 봐도 아이까지 잡아오는 흉악한 범죄자가 있는가 하면 아이는 살살 풀어주는 최소한의 양심을 지닌 범죄자도 있습니다. 도둑질을 해도 어떤 사람은 주인 없을 때 몰래 들어와서 물건만 살짝 가지고 갑니다. 하지만 어떤 사람은 물건은 물론이고 자고 있는 여자까지 깨워서 성폭행까지 저지릅니다. 그러니 도둑질이라는 죄는 같지만 그 죄의 질이 다릅니다.

이처럼 죄인도 그 질이 다르다는 말입니다. 죄악된 세리의 무리 속에 있는 삭개오에게 주님께서 은혜를 주신 것을 보면 분명 삭개오 안에 있는 착한 성품을 보셨기 때문이라는 말입니다. 세상 모든 사람들은 삭개오를 죄인이라고 판단하고 더 이상 여지를 두지 않았지만 하나님은 분명 사람들과는 다르게 바라보시는 뭔가 기준이 있었다는 겁니다.

회개하는 삭개오

그 다음으로 우리가 살펴볼 것은 삭개오의 회개 내용입니다.

> 내 소유의 절반을 가난한 자들에게 주겠사오며 만일 뉘 것을 토색한
> 일이 있으면 사배나 갚겠나이다 (눅 19:8)

삭개오는 자신의 재산 중 무조건 절반을 떼어 가난한 자에게 주겠다고 합니다. 이것이 쉬운 일입니까? 여러분은 이렇게 할 수 있습니까? 정말 어려운 일입니다.

얼마나 어려운가에 대해 입증할 만한 사건이 성경에 있습니다. 여러분은 예수님께 와서 영생에 대해 묻던 부자 청년을 기억하십니까? 그가 예수님에게 와서 이렇게 묻습니다.

> 선한 선생님이여 내가 무엇을 하여야 영생을 얻으리이까 (눅 18:18)

주님은 이렇게 대답하십니다.

> 네가 계명을 아나니 간음하지 말라, 살인하지 말라, 도적질하지 말라,
> 거짓증거하지 말라, 네 부모를 공경하라 하였느니라 (눅 18:20)

그러자 관원은 이렇게 대답합니다.

> 이것은 내가 어려서부터 다 지키었나이다 (눅 18:21)

그때 주님이 말씀하십니다.

> 네가 오히려 한 가지 부족한 것이 있으니 네게 있는 것을 다 팔아 가난
> 한 자들을 나눠 주라 그리하면 하늘에서 보화가 네게 있으리라 그리고

와서 나를 좇으라 (눅 18:22)

이 관원은 어려서부터 모든 계명을 지킬 정도로 계명을 지키는 것이 체질화된 사람이었습니다. 그런 사람이었지만 재산을 팔아서 가난한 사람을 나누어 주라시는 말씀에 그는 근심하며 돌아갔다고 기록되어 있습니다. 자신의 재물을 팔아서 가난한 사람에게 준다는 것은 이렇게 어렵습니다. 근심하며 돌아가는 부자 관원을 보면서 주님은 말씀하십니다.

재물이 있는 자는 하나님의 나라에 들어가기가 어떻게 어려운지 약대가 바늘귀로 들어가는 것이 부자가 하나님의 나라에 들어가는 것보다 쉬우니라 (눅 18:24, 25)

주님의 말씀을 듣는 순간 평소에 이에 관해 궁금했던 베드로가 잘되었다 싶어 이렇게 대뜸 묻습니다.

누가 구원을 얻을 수 있나이까 (눅 18:26)

그때 예수님께서 이런 말씀을 하십니다.

이르시되 내가 진실로 너희에게 이르노니 하나님의 나라를 위하여 집이나 아내나 형제나 부모나 자녀를 버린 자는 금세에 있어 여러 배를 받고 내세에 영생을 받지 못할 자가 없느니라 하시니라 (눅 18:29, 30)

그런데 같은 사건을 기록하고 있는 마가복음에는 이런 말씀이 덧붙여있습니다.

예수께서 둘러 보시고 제자들에게 이르시되 재물이 있는 자는 하나님의 나라에 들어가기가 심히 어렵도다 하시니 제자들이 그 말씀에 놀라는

지라 예수께서 다시 대답하여 가라사대 얘들아 하나님의 나라에 들어가기가 어떻게 어려운지 약대가 바늘귀로 나가는 것이 부자가 하나님의 나라에 들어가는 것보다 쉬우니라 하신대 제자들이 심히 놀라 서로 말하되 그런즉 누가 구원을 얻을 수 있는가 하니 예수께서 저희를 보시며 가라사대 사람으로는 할 수 없으되 하나님으로는 그렇지 아니하니 하나님으로서는 다 하실 수 있느니라 (막 10:23-27)

하나님은 다 하실 수 있다는 것이 참으로 중요한 말씀입니다. 약대가 바늘구멍으로 들어가지 못하는 것처럼 부자 역시 천국에 갈 수 없지만, 하나님은 하실 수 있다는 것이 바로 포인트입니다. 그런데 많은 사람들은 부자가 천국 가는 것이 어렵다는 말씀에 포인트를 둡니다. 심지어 어떤 사람들은 이렇게 오해를 하기도 합니다. "부자, 천국 가기 어렵대. 주여 가난하게 하심을 감사합니다." 그렇다면 가난한 사람은 다 천국에 갑니까? 그렇지 않습니다. 아전인수(我田引水)격으로 성경을 보지 마십시오. 가난에도 종류가 있고 부자에도 종류가 있습니다. 부자 중에도 나쁜 부자가 있는가 하면 좋은 부자도 있습니다. 가난한 사람 중에도 착하고 정직하게 살다 보니 가난하게 된 사람도 있지만 못되게 살면서도 정신 차리지 못해서 가난한 사람이 얼마든지 있습니다. 예수님께서 이 말씀을 통해 말씀하시고자 하는 포인트는 바로 '하나님은 하실 수 있다'입니다.

이처럼 어릴 때부터 계명을 다 지킨 사람도 행하기 어려운 것이 바로 자신의 재산을 팔아서 가난한 사람을 주는 겁니다. 우리 속담에 이런 말이 있지 않습니까? "개 같이 벌어서 정승 같이 쓴다!" 얼핏 들으면 맞는 말 같습니다. 하지만 저는 이 속담이 틀린 말이라고 봅니다. 살아보니까 개같이 번 돈은 개같이 쓰고 정승같이 번 돈은 정승같이 씁니다. 좋은 곳에 많은 돈을 기부하는 사람들을 보면 강원도 카지노에서 대박이 터진 돈 같은 것이 아닙니다. '평생 50년 동안 김밥을 말아서 번 돈 30억을 재단에 기부했다' 이런 사람은 있습니다. 하지만 고스톱을 쳐서 하룻밤에 10억을 벌어서 그중 5억을 내놓았다는 말은 들은 적이 없습니다. 그렇게 내놓을 사람이라면 그런 짓을 하지도 않습니다.

좀더 영적으로 들어가면 심오한 뜻이 숨겨있습니다. 악한 방법으로 돈을 벌었다면 그렇게 벌게 한 놈이 그 돈을 선하게 쓰도록 가만히 놔두지 않습니다. 선하게 돈을 벌게 하신 그이가 선하게 쓰게 하십니다. 때문에 우리는 돈을 벌어서 좋은 일 하겠다고 각오하기 전에 먼저 깨끗한 영으로 선하게 벌어야 합니다. 더러운 영을 가지고 악하게 번 돈은 선하게 쓰이지 않기 때문입니다. 이런 말씀들을 근거로 했을 때 삭개오가 이렇게 회개하는 것을 보면 당시의 세인들이 생각한 것처럼 그렇게 나쁜 사람은 아니었을 거라는 점입니다.

모세가 하나님의 규정대로 성막을 지으려고 합니다. 그러자니 많은 양의 금이 필요했습니다. 그래서 사람들에게 가지고 있는 금을 가지고 오라고 합니다. 그러니까 사람들이 금을 가지고 옵니다. 그것을 가지고 성막을 짓습니다. 그런데 그때 백성들이 가지고 온 금을 보면 반지, 목걸이 뭐 이렇습니다.

그런데 신기한 것은 모세가 성막을 짓기 전 시내산에서 계시를 받을 때 아론이 밑에서 "우리를 인도하는 신을 우리가 만들자"고 하면서 금송아지를 만듭니다. 그런데 그때 금을 가지고 오라고 하니까 백성들이 가지고 온 것이 뭔지 아십니까? 금 귀걸이입니다. 정말 신기하지 않습니까? 집회인도를 하다 보면 많은 사람들이 헌물을 드립니다. 금반지, 황금 열쇠, 금목걸이를 드리는데 아직까지 금 귀걸이를 헌물로 드리는 것은 보지 못했습니다.

어찌 되었든 삭개오는 회개를 하고 결단하면서 자신의 소유 절반을 팔아서 가난한 사람에게 주겠다고 합니다. 이것을 미루어 볼 때 최소한 그의 돈은 불의하게 번 것은 아니지 않겠는가 하는 생각입니다.

이것으로 끝나는 것이 아닙니다. 남의 것을 토색한 것이 있다면 네 배로 갚겠다고 합니다. 자기의 힘을 이용해서 남의 돈을 강제로 빼앗는 것을 '토색' 이라고 합니다. 그렇다면 삭개오의 재산을 한번 계산해봅시다. 이미 절반은 쓸 곳이 정해졌습니다. 그런데 나머지 절반을 가지고 남의 것을 토색한 것이 있다면 네 배로 갚겠다고 합니다. 그러니 삭개오의 전 재산을 가지고 계산할 때 8분의 1만 토색했어도 그는 빈털터리가 되고 맙니다. 이 말은 뭘 입증합니까? 자기는 그렇게 토색하면서 살지 않았다는 겁니다. 삭개오는 이런 심정이 있었습니다. '여러분, 세리라고 해서 다 나쁘다고 하지 마세요. 세리 속에도 깨끗한 사람이 있어요, 아이고 이 속을 누가 알아? 하나님이나 아시지.'

우리나라에 흐르는 좋지 못한 분위기가 있습니다. '돈 많은 사람은 곧 나쁜 사람이다.' 이런 말도 되지 않는 등식을 성립시키고 있습니다. 이런 분위기는 결코 바람직하지 않습니다. '돈 많은 사람은 곧 열심히 일해서 성공한 사람' 이런 개념이 생기는 것이 옳습니다. 그런데 돈이 많다고 하면 '어지간히도 도둑질했구만' 뭐 이런 사고방식을 가진 사람들이 많습니다. 옳지 않습니다. 그렇다면 여러분이 부자가 된다면 여러분도 도둑질한 사람이 되는 겁니까? 때문에 '돈이 많은 사람은 곧 열심히 일한 사람', '돈이 많은 사람은 곧 능력이 많은 사람' '돈이 많은 사람은 곧 성실하게 진급한 사람' 이라고 생각하는 것이 옳습니다.

물론 청빈사상은 참 좋은 것입니다. 그런데 깨끗하게 살려고 노력하다 보니 가난하게 된 것이 바로 진정한 청빈이지, 정신 차리지 못해서 가난한 것은 청빈한 것이 아닙니다. 가난해서 사돈의 팔촌까지 돈이나 꾸러 다니는 것이 어찌 훌륭한 것입니까? 그렇다면 돈 많아서 남에게 폐 끼치지 않고 사는 것이 나쁜 거란 말입니까? 그런데 우리 사회에는 언제부터인지 돈이 많은 사람은 나쁜 사람, 남의 돈을 착취한 사람이라고 하는 분위기가 조심스럽게 흐르고 있습니다. 물론 부자이면서도 가난한 사람을 돌보지 않는다면 나쁜 것입니다. 하지만 그가 그렇게 부유하게 되었다는 것은 노력의 결과임을 인정하자는 말입니다.

남의 것을 토색한 것이 있다면 네 배라도 갚겠다고 하는 삭개오를 보면서 혹시 '나는 여러분이 생각하고 있는 것만큼 토색하지 않았다' 는 것을 항변하고자 함이 아닌가 하는 생각이 들었습니다. 때문에 이렇게 강력하게 말할 수 있었던 것입니다. 예수님께서 이런 삭개오의 삶을 종합적으로 보시고 큰 은혜를 주신 것이 아닌가 하는 생각을 합니다. 여러분들에게 부탁합니다. 언제 주님을 만나든지 은혜를 받을 수밖에 없는 정결한 삶을 사십시오. 하나님은 은혜 받을 자에게 은혜를 주신다는 것을 잊지 마시길 바랍니다.

장애를 뚫는 강력한 힘을 가진 삭개오

앞서 언급한 것처럼 삭개오는 기회를 잘 만납니다. 아니 좀더 정확하게 말하면 하나님께서 삭개오에게 기회를 주십니다. 내가 하나님을 만나고 싶다고 해서 하나님이 만나지고, 또 내가 하나님을 만나기 싫다고 해서 하나님을 안 만나고 그런 것이 아닙니다. 하나님께서 친히 자신을 드러내주실 때 우리는 하나님을 만날 수 있고 하나님께서 자신을 감추신다면 우린 하나님을 만날 수 없습니다.

교회도 마찬가지입니다. 내가 가고 싶다고 해서 마음대로 교회에 가게 되고 또 내가 가기 싫다고 해서 마음대로 교회에 가지 않고 그런 것이 아닙니다. 더 깊이 들어가보면 하나님께서 인도하실 때 오지 않을 수 없는 곳이 교회이고 하나님께서 인도하시지 아니하면 올 수 없는 곳이 바로 교회입니다. 은혜의 때도 마찬가지로 내가 은혜 받고 싶다고 해서 받고, 받기 싫다고 해서 거부할 수 있는 것이라고 생각한다면 천만의 말씀입니다. 하나님이 주시고자 할 때 우리는 받을 수 있고 하나님께서 주시지 않는다면 우리가 아무리 받고 싶어도 받지 못합니다.

그러니 우린 아무 일도 자랑할 것이 없습니다. 다 주님의 은혜로 된 것인데 뭘 자랑하겠습니까? 물론 삭개오가 은혜 받을 기회를 놓치지 않은 것도 중요하지만 그보다 앞서 하나님께서 삭개오의 정결한 삶을 보시고 그 기회를 놓치게 하지 아니셨음을 알아야 합니다.

게다가 삭개오는 확실하게 회개를 합니다. 평생을 깨끗하게 계명대로 살았다고 자부하는 부자 관원도 행하지 못한 것을 삭개오는 알아서 자발적으로 합니다. 때문에 삭개오의 업적이 대단한 것은 아니지만 우리에게 많은 도전과 은혜가 됩니다. 여기에 더하여 우리가 삭개오를 통해 배울 것이 있는데 그는 장애를 뚫고 가는 결정적인 힘이 있었습니다. 삭개오는 돈도 많았고 직책도 있었는데 육체적인 흠이 하나 있었습니다. 키가 작았습니다. 사실 키가 작다는 외모 하나만 봐서는 좋지 않아 보이지만 또 나름의 장점도 있습니다. 일단 장신의 사람보다 단신의 사람이 비교적 잘 늙지 않습니다. 그래서 키 큰 장수촌은 별로 없지만 키 작은 사람들이 모여 사는 장수촌은 많다고 합니다. 혹시 여러분들 가운데 키가 작아서 속상한 분이 계시다면 장수하게 됨을 인하여 감사하십시오. 그러니까 키가 작다고 해서 꼭 나쁜 것만은 아닙니다. 하나님께서 어련히 알아서 작게 만드셨겠습니까? 여러분은 조금의 흠도 없는 완제품임을 믿으시고 하나님의 창조의 섭리 앞에 감사하시기를 바랍니다.

키 작은 삭개오에게는 주님을 사모하는 마음이 간절했습니다. 그런데 그 마음 역시 누가 주신 겁니까? 하나님이 주신 마음입니다. 삭개오는 예수님을 만나서 자신의 억울함도 벗기고 또 구원도 받고 싶었습니다. 그러던 차에 마침 예수님께서 여리고로 지나가신다는 소리를 듣습니다. 그래서 가보았습니다. 그랬더니 이미 사람들이 얼마나 많이 모였는지 인산인해를 이룹니다. 구름떼 같은 사람들 속에서 키 작은 삭개오는 어찌 할 바를 모릅니다. 삭개오에게 있어 작은 키는 크나큰 장애가 됩니다. 그런데 삭개오는 기발한 생각으로 장애를 극복해냅니다. 뽕나무 위로 올라갑니다.

많은 사람들이 뽕나무 위로 올라간 삭개오는 알지만 또 하나 알아야 할 것을 모르는 게 있습니다. 삭개오의 사회적인 위치가 어떻게 됩니까? 지금으로 말하자면 세무서 평직원 정도가 아니라 세무장급 인사입니다. 다시 말해서 기관장에 준하는 사람이라는 겁니다. 그런데 이런 자리에 있는 사람이 체면 불구하고 나무 위로 올라갔습니다.

그렇습니다. 예수님을 만나려면 먼저 장애를 극복해야 합니다. 그리고 장애를 극복하기 위해서는 먼저 자존심을 버려야 합니다. 많은 사람들이 은혜의 문턱에서 주저앉습니다. 그런데 그들이 공통적으로 하는 말이 바로 "체면이 있지"입니다. 이놈의 체면, 그놈의 자존심 때문에 은혜의 문턱에서 그 안에 들어가지 못하고 주저앉는다는 말입니다. 성령님의 인도하심 안에서 눈물이 난다면 자신을 솔직히 드러내면서 회개해야 하는데 많은 사람들이 자존심 때문에, 체면 때문에 '내가 지금 여기에서 울면 안되지' 라고 생각하면서 스스로의 감정을 추스릅니다. 심지어 어떤 분은 다림질한 바지에 주름이 질까봐 무릎을 꿇지 못하겠답니다. 화장한 여인은 마스카라 때문에 화장이 번질까봐 마음 놓고 울지 못합니다. 마음에는 감동이 오는데도 눈물이 날까봐 정신을 바싹 차립니다.

흘러내리면 나중에 닦으면 되는 것 아닙니까? 그 알량한 자존심이 그렇게도 중요합니까? 우리에게는 그런 자존심, 체면을 넘어서는 마음이 있어야 합니다. 예수님을 만난다는 것이 얼마나 중요한 것입니까? 별 볼일 없는 사람일지라도 좋은 부모님 만나면 별 볼일 있는 사람이 됩니다. 정말 형편없는 사람일지라도 좋은 스승 만나면 훌륭한 사람이 됩니다. 정말 가난한 사람일지라도 좋은 사람 만나서 출세한 사람도 있습니다. 인간의 세상에서도 이럴진대 영의 세계는 어떻겠습니까? 모든 죄인은 먼저 예수님을 만나야 합니다. 그래야 죄 사함도 받고 구원도 얻습니다.

같은 만남이지만 공자 만나면 유교신자 되고, 석가 만나면 불교신자 되고, 마호메트 만나면 회교신자 되고, 예수님 만나면 기독교신자가 되는 것입니다. 그렇지 않습니까?

> 내가 곧 길이요 진리요 생명이니 나로 말미암지 않고는 아버지께로
> 올 자가 없느니라 (요 14:6)

그렇습니다. 나의 죄를 씻으려면 예수의 피밖에 없습니다. 때문에 우리

는 예수님을 만나러 가야 합니다. 물론 우리가 예수님을 만나러 갈 때 모든 사람들이 다 협조해 주는 것은 아닙니다. 성경에서 예수님을 만난 사람들을 봐도 저마다 그 앞에 장애가 있었습니다.

소경 바디매오를 기억하십니까?

> 저희가 여리고에 이르렀더니 예수께서 제자들과 허다한 무리와 함께 여리고에서 나가실 때에 디매오의 아들인 소경 거지 바디매오가 길가에 앉았다가 나사렛 예수시란 말을 듣고 소리질러 가로되 다윗의 자손 예수여 나를 불쌍히 여기소서 하거늘 (막 10:46, 47)

바디매오가 이렇게 외쳤을 때 많은 사람들은 그를 꾸짖으며 잠잠하라고 합니다. 그때 만일 바디매오가 "알았습니다. 조용히 하겠습니다"라고 했다면 예수님을 못 만났을지도 모릅니다. 하지만 바디매오는 남들이야 시끄럽다고 하든 말든 그 장애를 넘고 맙니다.

나아만을 기억하십니까? 그가 문둥병 고칠 때도 그는 감정적인 장애를 넘어선 후 나음을 입습니다. 나아만이 병을 낫기 위해 엘리사의 집 문에 섭니다. 그런데 엘리사는 나오지도 않고 사자를 보내서는 "너는 가서 요단강에 몸을 일곱 번 씻으라 네 살이 여전하여 깨끗하리라"(왕하 5:10)라고 말합니다. 이때 나아만이 "감사합니다. 어서 가서 씻어 낫겠습니다!"라고 한 줄 아십니까? 그렇지 않습니다. 그는 노합니다. 엘리사가 직접 나오지 않은 것도 화가 나고 자기의 당처 위에 손을 흔들어 문둥병을 고칠 줄 알았는데 그렇게 하지 않은 것도 화가 났습니다. 게다가 그가 사는 곳의 다메섹 강 아마나와 바르발이 이스라엘의 강물보다 못하지 않다라고 여긴 탓에 분한 마음으로 몸을 돌이키고자 합니다. 그런데 그때 종들이 이렇게 말합니다.

> 내 아버지여 선지자가 당신을 명하여 큰 일을 행하라 하였더면 행치
> 아니하였으리이까 하물며 당신에게 이르기를 씻어 깨끗하게 하라 함이
> 리이까 (왕하 5:13)

이 말을 듣고는 나아만은 엘리사의 말대로 요단강에 일곱 번 몸을 담급
니다. 그러자 나아만의 살은 어린아이의 살같이 되는 나음을 입습니다.

여러분 앞에 장애가 있습니까? 그렇다면 그것은 넘어가라고 있는 것이
지, 비관하라고 있는 것이 아닙니다. 여러분이 주님 만나는 과정 속에 장
애가 있다면 넘고, 뚫고 앞으로 나가시기를 바랍니다. 삭개오에게는 키가
작은 장애가 있었지만 뽕나무 위에 올라갈 때 키 큰 사람보다 더 높이서 예
수님을 만날 수 있었습니다. 그런데 삭개오처럼 장애를 넘으려면 먼저 장
애물을 넘어갈 만큼 심령이 가난해져야 합니다.

> 심령이 가난한 자는 복이 있나니 천국이 저희 것임이요 (마 5:3)

아브라함의 자손 된 삭개오

> 예수께서 이르시되 오늘 구원이 이 집에 이르렀으니 이 사람도 아브
> 라함의 자손임이로다 (눅 19:9)

주님을 만난 사람은 많습니다. 하지만 삭개오가 들었던 이런 주님의 음
성을 들은 사람은 별로 없습니다. 지금 주님이 하시는 말씀이 뭡니까? 확
실하게 '구원'입니다. 주님에게 이 말씀을 듣는 것은 참으로 소중합니다.

10명의 나병환자가 주님에게 와서 나음을 입었습니다. 9명은 감격과 기쁨에 집으로 돌아갑니다. 그런데 10명 중 1명은 주님께 와서 감사를 드립니다. 그럴 때 다른 사람이 듣지 못한 주님이 주시는 확실한 음성을 듣습니다.

> 그에게 이르시되 일어나 가라 네 믿음이 너를 구원하였느니라 하시더라 (눅 17:19)

삭개오도 회개한 후 "오늘 구원이 이 집에 이르렀으니 이 사람도 아브라함의 자손임이로다"라는 음성을 듣습니다. 주님은 아무에게나 이렇게 말씀하시지 않습니다. 여러분이 회개하고 은혜 받고 이런 것도 중요하지만 주님으로부터 확실하게 이런 응답도 받으시길 바랍니다.

앞서 언급했던 부자청년은 스스로 율법을 다 지켰다고 자부하며 살았습니다. 그의 언행을 보면 자긍심, 자만심으로 가득 차 있습니다. 이 청년의 마음속에는 '난 어려서부터 율법을 지킨 사람이야' '나는 삶에 관한 한 ㉨다' 이런 것들이 가득했습니다. 그러니까 예수님에게 말할 때도 자랑하는 태도입니다. '아버지, 주의 은혜로 그런 것들은 어려서부터 지킬 수 있었습니다' 이런 것이 아니라 자만심으로 가득한 어투로 자기가 다 지켰다고 합니다.

잘 들으십시오. 믿음이 좋다고 평을 받는 사람들이 쉽게 빠지는 함정이 하나 있습니다. 이를테면 전도를 많이 하고, 기도를 많이 하고, 하나님께 물질을 많이 드리고, 뭔가 충성을 많이 한다면 자신이 그럴 수 있는 것 역시 주님의 은혜로 되어졌음을 깨달아야 합니다. 그런데 어떤 사람은 '나', '자기 공로'를 자꾸 드러내려고 합니다. 내가 많은 충성을 했으니 하나님께서 나를 무지하게 예뻐하실 것이라고 하는 자기 공로나 자기 의를 드러내고자 합니다. 믿음 생활 잘하는 사람들, 특별히 교회에서 직분이 높다고 하는 사람들이 정말로 조심해야 될 함정이 바로 이것입니다. 모쪼록 나의 행위가 예수님의 은혜로 된 것이라고 고백하는 성도님들이 되시길 바랍니다. 자기 공로, 자기 의를 드러내는 이 함정에 빠지지 않도록 조심합시다.

설령 어떤 일을 했을지라도 내가 자랑할 것이 없음은 이 모든 것이 다 주님의 도우심으로 된 것이기 때문입니다. 온전히 주님의 은혜로 된 것이지 내 공로, 내 노력으로 된 것은 하나도 없습니다. 만일 부자 청년이 정말 하나님의 계명을 다 지켜 살았다고 할지라도 그가 그럴 수 있었던 것은 오로지 주님의 은혜가 임했기 때문입니다. 그런데 그는 자기가 이렇게 계명을 지킨 것은 자신의 노력, 자기의 성품, 자기의 인격으로 인함이라고 자랑합니다. 이것이 바로 문제입니다.

누가복음 18장을 보면 바리새인과 세리가 기도하는 장면이 나옵니다. 바리새인은 이렇게 기도합니다.

> 하나님이여 나는 다른 사람들 곧 토색, 불의, 간음을 하는 자들과 같지
> 아니하고 이 세리와도 같지 아니함을 감사하나이다 나는 이레에 두 번씩
> 금식하고 또 소득의 십일조를 드리나이다 (11-12절)

그가 한 일이 훌륭하긴 한데 그 안에 주님께서 하신 일이 없습니다. 그런데 세리는 어떻게 기도합니까? 그는 멀리 서서 감히 눈을 들어 하늘도 우러러보지 못합니다. 그리고 가슴을 치며 기도합니다.

> 하나님이여 불쌍히 여기옵소서 나는 죄인이로소이다 (13절)

저는 이 세리에게 숨겨진 의가 있다고 말하고 싶지는 않습니다. 하지만

그의 기도를 들으면 그가 죄인임에도 불구하고 구원하시는 하나님의 의가 풍부합니다.

두 사람이 돌덩이를 들고 있습니다. 그런데 한 사람은 큰 돌덩이를 들고 있고 다른 한 사람은 작은 돌덩이를 들고 있습니다. 그리고 그 돌 안에는 금이 숨겨있다고 합니다. 큰 돌덩이를 들고 있던 사람은 돌이 하도 커서 그 안에 엄청난 양의 금이 들어있을 줄 알았습니다. 그런데 기대와는 달리 작은 금덩이가 나왔습니다. 반면 작은 돌덩이를 들고 있던 사람은 돌이 작으니까 별로 많은 금을 기대하지 않았습니다. 그런데 보니까 그 안이 거의가 다 금덩어리입니다.

물론 이것은 제가 억지로 만들어낸 말입니다. 마찬가지로 한 사람은 의로운 행동을 많이 하니까 그 사람이 정말 굉장한 사람인지 알았습니다. 하지만 그 안에는 별 볼일 없는 금덩이가 들어있을 뿐입니다. 반면 한 사람은 겉으로는 시원치 않은 것 같은데 그 안을 보니 전부가 다 그리스도의 의라는 금덩이가 들어있더란 말입니다.

삭개오가 왜 훌륭합니까? 그의 삶 속에 그리스도의 의를 드러내려는 간절함, 그리스도의 의를 나타내려는 간절함이 있었기 때문입니다. 그 점이 바로 삭개오를 훌륭하게 만들었습니다. 신앙생활을 오래 하고 또 교회에서 직분이 높아질수록 더 훌륭해지는 것이 당연하지 않습니까? 교회의 역사가 깊어져서 그런 분들이 많아질 때 교회는 더 좋아져야 합니다. 그런데 이상하게도 그렇지를 못합니다. 오래 된 교회일수록 점점 더 부흥이 어려워지는 경우가 얼마나 많은지 모릅니다. 심지어는 "뭐 고목이 열매 맺습니까?"라고도 합니다.

그렇다면 왜 예수님을 믿은 지 얼마 되지 않는 사람이 오래 전에 예수님을 믿은 여러분보다 더 나은 겁니까? 물론 신앙의 연륜이 깊은 사람이 나은 경우도 있습니다. 하지만 그 반대의 경우도 얼마나 많은지 모릅니다. 교회 안에서도 높은 직분을 맡은 사람들에게서 더 진한 그리스도의 향기가 나야 하는데 그렇지 못한 경우가 얼마나 많은지 모릅니다. 차라리 그것은 고사하고 때론 직분이 높은 사람일수록 교회 안에 더 큰 문제를 일으키는 경우가 있습니다.

등록하자마자 파당을 짓는 새신자를 보셨습니까? 설교를 놓고 이러쿵저러쿵 시비 거는 사람을 보셨습니까? 새신자들은 거의가 겸손합니다. 그런데 신앙의 경력이 높은 사람들은 교회 안에서 문제를 만듭니다. 오래 될수록 믿음이 익어가야 하는데 자꾸 엉뚱한 방향으로 가는 성도님들이 더러 있습니다. 어떤 방향입니까? 자기 의를 자꾸 키워가려고 합니다.

우리들이 왜 사도 바울을 훌륭하다고 일컫습니까? 바울도 처음에는 자기는 율법에 흠이 없다고 자랑했습니다.

> 내가 팔 일 만에 할례를 받고 이스라엘의 족속이요 베냐민의 지파요 히브리인 중의 히브리인이요 율법으로는 바리새인이요 열심으로는 교회를 핍박하고 율법의 의로는 흠이 없는 자로라 (빌 3:5, 6)

말하는 스타일이 부자 청년하고 비슷합니다. 그런 사도 바울이 예수님을 만나고 은혜가 깊어질수록 "죄인 중에 내가 괴수라"(딤전 1:15)라고 고백합니다. 생각해봅시다. 아니, 그렇다면 주님을 만나기 전이 더 죄인입니까, 아니면 주님을 만난 다음이 더 죄인입니까? 당연히 주님 만나기 전이 더 죄인입니다. 그런데 그때는 스스로를 일컬어 의로운 자라고 하더니 주님을 만날수록 죄인임을 고백합니다. 왜 그렇습니까? 그리스도의 의가 자꾸 드러나니까 내 삶이 자꾸 별 볼일 없어지는 것입니다.

믿음의 경지에 들어가는 사람들은 한결같이 이렇게 고백합니다. "그는 흥하여야 하겠고 나는 쇠하여야 하리라." 예수님을 믿으면 믿을수록 내 안에 계신 예수님은 점점 커지고 나는 점점 작아져야 합니다. 그런데 많은 사람들이 신앙의 연륜이 쌓일수록 예수님은 점점 작아지고 나는 점점 커집니다. 이것이 문제입니다. 그런 사람들의 말을 듣고 있다 보면 예수의 공로는 별로 나타나지 않고 자기 의만 드러나서 그가 지금까지 한 것만으로도 벌써 천국에 열 번은 더 가게 생겼습니다. 여기에서 나오는 것이 바로 '교만', '자기 의'입니다. 이런 사람들은 아무리 완벽한 삶을 살지라도 "이도 구원받은 하나님의 자녀요 아브라함의 자녀로다"라고 하시는 주님의 음성을 듣지 못합니다.

누가복음 16장을 보면 음부에 떨어진 부자가 나옵니다. 그가 대책 없이 쾌락만 느끼다가 지옥에 간 줄 아십니까? 아닙니다. 말씀을 잘 읽어보면 그의 마음속에는 자신의 의로 꽉 찼습니다. 그 사람이 뭘 해서 돈을 벌었는지는 나오지 않습니다. 원래 부자입니다. 그렇다고 해서 음부에 떨어진 부자가 자신의 돈을 가지고 행패를 부렸다고 하는 내용도 없습니다. 부자는 그냥 자기 있는 돈으로 살았을 뿐입니다.

사실 훌륭한 면도 있습니다. 문 앞에 있는 나사로에게 평생 먹을 것을 줍니다. 이것으로 미루어볼 때 그에게는 자선사업가적인 사고도 있었습니다. 여러분, 큰 상가 앞에서 수레 하나 갖다 놓고 장사하려고 하면 어떻게 되는지 아십니까? 대번에 쫓겨납니다. 주인은 나오지도 않습니다. 수위가 나와서 쫓아냅니다. 그런데 이 부자는 문 앞에 있는 나사로에게 평생 동안 먹을 것을 줍니다. 그러니까 어느 정도 의가 있었습니다. 그런데 안타까운 것은 그 부자 속에는 그리스도의 의가 없었습니다.

그런데 부자는 혼자 착각하고 있습니다. 심지어 음부에 있을 때 뭐라고 하는지 아십니까?

> 아버지 아브라함이여 나를 긍휼히 여기사 나사로를 보내어 그 손가락
> 끝에 물을 찍어 내 혀를 서늘하게 하소서 내가 이 불꽃 가운데서 고민하
> 나이다 (눅 16:24)

부자의 개념 속에는 자기도 아브라함의 자손입니다. 하지만 주님은 그에게 아브라함의 자손이라고 하신 적이 없습니다.

오늘 삭개오는 결정적으로 예수님으로부터 "이도 아브라함의 자손이요 오늘 구원이 이 집에 이르렀도다"라는 인정함을 받습니다. 무엇보다 주님으로부터 이런 인정을 받아야 합니다. 여러분들도 삶 가운데 이런 주님의 음성을 들으시길 바랍니다.

저는 마태복음 23장에 나오는 바리새인을 책망하는 말씀을 읽을 때마다 얼마나 의분이 일었는지 모릅니다. 그런 의분 저변에는 '나는 정말 주를 위해서 사는 사람'이라는 자신감이 있었습니다. 그런데 어느 날 그 구절을 읽던 중 마음속에 대화가 일어났습니다. '사랑하는 내 종아 너 왜 열을 내냐?' '주님, 열이 안 나게 생겼습니까? 이 나쁜 놈 같으니라고' 그랬더니 '너는 내 편이냐? 바리새인 편이냐?' '아, 나야 주님 편이죠.' '내가 너를 내 편이라고 그랬냐 네가 스스로 내 편이라고 그랬냐?' '그야, 내가 주님 편이라고 그랬지요.' 그랬더니 주님께서 '내가 언제 너를 내 편이라고 그랬느냐? 네가 바리새인보다 낫다고 생각하느냐?' 이렇게 딱 물으시는데 할 말이 없었습니다.

여러분들은 바리새인보다 낫습니까? 어림 반푼어치 없는 말입니다. 바리새인이 독사의 자식이면 우리 역시 독사의 자손입니다. 저는 이런 깨달음을 얻은 후 얼마나 회개했는지 모릅니다. '성경 속에만 바리새인이 있는 것이 아니라 오늘 내가 바리새인이구나.' 저는 이런 경험을 했기 때문에 여러분에게 감히 말씀드릴 수 있습니다. '내가 정말 바리새인이었구나' 라고 울어본 경험이 없다면, 회개해본 경험이 없다면 그는 아직도 바리새인입니다.

우리에게는 여전히 바리새인 같은 습성이 남아있습니다. 때문에 자꾸 내 자신의 의를 나타내려고 합니다. 아직 인정하기 어렵습니까? 그렇다면 여러분은 기도할 때 누구를 의식합니까? 하나님을 의식합니까, 사람을 의식합니까? 헌금을 해도 누구를 의식합니까? 하나님을 의식합니까, 사람을 의식합니까? 성미를 떼도 누구를 의식합니까? 하나님을 의식합니까, 사람을 의식합니까? 하나님을 의식한다면 성미가 많든 적든 정직하게 떼어야 합니다. 그런데 어떤 분은 성미를 담고 보니 너무 많아 다시 쌀통에 쏟습니다. 쏟고 나니 너무 적습니다. 그래서 또 다시 담습니다. 하나님을 의식하는 사람이라면 이렇게 행동하지 않습니다. 하나님을 의식하는 사람은 쏟았다 부었다 할 필요가 없습니다. 하나님 앞에는 쏟아도 똑같고 부어도 똑같기 때문입니다.

그렇다면 여러분은 누구를 의식하면서 신앙생활을 합니까? 잘 생각해보십시오. 삭개오의 정결한 삶이 구원으로 나아갔듯, 여러분의 삶이 정결하여 구원함을 입고 더하여 "이도 아브라함의 자손이요 오늘 구원이 이 집에 이르렀도다"라는 인정을 받으시길 바랍니다.

IX

요셉과
마리아

요셉과 마리아

아들을 낳기까지 동침치 아니하더니 낳으매 이름을 예수라 하니라

〈마태복음 1장 18절〉

교회보다 중요한 가정

지금까지는 한 사람의 인물 개인에 대해서만 살펴보았습니다. 그런데 본 장에서는 요셉과 마리아 이 부부에 대한 연구를 하고자 합니다.

남자와 여자가 만나 부부가 됨으로 한 가정을 이루게 됩니다. 이렇게 구성된 가정의 중요성은 아무리 강조해도 지나치지 않습니다. 그런데 많은 사람들이 가정의 중요함을 모릅니다. 그리고는 조금만 어려우면 가장 손쉽게 해결하고자 하는 방법으로 '이혼'을 선택합니다. 너무도 쉽게 가정이 깨집니다.

통계에 의하면 미국의 이혼율은 50%가 넘었다고 하고 우리나라도 이미 30%가 넘었답니다. 더욱더 심각한 것은 지금도 아주 빠른 속도로 이혼율이 증가하고 있다는 현실입니다. 전문가들에 의하면 앞으로는 더욱 기하급수적으로 늘어날 것이라고 합니다. 더 이상은 교회에서 외면하거나 덮어두거나 낙관적으로 보아 넘길 일이 아닙니다. 이혼율의 증가는 사회적으로 봐도 문제이지만, 믿음의 눈으로 봐도 정말 심각한 문제입니다.

왜 그렇습니까? 하나님이 친히 만드신 두 조직이 바로 '가정'과 '교회'입니다. 그런데 이 둘 가운데 더 중요한 것을 따지자면 가정이라고 생각합니다. 저는 개인적으로 가정 때문에 교회가 중요한 것이라 생각합니다. 대부분의 목사님들은 교회가 더 중요하다고 생각하고 또 교회의 중요성만 강조합니다. 그런데 저는 조금 다르게 생각합니다. 하나님께서 가장 먼저 만드신 조직이 가정입니다. 하나님은 분명 교회를 만들기 이전에 가정부터 만드셨습니다. 그런 이유에서라도 마땅히 가정이 교회보다 우선시되어야 합니다.

그러나 제가 가정이 더 중요하다고 해서 교회는 나오지 않아도 된다고 이해한다면 문제가 커집니다. 제가 말씀드리려는 의도를 잘 알아들으십시오. 우리는 교회에서 은혜를 받습니다. 그런데 이렇게 교회에서 받은 은혜가 열매맺는 곳이 바로 가정입니다. 생활의 축복 역시 가정에서 나타납니다. 그러니까 가정이 시작이요 결과이고 교회는 과정이란 말씀입니다. 저는 그렇게 생각합니다.

어떤 목사님은 이혼하든 말든 교회에 와서 살라고 한답니다. 하지만 저는 그렇게 이야기하지 않습니다. 제가 이단을 연구하면서 깨달은 것이 하나 있습니다. 물론 교리적으로 보아도 이단은 영혼들을 지옥으로 끌고 간다고 하는 근본적인 문제를 가지고 있습니다. 그런데 교리들이 얼마나 치밀하고 복잡하고 미사여구로 포장되어 있는지 평범한 사람들은 쉽게 알아차릴 수 없습니다. 하지만 누구도 쉽게 알아차릴 수 있는 그들의 공통적인 특징이 하나 있는데 바로 '가정을 깬다'는 사실입니다.

통일교가 사회적으로 심각한 문제를 일으킨다고 하는 이유가 뭡니까? 잘 모르는 사람들은 1000쌍 합동결혼, 2000쌍 합동결혼식을 올리니까 좋은 일을 하는 단체라고 생각합니다. 하지만 그들이 말하는 표면과 내면은 너무도 다릅니다. 표면적으로 1000쌍, 2000쌍이 합동결혼식을 올립니다.

하지만 결혼하는 사람들을 보면 모두 처녀 총각이 아니라는 사실입니다. 부부가 잘못 맺어졌다고 하면서 이혼하고 새로운 사람과 다시 결혼하라고 합니다. 그래서 통일교에서 정해주는 짝과 결혼을 합니다. 이렇듯 통일교는 가정을 깨뜨린다는 심각한 문제를 안고 있습니다.

여호와의 증인이 왜 문제가 됩니까? 여호와의 증인에 심취될수록 가정이 깨지기 때문입니다. 이처럼 은혜를 받았는데 그로 인해 가정에 문제가 생긴다면 잘못 은혜를 받았다고 볼 수 있습니다. 물론 아내는 은혜 생활을 하고 남편은 이런 아내를 이해하지 못해서 한시적으로 문제가 있다면 말은 달라집니다. 남편이 예수님을 영접하기까지 일시적인 어려움은 있을 수 있습니다. 하지만 궁극적으로 남편이 구원을 받고 사랑의 열매를 맺는 쪽으로 진행되어 이로 인해서 가정이 깨진다면 그 역시 잘못된 은혜를 받은 것이라 할 수 있습니다.

개인이 바르게 서고자 한다면 그 한 사람만 노력하면 가능합니다. 하지만 가정의 경우는 그렇지 않습니다. 한 사람이 잘한다고 해서 되지 않습니다. 가족이 둘이면 두 사람 모두 잘해야 되고 넷이면 네 사람 모두 잘해야 합니다. 나 혼자만 믿음이 있다고 해서 되는 것이 아닙니다. 그래서 하나님의 뜻 안에서 가정을 바로 세운다는 것은 굉장히 어렵습니다.

목사인 저도 때때로 이런 생각을 합니다. '나 혼자만 신앙생활을 한다면 지금보다 훨씬 더 잘 믿을 수 있을 것 같은데…' 고백컨대 때로는 집사람으로 인해 신앙생활을 하는 데 다소 어려울 때가 있기도 합니다. 그렇다고 해서 제가 만일 결혼을 하지 않았다고 칩시다. 그렇다면 신앙생활을 굉장히 잘할 것 같지만 사실 얼마나 많은 어려움을 겪을지 모릅니다.

연을 하늘로 띄우기 위해서는 실로 묶어야 합니다. 어느 정도 연이 하늘로 올라갔습니다. 언뜻 생각하기에 실이 없다면 훨씬 더 자유롭게 날 수 있을 것 같은데 그것을 못하게 하는 것이 뭡니까? 실입니다. 연 입장에서 보면 항상 실이 문제입니다. 그래서 만일 연이 실을 딱 잘라낸다고 칩시다. 그러면 잠깐은 한없이 날아다니는 것처럼 보일지도 모릅니다. 그런데 신기한 것은 그렇게 한없이 날 것만 같았던 연은 우리의 예상과는 달리 그리 오래지 않아서 떨어지거나 찢어지고 만다는 사실입니다.

물론 이 예화는 구원을 설명할 때 하나님과 나와의 관계에서 딱 들어맞습니다. 부부관계에 적용할 때 다소 무리인 부분이 있기도 합니다. 하지만 어느 면에서 보면 남편과 아내와의 관계가 바로 그런 관계일 수 있다는 말입니다. 실과 연이 묶여있음으로 인해서 다소 불편하기는 하지만 그것이 곧 생명줄이 됩니다. 물론 다소 과장된 표현이기는 합니다만 부부관계를 강조하다 보니 이렇게 설명을 합니다. 때로는 배우자로 인해 구속이 되고 행동에 제약이 되는 부분도 있을 겁니다. 하지만 이런 관계의 줄이야말로 행복줄이요 생명줄임을 강조하고 싶습니다. 그러니 절대로 이 줄을 끊어서는 안됩니다. 아무리 힘든 상황에 처하고 어떤 일을 만날지라도 부부의 줄은 끊어서는 안됩니다.

바람직하지 못한 부부들

성경에는 많은 부부들이 나옵니다. 그 부부들 가운데는 바람직한 부부가 있는가 하면 때로는 잘못된 관계를 맺는 부부도 있습니다. 먼저 바람직하지 못한 부부를 살피고자 합니다. 이에 대표적인 예로는 '아나니아와 삽비라'를 들 수 있습니다. 아나니아와 삽비라야말로 전형적으로 실패한 부부의 예입니다. 이 두 사람끼리는 서로 의견이 잘 맞았습니다. 하지만 그들이 가고자 하는 방향의 끝이 타락이라는 데 문제가 있습니다.

그 다음으로 잘못된 가정으로는 롯의 가정입니다. 여러 모로 볼 때 롯의 부인은 문제가 많은 여인입니다. 남편의 믿음을 받쳐주지 못했으며 무척이나 사치스러웠습니다. 그러다 보니 소돔 고모라에서 살면서 그 땅의 문화에 푹 빠져 삽니다. 다소 비약적인 것이 아닌가 싶기는 합니다만 혹시 소돔 고모라로 가기로 하는 데 결정적인 영향을 미친 것이 롯의 부인이 아닌가 싶습니다. 물론 성경에는 그런 말씀이 없지만 창세기에 흐르는 그들의 삶의 양태를 볼 때 그렇게 짐작이 됩니다.

아브라함의 집에 천사가 왔습니다. 그때 아브라함과 사라는 혼연일치가 되어 천사를 대접합니다. 그로 인해 이 부부는 축복도 받고 아들도 얻습니다. 하지만 롯의 처는 어떻게 했는지 아십니까? 딸 둘을 데리고 없어져버리고 맙니다. 손님을 대접할 여자 셋이 없어지고 말았으니 롯의 입장이 얼마나 난처했겠습니까? 그는 혼자 무교병을 만들어 천사를 대접합니다. 그러니 그런 가정에 무슨 복이 내리겠습니까?

이런 롯의 가정이었지만 큰아버지 아브라함의 중보기도로 이들은 소돔 고모라에 내리는 심판을 면할 수 있게 됩니다. 그때라도 소돔과 고모라를 잘 나왔더라면 좀 괜찮았을 것인데 롯의 아내가 명령을 어기고 그만 뒤를 돌아보다 소금 기둥이 되지 않습니까? 사치스럽고 믿음을 받쳐주지 못하는 아내였을지라도 롯에게 처만 있었다면 끔찍한 일은 생기지 않았을 것인데 이로 인해 롯은 딸 둘과 불미스러운 일을 저지르고 자식을 낳게 됩니다.

그래서 집안에는 어떤 모양이든 아내가 반드시 있어야 합니다. 어떤 여자일지라도 그가 할 역할이 있기 때문입니다. 남편도 마찬가지입니다. 아무리 놈팡이 같은 신랑일지라도 있어야 합니다. 때로는 그런 남편 때문에 부인의 앞길이 꽉 막히는 것 같지만 사실은 그런 남편일지라도 아내에게 보호벽이 되는 겁니다. 그러니 남편이 자기의 기대에 못미친다고 불평하지 말고 그런 남편이라도 함께 사는 것을 감사하십시오. 남편에게 다소 서운할지라도 남편이 든든하게 곁에 있어준다면 "여보, 감사해요. 당신이 있어 나를 지켜주니 감사합니다"라고 하십시오.

잘못된 부부가 또 있습니다. 욥의 부부입니다. 욥은 하나님께서 인정하신 신앙의 사람이었지만 가정을 보면 아내를 잘못 맞습니다. 욥에게 엄청난 시험이 옵니다. 아무리 어려워도 부부라면 함께 견디고 이겨내야 하는데 욥의 아내는 그를 떠나고 맙니다.

그 다음으로는 엘리 제사장 부부가 있습니다. 그의 부인이 왜 죽었는지는 기록되어 있지 않지만 어찌 되었든 아내가 남편보다 먼저 죽습니다. 아내가 남편보다 빨리 죽는다면 문제가 심각해집니다. 그렇게 되면 남편은 전적으로 혼자 자녀들을 책임져야 합니다. 그래서 그런지 보면 남편이 빨리 죽는 것도 안쓰럽기는 하지만 아내가 빨리 죽는 것보다는 덜합니다.

남편을 먼저 보낸 아내들을 보면 그럭저럭 잘 버팁니다. 하지만 아내를 먼저 보낸 남편들을 보면 아주 힘이 듭니다. 혼자서 자녀들과 함께 가정을 꾸려나가기란 여간 힘이 드는 것이 아닙니다. 그런 이유로 대체로 재혼을 합니다. 그런데 이렇게 재혼을 해서 잘 사는 가정도 있지만 그에 따른 부작용이 얼마나 많은지 모릅니다. 어떤 모양이든 부부는 함께 건강하게 해로하는 것이 모든 면에서 좋습니다. 그러니까 아내가 되었든 남편이 되었든 혼자만의 문제가 아니라고 생각하고 책임감을 가지고 몸 관리를 하시길 바랍니다.

나발과 아비가일 역시 잘못된 부부관계의 예가 됩니다. 그나마 아비가일은 괜찮은데 나발이 문제가 있습니다. 그런데 인간관계에는 참으로 묘한 부분이 있습니다. 제가 볼 때 나발과 욥의 처가 함께 살고 아비가일과 욥이 함께 살았다면 좋았을 것인데 하나님은 그렇게 만나게 하시지 않습니다. 이렇게 된다면 한 부부는 둘 다 천국에 가겠지만, 나머지 한 부부는 선택의 여지도 없이 지옥에 가게 생기지 않았습니까? 그러니까 아비가일에게 나발을 구원하라고, 욥에게 그의 처를 구원하라고 이렇게 짝을 지어주신다는 것입니다. 만일 여러분의 배우자가 아직 예수님을 영접하지 못했다면 하나님께서 여러분에게 구원자의 역할을 맡기심을 깨달으시고 자기의 역할에 최선을 다하는 여러분들이 되시길 바랍니다.

바람직한 부부들

이번에는 우리가 배워야 할 본이 되는 부부들입니다. 이들을 보면 이쪽에서 봐도 보기 좋고 저쪽에서 봐도 보기 좋습니다. 맨 처음으로 꼽을 수 있는 부부가 바로 요셉과 마리아입니다. 이 둘은 정말 잘 만난 부부의 모델입니다. 그리고 또 한 가정을 꼽으라면 엘가나와 한나를 들 수 있습니다. 또 사가랴와 엘리사벳 역시 참으로 잘 만났습니다.

남녀가 잘 만나야 하는 이유는 이 두 사람의 문제로 끝나는 것이 아니라 그 가정에서 나오는 자녀에게까지 큰 영향을 미치기 때문입니다. 좋은 부부 밑에서 좋은 아이들이 나옵니다. 물론 모든 경우가 그런 것은 아닙니다. 하지만 대체로 그렇습니다. 왜 부부가 잘 살아야 되는가? 왜 가정이 잘 살아야 되는가? 이 물음의 대답은 간단합니다. '잘 사는 부부, 잘 사는 가정에서 좋은 자녀가 나오기 때문' 입니다. 반대로 가정이 잘못되면 그 가정에서 자라는 자녀들 역시 잘못되기 쉽습니다.

가정에서 가장 소중한 존재가 무엇입니까? 한 가정도 예외 없이 '자녀'일 것입니다. 여러분이 힘들게 돈 버는 이유가 뭡니까? 쪼개고 또 쪼개면서 살림을 하는 이유가 뭡니까? 얼마 전 뉴스를 보니 대기업 중견 간부 사모님이 자녀의 교육비 때문에 아르바이트를 한다고 합니다. 이처럼 아이들은 어느 부모에게나 소중한 존재입니다. 제 개인적인 생각으로는 그렇게까지 할 필요는 없는 것이 아닌가 하는 생각이 들 정도로 모든 부모들이 자녀를 중히 여깁니다.

이렇게 지나치게 자녀에게 사랑이 쏠리는 것은 '사랑의 방향을 잃어버렸기 때문' 이라고 봅니다. 때문에 모든 사람들이 사랑의 방향을 온통 자식에게 쏟아 붓습니다. 옛날처럼 자식이 많다면 덜 그럴 것입니다. 하지만 요즘은 가정마다 자녀의 수가 하나이고 많아야 둘입니다. 그러니까 부모들이 거기에 전력투구를 다합니다. 심지어 어떤 집사님은 남편도 안중에 없고 자기 자신도 안중에 없이 오직 자녀만 위해서 삽니다. 이런 현실은 지금도 문제이지만 앞으로도 얼마나 큰 문제가 될지 모릅니다. 다음 세대에는 엄청나게 큰 충격이 될 것이란 말입니다. 저는 이것이 너무도 걱정이 됩니다. 지금의 자녀들이 자라서 성인이 되었을 그 세대, 20년 후 정도만 지나면 우리나라는 물론 세계적으로 엄청난 충격을 받게 될 것인데 이것이 걱정입니다.

한번은 어떤 분이 제게 오더니 억울한 사정을 털어놓습니다. 처녀시절 공무원인 사실만 알고는 지금의 남편과 결혼을 했답니다. 그런데 정작 시집을 와보니 아주 가난한 공무원이더랍니다. 그래도 기왕 결혼한 것 아끼며 잘 살아보겠다는 결심 아래 아주 검소하게 살았답니다. 이 부부는 아들 둘을 낳고 아주 열심히 일하면서 그렇게 살았답니다.

얼마나 아끼면서 살았는지 반찬으로 계란 프라이를 하더라도 세 개만 해서 남편과 아이들은 주고 자기는 먹지 않았답니다. 집사님 계산에 자기가 삼일만 먹지 않으면 남편과 아이들이 한 끼를 더 먹을 수 있으니 아까워서 먹지 못하겠더랍니다. 별 것도 아닌 계란 한 알을 아낄 정도로 절약하면서 살았습니다.

그렇게 세월이 흘러 아이들은 많이 성장하고 살림도 많이 넉넉해졌습니다. 이제는 본인도 계란 프라이 정도는 해먹어도 되는 형편이라 여겨져 하루는 계란 프라이를 네 개 해서 상에 놓았답니다. 엄마가 이렇게 할 때 아들이라면 어떻게 말하는 것이 맞습니까? "어머니, 그 동안 계란 프라이가 얼마나 드시고 싶으셨어요. 우리가 어머니 마음 다 알아요. 조금만 참으세요. 우리가 나중에 꼭 잘 해드릴게요." 이렇게만 말해준다면 집사님은 지금까지의 고생, 피로, 수고가 다 회복될 것입니다. 그런데 고약한 아들 녀석이 이렇게 말하더랍니다. "엄마도 계란 프라이 먹을 줄 아네?" 이것이 바로 자식입니다. 이 집사님은 얼마나 자식에게 실망했는지 모른답니다.

그런데 이런 집이 비단 이 가정 하나이겠습니까? 아닙니다. 생각해 보니까 우리 집도 비슷합니다. 저희 가정도 보면 생활비 중에서 아주 많은 부분이 아이들에게 들어갑니다. 다른 집처럼 열성적으로 자녀 교육을 하는 것도 아닌데 늘 돈이 부족합니다. 그러니 유난을 떠는 집들은 얼마나 심하겠습니까?

부모가 이렇게 살 때 마땅히 자녀들은 부모님의 은혜에 감사하고 고마운 마음으로 살아야 하는 것 아닙니까? 그런데 그렇지 못합니다. 우리 아이들에게도 일년에 한두 번 명절이 되면 큰돈이 생깁니다. 아이들의 삼촌이나 고모들이 아이들에게 얼마씩 용돈을 줍니다. 십시일반이라고 그 돈을 다 모으면 한 20-30만원 정도 됩니다. 그런데 제 아내가 자기에게 맡기라고 합니다. 제가 생각할 때는 그냥 아이들이 쓰게 놔두어도 될 것 같은데 저희 집뿐만 아니라 대부분의 어머니들이 자기에게 맡기라고 합니다.

집안에서 일어나는 일을 보면 이 집에 있는 일이 저 집에도 있고, 또 저 집에 있는 일이 이 집에도 있고 그렇습니다. 어떤 분은 제 설교를 듣고는 이렇게 말씀하셨답니다. "어쩌면 목사님은 우리 집 일을 그렇게 잘 아시는가 몰라." 그런데 제가 그 집안의 사정을 잘 알아서 그렇게 말씀드리는 것이 아닙니다. 바로 우리 집에서 벌어진 일을 말씀드리는 겁니다.

아이들은 일단 엄마의 말씀대로 돈을 맡기기는 합니다. 제가 생각하기에 이 놈들이 지금까지 가져간 돈이 얼마인데 그 돈 정도는 잊어도 될 것 같습니다. 그런데 아이들은 심심하면 아내에게 묻습니다. "엄마, 내 돈 잘 있지요?" 그럼 제가 아내에게 이렇게 말합니다. "줘버려. 내가 당신을 뭘 어렵게 했다고 자식들에게 빚쟁이처럼 쪼들리고 살아 이 사람아! 우리 그렇게 어려웠을 때도 빚은 안 지고 살았잖아." 그리고 아이들에게는 이렇게 말합니다. "이 고약한 놈의 자식들. 너희들에게 쓴 돈이 얼마인데 고작 그 돈 가지고 그렇게 엄마를 귀찮게 하냐?" 목사의 자식이 이럴진대 다른 가정은 오죽하겠습니까? 여러분, 쓸 데 없는 짓 하지 마십시오. 과유불급(過猶不及)이라고 자식 사랑도 정도를 넘는다면 바람직하지 않습니다. 넘어서는 것은 좋지 않습니다.

엘가나와 한나 부부를 봅시다. 한나는 아이를 낳지 못하는 여인입니다. 하지만 엘가나는 이런 한나에게 얼마나 잘 해주는지 모릅니다. 아이를 낳지 못해 속상해하는 한나의 심정까지 헤아리면서 몇 갑절로 잘 해주었습니다. 엘가나는 브닌나를 첩으로 두는데 자식을 낳아준 브닌나보다 한나에게 더 잘 해줍니다. 그렇다고 해서 브닌나를 무시하느냐? 그것도 아닙니다. 브닌나에게도 잘 해줍니다. 하지만 한나에게 더 잘 해주었습니다. 하지만 한나는 이렇게 잘 해주는 남편이 있지만 만족하지 못합니다.

　그러다가 한나가 서원기도를 한 후 사무엘을 낳습니다. 사무엘은 여느 평범한 아이들처럼 순조롭게 태어난 것이 아니라 한나가 하나님께 드리기로 서원기도를 한 후 얻게 된 자식이라는 말입니다. 한나는 사무엘을 낳고 젖을 떼자마자 서원기도대로 하나님께 드립니다. 이렇게 한다고 해서 한나가 사무엘을 사랑하지 않은 것입니까? 어느 부모보다 간절히 바란 자식이고 너무도 사랑한 아들입니다. 하지만 결정적으로 한나는 사무엘을 하나님보다 더 사랑하지는 않았습니다. 다시 말해서 한나의 삶의 만족은 자식이나 남편에게서 시작된 것이 아니라 오로지 하나님으로부터 시작되었다는 겁니다. 그러니 한나가 얼마나 훌륭한 것입니까? 이렇게 어머니가 훌륭하니까 그 태중에서 나온 사무엘 역시 훌륭하여 결국은 나라를 건지는 사람이 됩니다. 이것이 진정한 자식사랑입니다.

　예수님께서도 말씀하십니다.

　　예수께서 가라사대 내가 진실로 너희에게 이르노니 나와 및 복음을
　　위하여 집이나 형제나 자매나 어미나 아비나 자식이나 전토를 버린 자는
　　금세에 있어 집과 형제와 자매와 모친과 자식과 전토를 백배나 받되 핍
　　박을 겸하여 받고 내세에 영생을 받지 못할 자가 없느니라 (막 10:29)

그렇다면 한번 생각해봅시다. 한나가 하나님께 사무엘을 드렸다고 해서

그 가정의 행복이 깨졌습니까? 아닙니다. 한나가 하나님께 사무엘을 드렸더니 하나님은 그 뒤로 일곱 명의 자식을 더 주십니다. 이처럼 믿음의 가정은 믿음 안에서 행복을 경험해야 합니다. 그런데 여러분은 어떻습니까? 하나님으로 인해 더 기뻐하십니까, 자녀로 인해 더 기뻐하십니까? 솔직히 헌금을 하려고 해도 아이들 학비가 먼저 계산이 되어서 제대로 헌금 한번 못하지는 않습니까? 모처럼 시간 내서 전도 나가려고 하다가도 아이들 차 태워줘야 하는 데 발이 묶여 꼼짝 못하지는 않습니까? 좋습니다. 지금은 그렇게 산다고 칩시다. 하지만 계속 이렇게 산다면 여러분의 20년 후가 과연 행복할 것이라고 장담할 수 있습니까? 저는 20년 후에 여러분이 쏟아내는 탄식 소리가 들리는 것 같습니다. "목사님이 소용없다고 말씀하실 때 그 말씀을 듣고 깨달았어야 하는 것인데, 내가 어리석어서…" 여러분은 자신의 앞날이 보이지 않습니까?

또 어떤 부모는 보면 내가 이렇게 너희를 키웠으니까 너희들은 나에게 이렇게 해달라고 요구합니다. 자녀들에게 뭘 요구한단 말입니까? 혹시 여러분 가운데 자녀들에게 지나친 기대를 가지고 계신 분은 없습니까? 자식이란 반듯하게 잘 커서 자기 앞가림 잘 하고 부모에게 누되지 않게 잘 살면 그것으로 족해야 합니다. 가끔 한번씩 와서 부모에게 문안하고 명절 때 용돈 좀 드리고 그 정도면 족하다는 말입니다. 그럼 된 것이지 뭘 아이들에게 바라고 요구합니까? '내 평생 동안 너희에게 투자했으니까 이제 나를 너희들이 책임져라' 뭐 이런 말입니까?

심지어 어떤 부모는 지나치게 자식을 사랑한 나머지 아들 내외지간이 사이좋은 것을 봐도 시기를 느낀답니다. 설마 하고 싶습니까? 하지만 이런 부모가 한두 명이 아닙니다. 어떤 시어머님은 아들 내외지간 한가운데서 잠을 잔답니다. 실제로 이렇게 잠자지 않을지라도 그리고 싶은 마음이 간절한 사람이 한두 명이 아닐 겁니다. 혹시 며느리와 아들이 사이좋은 것이 눈에 거슬린다면 회개하십시오. 아들이 아내와 행복하게 살아야지 "당신은 저 방에 가서 자. 난 어머니하고 잘 것이니까" 뭐 이런다면 되겠습니까?

그런데 왜 이렇게 비정상적인 감정이 생기는 것일까요? 자식을 지나치게 사랑한 탓입니다. 물론 자식을 사랑하지 말라는 말은 아닙니다. 부모라면 마땅히 자식을 잘 키워야 할 책임, 사랑할 책임이 있습니다. 하지만 자식 사랑에도 정도가 있습니다. 정도를 지켜 사랑하자는 말입니다.

여러분이 정말 자식 잘 키우기를 원한다면 먼저 부부간에 행복하십시오. 이것이 좋습니다. 공연히 '남편도 없다, 나도 없다, 자식만 있다' 라는 사고방식으로 산다면 그것은 바람직한 자녀 교육이 아니란 말입니다. 괜히 제 말을 곡해하시어 "허허, 자식 소용없다네. 그럼 자기는 자식 안 키우나?" 이렇게 말하지는 말아달라는 것입니다. 말의 의도를 제대로 알아들으십시오. 자녀 교육에 있어 가장 좋은 방법은 먼저 부모가 행복하게 사는 것을 보여주는 겁니다.

자식 사랑에 지나치게 집중되어 있다면 어서 빼내어 신랑에게 주십시오. 제 생각에는 신랑하고 자식하고 비슷하게 사랑하면 될 것 같습니다. 비슷하긴 하되 그래도 신랑 쪽으로 더 마음을 줘서 신랑사랑과 자식사랑의 비율이 6:4 정도 되면 좋을 것 같습니다.

주님사랑과 가족사랑의 비율도 6:4 정도면 좋다고 여겨집니다. 하나님께서 집이나 형제나 자매나 어미나 아비나 자식을 더 사랑하지 말라고 했지, 아예 사랑하지 말라고 하시지는 않았습니다. 그런데 간혹 믿음 좋다고 하는 사람들을 보면 가족은 나 몰라라 하고 일편단심 주님만 찾습니다. 하지만 그것 역시 주님께서 기뻐하시지 않습니다. 언제 주님이 다른 것은 다 나 몰라라 하고 나만 사랑하라고 말씀하셨습니까? 분명히 비교급으로 말씀하십니다. 가족을 사랑하지 말라는 것이 아니라 더 사랑하지 말라는 겁니다.

훌륭한 인격자 요셉

요셉과 마리아는 이미 정혼한 사이입니다. 우리말로 '정혼'은 다소 생소합니다. 정혼이라는 말보다는 '약혼'이라는 말을 더 많이 씁니다. 그렇습니다. 요셉과 마리아는 약혼한 사이입니다. 그리고 막상 결혼하려고 하는데 마리아가 임신을 했다고 합니다.

중요한 말씀을 드리려고 합니다. '인격과 신앙은 비례한다'는 사실입니다. 잘못된 인격을 가진 사람이 신앙이 좋기란 쉽지 않습니다. 요셉의 신앙은 훌륭합니다. 그런데 요셉은 신앙이 훌륭하기 전에 이미 인격이 훌륭했습니다. 이런 요셉을 일컬어 성경은 '의로운 사람'이라고 합니다.

요셉은 정혼자 마리아가 임신한 사실을 알고는 어떻게 행동합니까? 가만히 끊어주려고 합니다. 여러분은 함이라는 사람을 기억하십니까? 함은 벌거벗은 아버지의 수치를 보고는 동네방네 다 떠들고 다니지 않습니까? 물론 부부관계는 아니지만 타인의 수치를 보고 어떻게 반응하는가 이 점을 보려는 겁니다. 만일 요셉이 함처럼 마리아가 임신한 사실을 동네방네 떠벌리고 다녔다고 가정해봅시다. 그랬다면 마리아는 두 번 생각할 것도 없이 돌에 맞아서 죽었을 겁니다.

그렇다면 여러분은 다른 사람의 수치를 알게 될 때 어떻게 반응하십니

까? 뭐 굉장한 것을 알게 된 것처럼 동네방네 나팔이 되어 떠들고 다닌다
면 여러분의 의도와는 상관없이 수치가 알려진 사람에게 돌을 던지는 행
위를 하는 것과 같습니다. 그런데 왜 우리는 요셉처럼 다른 사람의 수치를
담아두지 못하고 함처럼 떠벌리고 다니게 되는 것일까요? 우리 안에 의로
움이 없기 때문입니다. 인격적인 의로움이 없습니다. 다소 과장되게 표현
되었다 생각할지라도 사실입니다.

마리아는 처녀의 몸으로 임신을 합니다. 그런데 요셉이 생각할 때, 처녀
가 아기를 갖는 경우는 기독교 역사 이래 없었습니다. 그러니 어떻게 이
사실을 믿고 받아들인단 말입니까? 마리아가 다른 남자와 관계를 가졌을
것이라고 충분히 생각할 수 있습니다. 이미 마리아의 뱃속에 아기가 들어
있으니 누구도 부인할 수 없는 사실이고, 변명할 수 없는 사실 아닙니까?
그런데도 요셉은 조용히 끊어주려고 합니다. 이렇게 반응하는 요셉의 인
격을 닮자는 겁니다. 모름지기 부부란 이런 인격적인 관계를 맺고 살아야
합니다.

여러분 안에는 요셉과 같은 인격이 들어있습니까? 혹시 확인도 되지 않
은 이야기를 옮기고 다니거나 있지도 않은 이야기 지어내서 말한 적은 없
습니까? 사실일지라도 남의 나쁜 말을 함부로 하면 안될 것인데 어찌 있지
도 않은 풍문을 옮기면서 다닌다는 말입니까? 그러니 우리 자신과 비교해
볼 때 요셉의 인격이 얼마나 훌륭합니까? 이런 요셉이었기에 예수님의 육
신의 아버지가 되실 수 있었던 것이 아닌가 하는 생각을 합니다. 마리아도
얼마나 괜찮은 여인인지 모릅니다. 정말 깨끗한 여인이라 동정녀 마리아
라고 합니다. 다시 말해서 예수님은 깨끗한 아버지, 깨끗한 어머니 사이에
서 태어나십니다.

오늘날 많은 부모들은 잘못된 방법으로 자식을 사랑합니다. 분명 자식을 사랑하기는 하는데 제가 볼 때 그 방법이 잘못되었다는 겁니다. 부모로서 자식에게 보여줄 수 있는 가장 좋은 사랑과 배움이 뭡니까? 자신의 깨끗한 인격과 삶을 보여주는 겁니다. 그런데 정작 자기는 엉망으로 살면서 자식만 사랑하려고 합니다. 마치 이것이 사랑인 줄 착각하면서 사는 부모가 얼마나 많은지 모릅니다. 제대로 된 사랑의 기술이 없습니다. 무조건 잘 해준다고 해서 사랑하는 것입니까? 물론 잘 해주는 것이 사랑입니다. 하지만 그보다 앞서 사랑하는 방법이 제대로 되어야 한다는 말입니다. 그런데 잘못된 방법으로 잘 해주기만 하는 부모님이 얼마나 많은지 모릅니다.

특히 무조건 내 새끼만 중하다고 여기는 부모님들이 있습니다. 옳고 그름을 떠나 무조건 내 새끼만 싸고돕니다. 그 아이의 인격이 제대로 형성되고 있는지는 전혀 상관하지 않으면서 오로지 공부만 잘하면 된다고 생각합니다. 인격은 갖추지 못하고 공부만 잘한 아이가 성인이 된 다음의 모습을 상상해보셨습니까? 그런데 이런 판단조차도 하지 못하는 부모가 얼마나 많은지 모릅니다.

또 어떤 가정은 부부가 오로지 자녀 하나에만 매달려서 삽니다. 그럼 자녀 하나 건지자고 가정은 다 버려도 된다는 말입니까? 물론 자녀를 키우다 보면 시기적으로 그래야 될 때가 있긴 합니다. 하지만 그 중심만큼은 잊지 맙시다. 만일 네 식구가 한 가족을 이루어 살고 있다면 가족 모두의 비중이 적절해야 합니다. 아버지, 어머니, 그리고 자녀 둘을 둔 가정이라고 칩시다. 그렇다면 아빠가 3쯤 되고 엄마가 3쯤 되고 아이들이 각각 2씩 되어 합해서 10이 되는 것이 가장 바람직합니다. 그런데 어떤 가정을 보면 아빠도 1, 엄마도 1, 딸도 1, 그리고 아들이 7 이렇습니다. 도대체 무엇 하는 짓입니까?

우리 가정은 가족 구성원에 대해서 어느 정도의 비중을 두고 있는지 궁금하다면 그것을 잴 수 있는 정확한 자료가 있습니다. 바로 그 가정의 돈 씀씀이, 시간 씀씀이를 따져보면 됩니다. 돈도 시간도 지나치게 자녀에게 몰리고 있다면 그것은 문제가 됩니다. 이런 가정을 보면 자녀들이 느끼는 부담감이 얼마나 큰지 모릅니다. 물론 사람들에게는 저마다 적당한 부담감이 필요합니다. 하지만 모든 식구가 자신만 바라보는 듯한 부담감을 자녀가 느낀다면 아이는 감당하기 힘들어집니다. 아이의 입장이라면 얼마든지 그럴 수 있습니다.

사실 보면 남편에게 사랑받지 못하는 아내가 자식에게 자신의 모든 사랑을 쏟습니다. 벌써 이것 자체가 기형이요, 비정상입니다. 물론 이상적으로 사랑을 분배하고 물질을 분배하고 균형 맞추어서 산다는 것이 쉬운 일은 아닙니다. 하지만 이것들이 적절할 때 가정은 건강한 모습이 됩니다.

돈도 가족의 비중에 따라서 씁니다. 총 수입이 100만원이면 아빠가 30만원, 엄마가 30만원, 딸이 20만원, 아들이 20만원 이렇게 쓰는 것이 좋습니다. 대기업의 간부면 사실 사회적으로 성공한 가정 아닙니까? 그런데도 자식 공부시키겠다고 아르바이트를 한다니 말이 됩니까? 그렇게 키운다고 해서 그 아이가 세계적인 인물이 되는지 아십니까? 천만의 말씀입니다. 지금 온 나라가 과열된 교육열로 주체성을 잃고 뛰고 있습니다. 누군가는 정신을 차리고 그 중심을 잃지 말아야 합니다.

토끼란 놈이 자고 있는데 머리로 밤송이가 떨어집니다. 놀라서 파다닥 뜁니다. 토끼 한 마리가 뛰니까 곁에 있던 토끼들도 놀라서 뜁니다. 이렇게 토끼들이 떼를 이루어 뛰니까 노루도 뜁니다. 그러자 여우도 뛰고 호랑이까지 막 뜁니다. 이렇게 막 뛰기는 뛰는데 왜 뛰는지 궁금합니다. "도대체 내가 지금 왜 뛰냐?" "몰라. 저 아이가 뛰니까 따라 뛰는 거야." "그럼 넌 왜 뛰냐?" "몰라, 저 아이가 뛰길래." 그렇게 발단을 찾아가니까 시작이 토끼입니다. 토끼에게 묻습니다. "왜 뛰냐?" "자다 보니 머리에 뭐가 떨어져서 뛰는 거예요." 지금 과열된 교육열로 뛰고 있는 우리나라의 부모들을 보면 딱 이 모습입니다.

과외 시키는 부모들에게 물어봅니다. "여러분들은 왜 자녀들에게 과외를 시킵니까?" 물론 명목적인 대답은 아이를 훌륭하게 키우기 위해서라고 합니다. 하지만 이것은 포장된 하나의 구실에 불과합니다. 실상은 남들이 하는데 나만 안 할 수 없다는 겁니다. 요새 과외하지 않는 아이가 어디 있느냐는 겁니다. 남들 다 하는데 우리 아이만 하지 않으면 금방 뒤쳐진다는 생각에 너도나도 과외를 하는 것이 우리 교육의 현주소입니다.

왜 우리나라의 삶이 이렇게 복잡해진 줄 아십니까? 왜 균형을 잃어가는지 아십니까? 지나치게 많은 돈이 과외비로 지출되기 때문입니다. 공교육 가지고는 되지 않는다고 하면서 너도나도 사교육을 합니다. 그런데 이것이 사회를 복잡하게 흔듭니다. 이제는 정말 누군가 의식 있는 사람이 나서서 브레이크를 잡아주어야 합니다.

사교육에 집중된 아이들을 보면 학교 수업시간에 꼬박꼬박 줍니다. 이렇다면 문제라고 말들은 하면서도 어느 누구 나서지 않습니다. 이제 의식 있는 크리스천들이 나서야 할 때입니다. "아이고, 목사님. 그러면 뒤처집니다"라고 말씀하고 싶습니까? 아닙니다. 절대 뒤처지지 않습니다. 오래 갈 것도 없이 20년만 지나면 균형 있게 물질과 시간을 쓴 가정과 시대의 흐름에 따라 주관 없이 산 가정을 비교해 보면 현저하게 달라질 것입니다.

언제부터인지 자녀들 유학 보내는 것이 붐입니다. 그런데 그렇게 유학 가서 죽을 고생 끝에 박사 학위를 받는다고 해도 일할 곳을 보장받지 못합니다. 그렇게 유학을 보내려면 어떻게 해야 합니까? 남편도 아내도 옷 한 벌 제대로 사 입지 못합니다. 먹을 것도 제대로 먹지 못하면서 돈을 보내야 겨우 공부할 수 있습니다. 그런데 그렇게 공부하고 돌아올지라도 기껏 해야 보따리 시간강사 정도입니다.

물론 아주 극단적인 예라 여겨질지도 모르겠습니다. 하지만 없는 말을 하는 것이 아닙니다. 이것이 우리의 현재 모습입니다. 성경에 본받아야 할 모습들이 얼마나 많은데 우리는 왜 이렇게 살아가는 겁니까? 왜 이리 흔들 저리 흔들거리십니까? 그렇다고 해서 아이들 다니고 있는 학원이고 뭐고 다 때려치우라는 말은 아닙니다. 부모라면 마땅히 자녀를 가르쳐야 할 책임이 있습니다. 하지만 균형은 잃지 말자는 겁니다.

어떤 사람이 얼굴에 뭐가 자꾸 납니다. 이 사람은 겉으로 드러난 것만 문제인 줄 알았는데 사실 그 원인은 장에 있었습니다. 속이 잘못 되니까 자꾸 밖으로 뭐가 나는 것입니다. 그런데 사람들은 속은 놔두고 겉만 가지고 뭐라고 합니다. 그러다가 여기 저기 상태가 더 심각해집니다. 왜 잘못된 속은 보지 못하고 겉만 보십니까?

자식 문제가 이와 같습니다. 만일 자식에게 문제가 보인다면 그 문제의 원인은 자식이 아니라 부모이기 쉽습니다. 좀더 깊숙하게 들어가자면 부모가 자식을 잘못 키운 것보다 먼저 부모 자신이 잘못 살아왔던 것이 근본 원인이라는 겁니다. 이런 이유로 자녀 교육의 가장 좋은 방법은 부모가 행복하게 사는 겁니다. 엄마 아빠가 서로 사랑하는 모습을 보여준다면 자녀는 저들이 알아서 먼저 빨리빨리 결혼해서 아빠처럼 엄마처럼 행복하게 살고 싶다고 합니다. 하지만 부모가 원수처럼 지낸다면 아이들은 결혼하지 않겠다고 합니다. 결혼하라고 하면 "내가 엄마처럼 살려고 시집가서 고생하란 말이야?"라고 반문합니다.

부부관계가 가장 중요하다고 해서 자식은 나 몰라라 하고 부모들은 놀러 다니라는 말은 아닙니다. 이것 역시 비교육적입니다. 제발 이렇게 말한다고 해서 이리 확 쏠리고 저렇게 말한다고 해서 저리 확 쏠리지 말고 중심을 잡으십시오. 어떤 분에게 열심히 기도하라고 그랬더니 집에도 들어가지 않고 기도만 합니다. 그래서 살림도 하시라고 했더니 이제는 살림하느라 교회에 나오지도 않습니다. 그런 사람에게 무슨 말을 하겠습니까?

정리하겠습니다. 부부의 행복한 삶이 가장 좋은 자녀교육입니다. 돈이되었든 시간이 되었든 적절한 선에서 균형을 잡으면서 가정을 가꾸어나가십시오. 가족 구성원 가운데 아주 중요한 시기가 있어 한시적으로 다소 집중될 수는 있지만 그렇다고 해서 그 중심을 잃어서는 안됩니다.

기도하면서 문제를 푸는 요셉

요셉은 마리아가 임신한 사실을 알고 조용히 끊어주려고 합니다. 그랬더니 그 밤에 하나님이 해결해 주십니다. 천사가 나타나서 마리아를 데리고 오라고 합니다. 천사가 해결해 주었다는 것이 무슨 말입니까? 결국 하나님께서 해결해 주셨다는 것 아닙니까? 그렇다면 요셉이 아무 일도 하지않았는데 그냥 해결해 주신 것이라고 생각합니까? 그렇지 않습니다. 물론 성경에 요셉이 그 문제를 놓고 기도했다는 기록은 없지만 요셉은 분명히 뭔가 행동을 취하기 전에 기도했습니다. 왜 그렇습니까? 하나님의 천사가 현현하는 방법은 기도 외에는 없기 때문입니다. 예수님도 겟세마네 동산에서 기도할 때 천사가 나타나서 도와주었고, 야곱도 광야에서 힘들게 기도할 때 사다리를 오르락내리락 하는 천사를 보면서 힘을 얻습니다. 아브라함 역시 부인 사라를 빼앗기고 난 후 기도할 때 천사가 나타나서 해결해 줍니다.

> 책을 취하시매 네 생물과 이십사 장로들이 어린 양 앞에 엎드려 각각 거문고와 향이 가득한 금대접을 가졌으니 이 향은 성도의 기도들이라 (계 5:8)

이 말씀을 보면 향이 기도라고 합니다. 다음은 요한계시록 8장 3절입니다.

> 또 다른 천사가 와서 제단 곁에 서서 금향로를 가지고 많은 향을 받았으니 이는 모든 성도의 기도들과 합하여 보좌 앞 금단에 드리고자 함이라

다시 말해서 우리가 기도하면 공중에 외치는 말로 그치는 것이 아니라 향처럼 하나님 앞에 올라간다는 뜻입니다. 그리고 하나님은 이런 기도에 응답을 주신다는 말입니다. 그래서 그런지 불교에서는 자꾸 이것을 따라 향을 피웁니다. 기도는 제대로 하지 않으면서 향만 피웁니다. 쓸 데 없는 짓입니다. 그런데 우리는 향을 피우는 것이 아니라 기도를 합니다. 그 기도가 곧 향이라는 말입니다.

그러니까 요셉에게 천사가 나타나서 해결해 주었다는 것을 볼 때 요셉은 분명 그 문제를 놓고 기도했을 겁니다. 저는 여러분이 감당하지 못할 어려움이 있을 때마다 기도하는 사람이 되시기를 바랍니다. 기도하는 사람이 의로운 사람입니다. 저는 이 말씀을 드리고 싶습니다.

저도 처음에는 요셉의 인격이 훌륭한 것만 보았습니다. 하지만 인격이

훌륭한 사람일수록 이런 부도덕한 일을 보지 못합니다. 인격이 엉망인 사람은 남들이 부도덕한 행동을 해도 자기가 그렇게 사니까 대체로 너그럽습니다. 하지만 인격이 고상한 사람에게는 충격을 줍니다. 이런 이유로 인격이 훌륭해서 요셉이 그렇게 행동한 것은 아니란 말입니다. 그가 그렇게 할 수 있었던 것은 하나님께서 그 마음을 붙잡아주셨기 때문입니다. 천사가 나타나서 해결해 주시는 것을 보고는 하나님이 그 마음을 붙잡아 주셨다고 하는 증거를 얻었습니다. 저는 여러분의 인격이 훌륭하다면 참 좋겠습니다. 하지만 다소 인격이 부족할지라도 기도를 많이 하면 훌륭한 인격보다 얼마든지 더 훌륭해질 수 있습니다. 하나님이 역사하시기 때문입니다.

여러분은 이런 경험을 하신 적이 있습니까? 걱정을 하려고 해도 기도 많이 하고 나면 걱정이 되지 않는 것. 걱정을 하지 않으려고 해도 걱정이 되는 것. 이것이 하나님과의 관계 속에서 문제이지, 내 마음의 문제만은 아닙니다. 어떤 문제를 만나든 요셉처럼 기도하시는 여러분이 되시길 바랍니다. 그럴 때 하나님이 해결해 주십니다. 그것이 가장 깔끔한 해결책입니다.

그렇습니다. 가정문제이든, 교회 문제이든 기도만이 해결책입니다. 기도할 때 가정은 더 좋은 가정이 될 것이고 교회는 더 부흥하게 될 것입니다. 오히려 문제가 있음으로 큰 열매를 맺을 수 있게 된다는 말입니다.

만일 요셉이 인간적인 방법으로 해결했다고 가정해봅시다. 인간적인 방법 즉, 어떻게 그런 일이 벌어질 수 있었는지 정밀조사를 하고, 의사들에게 임신의 여부를 묻고, 마리아에게 추궁을 했다면 이 문제는 해결되기는커녕 더 복잡해졌을 것입니다. 요셉은 먼저 하나님 앞에 그 문제를 놓고 기도합니다. 우리는 이런 요셉의 모습을 통해 배워야 합니다.

물론 하나님의 위대한 일이니까 어떤 방법으로든 하나님은 이 일을 이루셨겠지만 인간 된 우리의 소견으로 이런 생각이 들기도 합니다. 만약에 이 일이 잘못 수습이 되어 마리아가 돌에 맞아 죽는다면 그것도 문제이지만 마리아의 뱃속에 있는 누가 죽을 뻔한 것입니까? 요셉의 한사람의 실수가 인류의 구원을 망칠 수도 있다는 겁니다. 우리에게는 이와 비슷한 실수를 저지른 조상 아담과 하와가 있습니다. 아담 한 사람의 실수로 인해, 선악과를 따먹는 하와로 인해 모든 인류가 죄 가운데 빠지고 맙니다.

우리도 마찬가지입니다. 우리의 한 순간의 실수로 인해 많은 물질을 잃게 됩니다. 우리의 한 순간의 실수로 인해 생명을 잃기도 합니다. 한 순간의 실수로 인해 단란하던 가정의 행복이 파괴되기도 합니다. 우리 주변에서 그리고 우리 가정에서 이런 일이 얼마나 많이 일어납니까? 그렇습니다. 인격적으로도 갖추어야겠지만 그보다 먼저 문제를 만날 때마다 기도하는 여러분들이 되시길 간절히 바랍니다. 기도 안에서 좋은 부부관계를 이루십시오. 그럴 때 여러분의 자녀가 좋은 사람으로 성장하게 됩니다. 그렇게 자란 좋은 자녀가 인류를 구원한다는 말입니다. 인류나 민족까지는 구원하지 못한다 할지라도 동네는 구원해야 되는 것 아닙니까? 동네까지는 가지 않더라도 우리 가족이라도 바르게 세워야 되는 것이 아니냐 이 말입니다. 겉보기에는 자식이 세운 것 같지만 그렇게 세울 수 있는 기반은 부부가 만들어준 것입니다.

세상을 살다 보면 파괴하는 부부도 많습니다. 가정을 파괴하고 에덴의 행복을 파괴하는 부부가 얼마나 많은지 모릅니다. 하지만 반면 가정을 살리고 인류를 구원하는, 민족을 구원하는 부부도 얼마든지 있습니다. 저는 후자의 부부가 되기를 주의 이름으로 축원합니다.

뭔가를 이루는 부부가 되시길 바랍니다. 우리 부부는 애당초 틀렸다고 생각이 되십니까? 자신이 없습니까? 포기하지 말고 야무진 결심을 하십시오. 여러분이 정말 좋은 부부가 될 때 여러분의 자녀는 바르게 성장하고 그 자녀가 큰 역사를 이룹니다. 그래서 그 자녀가 또 좋은 부부를 이루고 또 좋은 자식을 낳고…. 이렇게 역사는 흘러갑니다.

혼자서 믿음을 지키기란 차라리 쉽습니다. 그런데 부부가 함께 믿음을 지킨다는 것이 얼마나 어려운지 모릅니다. 그래서 많은 사람이 모인 교회가 어려운 것입니다. 혼자라면 뭐 참을 것도 없습니다. 하지만 둘이기 때문에 참아야 합니다. 혼자라면 대강 해먹고 살아도 문제가 되지 않는데 둘이기 때문에 갖추어서 해먹어야 합니다. 여러 모로 부부관계는 쉽지 않습니다. 하지만 이렇게 힘든 일을 해낼 수 있는 사람은 아내들입니다. 그러니까 여자가 훌륭한 것입니다. 이 훌륭함을 포기하지 마십시오. 그리고 끝까지 훌륭하시기를 바랍니다.

X 다윗

다윗

폐하시고 다윗을 왕으로 세우시고 증거하여 가라사대 내가 이새의 아들 다윗을
만나니 내 마음에 합한 사람이라 내 뜻을 다 이루게 하리라 하시더니
〈사도행전 13장 22절〉

이름의 뜻 하나님의 극진한 사랑을 받은 자

가족관계 아버지-이새, 아내-미갈·아히노암·아비가일·마아가·
학깃·아비달·에글라·밧세바, 자녀-암논·길르압·압살
롬·아도니야·스바댜·이드르암·삼무아·소밥·나단·솔
로몬·입할·엘리수아·엘리벨렛·노가·네벡·야비아·엘
리사마·엘랴다·엘리벨렛

우리는 그 동안 참으로 많은 사람을 만났습니다. 어찌 보면
아주 오래 전에 살다가 죽은 과거의 사람이라고도 할 수 있는 그들에 대해
왜 공부했는지 아십니까? 우리의 인생은 되풀이되기 때문입니다. 참 신기
하게도 인간의 삶은 반드시 되풀이됩니다. 인간들의 삶이 되풀이되니까
당연히 역사도 되풀이됩니다. 때문에 역사를 안다는 것은 너무도 중요합
니다. 역사를 무시하면 안됩니다. 더군다나 기독교는 역사적 종교입니다.
일반 무속종교에는 역사성이 없습니다. 그저 현세에서 잘 먹고 잘 살면 족
합니다. 그것으로 끝입니다. 하지만 기독교는 다릅니다. 현세를 잘 먹고
잘 산다고 해서 끝까지 좋지는 않다고 봅니다.

이러한 역사관을 가지고 사는 사람과 역사관이 없는 사람은 그 삶에 있어 굉장한 차이가 납니다. 역사관이 있는 사람은 일단 흐릿하게 살지 않습니다. 자신의 종적이 지금으로 끝나는 것이 아니라 두루 역사에 남는다는 것을 잘 알기 때문에 어영부영 살지 않습니다. 태초부터 지금까지 이렇게 길고 긴 세월을 생각한다면 어쩌면 우리의 삶은 잠시 머무는 별 의미 없는 존재에 불과해 보일지도 모릅니다. 하지만 역사성을 생각할 때 우리의 삶의 가치는 달라집니다. 우리의 인생은 잠시 머물고 가는 현재의 삶에 불과한 것이 아니라 역사의 한가운데 있기 때문입니다.

게다가 우리 삶의 역사는 천국까지 영원히 이어집니다. '역사를 생각하며 현실의 삶을 포기할 수 있는 정신' 이야말로 진정한 크리스천의 정신이라고 할 수 있습니다. 믿음의 사람들을 보면 믿음으로 인해 위대한 결정을 하기도 하지만 때로는 역사관이 그들의 결정을 좌우하더란 말입니다.

다윗은 이미 수천 년 전에 살다가 죽은 사람입니다. 하지만 오늘을 사는 우리의 입에서 지금도 다윗의 삶은 회자되고 있습니다. 아브라함도 마찬가지입니다. 4천년 전의 아브라함이 지금도 역사성을 가지고 이야기된다는 말입니다. 이처럼 인물은 반복됩니다. 역사도 반복됩니다. 때문에 위대한 사람들은 오늘을 사는 우리에게도 값진 교훈이 됩니다. 이 감동을 여러분들과 함께 나누고 싶습니다.

내 마음에 합한 자 다윗

대미를 누구로 장식할 것인지 많은 고민을 했습니다. 그러다 아끼고 아껴주었던 인물 다윗을 공부하려고 합니다. 다윗이 누구입니까? 성경에 나오는 3만 명의 인물들 중 그 누구도 듣지 못한 찬사를 들은 사람이 바로 다윗입니다.

> 내가 이새의 아들 다윗을 만나니 내 마음에 합한 사람이라 (행 13:22)

얼마나 하나님의 마음에 흡족하셨으면 '내 마음에 합한 사람' 이라는 극찬을 들었겠습니까? 아무나 들을 수 있는 칭찬이 아닙니다. 성경에서도 오직 다윗만이 하나님으로부터 이런 칭찬을 들었습니다. 아브라함도 듣지 못한 칭찬, 모세도 듣지 못한 칭찬, 엘리야도 듣지 못한 칭찬을 오로지 다윗만 들었습니다. 다시 말해서 하나님은 다윗 외에는 누구에게도 이런 찬사를 하시지 않았습니다. 오직 다윗에게만 주신 말씀입니다.

'다윗의 어떤 마음들이 그렇게 하나님의 마음에 쏙 들었을까?' 저는 하나님으로부터 이런 칭찬을 들은 다윗이 얼마나 부러운지 모릅니다. 저는 잘 먹고 잘 사는 것에는 그리 큰 욕심이 없습니다. 하지만 하나님으로부터 "내가 갑석이 아들 경동이를 만나니 내 마음에 합한 사람이라"고 해주신다면 얼마나 좋을까 하는 욕심은 간절합니다.

만일 하나님께서 "저 녀석은 괜찮게 살고 외모도 반듯하고 입성도 좋은데 영 내 마음과 달라"라고 말씀하신다면 얼마나 심각합니까? 저나 여러분이나 하늘에 소망을 두는 욕심을 갖기를 간절히 바랍니다. 하나님께서 만일 여러분을 향해 "넌 어떻게 마음이 내 마음과 같냐?"라고 하신다면 더 이상 뭘 더 바라겠습니까? 아무리 사는 것이 힘들고 어려워도 감사하면서 살 수 있을 겁니다. 하지만 반대로 "생긴 것은 오드리 햅번 같고 입은 옷은 명품인데 저 아이는 상종하지 못할 아이이다"라고 하신다면 어떻게 하겠습니까? 그렇다면 차라리 태어나지 않았던 것이 더 좋을지도 모르는 인생이 될 수도 있습니다.

그렇다면 여러분은 왜 다윗이 '하나님의 마음에 합한 자' 라는 칭찬을 들었는지 궁금하지 않습니까? 이제부터 다윗의 삶을 살펴보려고 합니다.

하나님의 극진한 사랑을 받은 다윗

다윗이라는 이름은 '하나님의 극진한 사랑을 받은 자' 라는 뜻을 가지고 있습니다. 그러니 얼마나 좋은 이름입니까? 하나님의 일반적인 사랑만 받아도 고마운데 극진한 사랑을 받았다니 얼마나 감사한 일입니까? 그런데 다윗의 인생을 보니까 하나님의 마음에 합한 행동을 합니다. 그러니 하나님이 더욱 극진하게 사랑해주셨다는 말입니다.

잘 들으십시오. 하나님의 극진한 사랑을 받은 사람을 보면 물론 하나님으로부터 일방적인 사랑이 내려오기도 하지만 그 사람 역시 사랑받을 만한 삶을 삽니다. 마치 다윗의 삶이 하나님의 사랑을 끌어당길 만했던 것처럼 말입니다. 하나님은 누구에게나 똑같이 사랑이십니다. 그런데 왜 사울은 하나님의 사랑을 받지 못했을까요? 하나님은 한결같은 분이신데 왜 에서는 하나님의 사랑을 받지 못하고 야곱은 특별한 사랑을 받았을까요? 말씀을 읽어보면 하나님께서는 에서를 미워하고 야곱을 사랑하신다고 기록하고 있습니다. 그렇다면 이것이 하나님 편에 문제가 있는 것일까요, 아니면 사람의 편에 문제가 있는 것일까요? 저는 사람에 따라 사랑이 좌우된다고 봅니다.

물론 이런 주장이 온전하지는 못합니다. 하지만 반쪽만 이야기한다면 하나님의 극진한 사랑을 받지 못한다면 나 때문에 그렇다는 겁니다. 반대로 하나님의 극진한 사랑을 받았다면 그것 역시 나 하기 나름이라는 것입니다. 다윗도 마찬가지입니다. 그가 하나님의 극진한 사랑을 받았다면 다윗이기 때문에 가능했다는 사실입니다.

그런데 많은 사람들은 자신은 보지 않고 하나님이 공평하시지 않다고 불평합니다. 하지만 그것은 인간 된 우리의 생각이고 우리의 방식일 뿐입니다. 하나님은 태초부터 지금까지 동일하게 모든 인간들을 사랑하십니다. 단지 사람 편에서 사랑을 받을 자질이 있는지 없는지가 좌우된다는 말입니다. 어떤 분은 심지어 "요새 하나님께서 날 사랑하시지 않는 것 같아"라고 말합니다. 아닙니다. 하나님은 어제나 오늘이나 한결같은 분이십니다.

야곱과 에서 형제를 탕자의 형제로 비교해봅시다. 얼핏 보기에는 에서가 탕자에 가깝고 야곱이 탕자의 형에 가깝게 보입니다. 타락한 에서는 탕자, 착한 야곱은 집에 착하게 있던 탕자의 형처럼 생각됩니다. 그런데 하나님의 사랑을 받는 것을 보면 타락한 탕자가 야곱이 받은 하나님의 사랑을 받습니다. 왜 그런지 아십니까? 타락한 탕자일지라도 돌아와 회개할 때 하나님은 사랑하십니다. 하지만 아버지의 집을 떠나 고생하던 탕자는 이렇게 생각했습니다. '나는 아버지의 종만 되어도 좋겠다. 어쩌면 아버지가 날 보고 싶어하지 않을지도 모르겠다.' 하지만 아버지의 생각은 아들과 전혀 달랐습니다.

여러분은 탕자의 아버지 심정이 이해되십니까? 그렇다면 부모의 심정으로 자식을 보십시오. 자식을 여럿 키우다 보면 착해서 더 사랑스러운 녀석이 있기도 합니다. 하지만 때로는 잘못되고 병들고 아픈 자식에게 더 측은한 마음이 들기도 하지 않습니까? 하지만 자식들은 그렇게 생각하지 않습니다. 그저 자기 입장에서 '나 같은 것은 부모님 속만 썩이고 힘들게 하니까 차라리 죽으면 더 좋아하실 것이다' 라고 생각합니다. 하지만 부모의 마음은 자식의 마음과 다릅니다. 모든 부모들은 좀 못 미치는 자식, 아픈 손가락과 같은 자식을 더 사랑하시는 법입니다.

어떤 자녀는 '왜 나에게는 재산을 주지 않고 형에게만 줍니까?' 라면서 불평합니다. 아직도 속을 차리지 못해서 이런 말을 하는 겁니다. 머지않아 바닥낼 것이 뻔히 보이는데 어떤 부모가 이런 자식에게 재산을 물려준다는 말입니까? 하지만 그런 자녀일지라도 정신만 차리고 바른 자세로 살아간다면 부모의 능력이 닿는 한 더 주고 싶은 것이 부모의 마음입니다.

탕자의 아버지도 마찬가지입니다. 탕자가 허랑 방탕한 삶을 살았을 때는 아버지일지라도 아무런 도움을 주지 못했습니다. 그렇다고 해서 아버지가 탕자를 사랑하지 않은 것입니까? 아닙니다. 자식을 향한 사랑은 동일합니다. 하지만 도와줄 수는 없었다는 말입니다. 하지만 탕자가 회개하고 돌아올 때 아버지는 있는 힘껏 아들을 반기고 도와줍니다. 그러니 탕자가 도움을 받는가, 받지 못하는가 하는 것은 아버지에 따라 달라지는 것이 아니라 탕자의 몫이란 말입니다.

하나님은 언제나 동일하신 분입니다. 한결같으신 하나님을 놓고 이러쿵저러쿵 하지 맙시다. 하나님은 건드리는 것이 아닙니다. 믿음 생활을 열심히 하는 사람들은 이렇게 생각합니다. '우리 목사님이 요새 내가 아주 예쁠 거야. 날 아주 사랑하실 거야.' 그런데 본인이 생각할 때 주일도 제대로 지키지 못하고 십일조도 온전히 드리지 못하고 신앙생활도 제대로 하지 못하는 사람은 본인이 먼저 이렇게 생각합니다. '우리 목사님 날 보기 싫어하셔. 눈초리가 벌써 틀려졌던걸 뭐.' 제발 김밥 옆구리 터지는 소리 좀 하지 마십시오. 목회자의 심정은 그렇지 않습니다. 여러분이 주님의 뜻대로 살지 못할수록 안타까운 마음이 깊어집니다. 하지만 그런 마음이 미움과는 본질적으로 다릅니다. 그런데 많은 사람들이 자기의 기준에 대고 잘못 생각합니다.

여러분이 하나님의 복을 받지 못한다고 해서 한결같으신 하나님을 손대지는 맙시다. 하나님은 어제나 오늘이나 동일하게 여러분을 사랑하십니다. 문제는 여러분이 하나님의 극진한 사랑을 받기에 합당한 자냐는 데 있습니다. 하나님의 문제가 아니고 내 문제입니다. 하나님은 누구를 향해서든 동일한 눈으로 보십니다. 어떤 사람은 사랑의 눈으로 보시고 어떤 사람은 미움의 눈으로 보시지 않습니다.

에서만 해도 그의 행동이 이미 복 받는 자와는 거리가 멉니다. 일단 이방 여자와 결혼합니다. 게다가 하나님 앞에 한번도 제대로 된 제사를 드리지 않습니다. 게다가 20년 동안 동생을 잡아죽이겠다는 각오로 씩씩거리면서 삽니다. 그러니 어찌 하나님께서 에서를 사랑하시겠습니까? 하지만 에서와 같은 사람이라도 회개하고 돌아온다면 하나님은 사랑해주십니다.

하지만 야곱의 삶을 봅시다. 야곱의 삶은 에서의 삶과 사뭇 다릅니다. 야곱은 오로지 하나님의 복을 사모하며 기도합니다. 시시때때로 단을 쌓는가 하면 믿음 안에서 살고자 천사와 씨름해서 이기기도 합니다. 그러니 하나님은 야곱을 사랑할 수밖에 없습니다. 저는 여러분들이 하나님의 복을 받기에 합당한 사람들이 되시길 간절히 바랍니다.

막내 다윗이 받은 하나님의 복

성경에서 보면 장자의 권한이 얼마나 큰지 모릅니다. 큰일을 이룬 사람을 봐도 대다수가 장남입니다. 그런데 다윗은 여덟 아들 가운데 막내입니다. 제가 희소식 하나 알려드리겠습니다. 막내도 얼마든지 큰일을 할 수 있습니다.

저는 이 기회에 여러분들에게 부탁 하나 드리겠습니다. 맏자식이 되었든 막내자식이 되었든 부모님을 모실 수 있다면 모시도록 하십시오. 때로는 치매로 정신이 온전치 못한 부모님들도 계십니다. 그런 부모님일수록 더욱 모십시오. 저는 이 부분의 중요성에 대해 아주 절실하게 느낍니다.

감사하게도 우리 교회는 아주 많은 분들이 부모님들을 모시고 삽니다. 제가 부모님을 모시는 것이 얼마나 어려운지를 몰라서 드리는 말씀이 아닙니다. 하지만 이처럼 보람되고 착하고 아름다운 일도 없습니다. 건강한 부모님을 모시는 것은 그나마 좀 낫습니다. 하지만 병든 부모님이 계시다면 아주 많은 부분들을 포기하고 희생해야만 모실 수 있습니다. 그런데, 이렇게 대소변도 가리지 못하는 병든 부모님은 예수님의 또 다른 모습이라는 것을 아십니까? 예수님이 부모님의 모습으로 우리 집에 오신 겁니다. 그러니까 당연히 극진한 마음으로 모셔야 합니다.

저희 성도님들을 보면 맏자식은 맏자식이라 부모님을 모시지만 막내들도 얼마나 부모님을 잘 모시는지 모릅니다. 부모님을 모시다 보면 많은 것을 희생해야 하는데 그것을 감수하면서 얼마나 아름답게 살아가는지 모릅니다.

다윗도 맏자식이 아닙니다. 하지만 하나님으로부터 큰 복을 받습니다. 보면 대개 막내는 생각하는 것도 막내 같고, 말하는 것도 막내 같고, 행동하는 것도 막내 같습니다. 어릴 때도 큰아들은 생각하는 것도 큰아들 같고, 행동하는 것도 큰아들 같습니다. 하지만 꼭 그런 것은 아님을 다윗이 증명해줍니다.

성경 속에서 장자가 받는 축복을 보면서 낙심하는 사람들도 있습니다. 하지만 여러분은 큰딸이 아니라고, 큰아들이 아니라고, 큰며느리가 아니라고 낙심하지 말 것은 얼마든지 막내도 하나님의 큰 복을 받을 수 있다는 증거가 바로 다윗입니다.

인격을 갖춘 다윗

우리는 모든 것이 하나님의 은혜로 되어진다는 생각에 모든 책임을 하나님께 전가하고 "하나님의 뜻대로 하시옵소서"라고 합니다. 하지만 하나님은 인격적인 분이십니다. 인격이라는 것이 뭡니까? 하나님 안에도 지·정·의가 있다는 겁니다. 그러니 인격적인 하나님이 비인격적인 인간과 교제할 수 없다는 겁니다. 다시 말해서 아무나 성령 충만함을 받는 것 같지만 그렇게 되기 위해서는 먼저 인격적으로 갖추어져야 된다는 말입니다.

사람들 중에는 소문이 좋은 사람이 있는가 하면 더러는 소문이 좋지 못한 사람들도 있습니다. 하지만 소문과 그 사람의 실상이 항상 일치하는 것은 아닙니다. 그런데 우리는 겪어보지도 않고 소문이 좋지 못한 사람은 안 좋은 사람이라고 생각하고 소문이 좋은 사람은 좋은 사람일 것이라고 생각합니다. 어떤 사람은 소문은 좋지 않은데 그 사람과 사귀면 사귈수록 얼마나 인격이 훌륭한지 모릅니다. 이렇게 인격을 갖춘 사람들이 은혜를 받습니다.

저는 돈을 가지고도 사람을 평가하지 않습니다. 인품으로 평가하지 않습니다. 입성을 보아서 평가하지도 않습니다. 그가 은혜를 받는가, 받지 못하는가에 따라 그 사람을 평가합니다. 두 여자가 있습니다. 한 여자는 겉보기에 정말 형편없고 다른 한 여자는 참 멋있습니다. 그런데 외모가 보잘 것 없는 여인은 무척 은혜를 사모하고 근사한 여인에게는 은혜를 사모하는 마음이 없습니다. 은혜가 가득한 여인은 하나님의 기준에 은혜 받을 만한 자이기 때문에 은혜를 받습니다. 하지만 아무리 멋진 외모일지라도 하나님의 기준에 맞지 않는다면 은혜를 받을 수 없습니다.

여러분도 외모로 사람을 평가하지 마십시오. 물질로도 평가하지 마십시오. 은혜로 평가하시기를 바랍니다. 왜 그렇습니까? 하나님은 잘못된 인격 속에 내주하시지 않습니다. 그 대표적인 인물이 바로 사울입니다. 하나님은 사울의 인격이 잘못되니까 그 안에 내주하시지 못하시고 떠나시고 맙니다.

이때 우리가 조심해야 하는 함정이 있습니다. '그렇다면 내가 못되게 굴면 하나님이 떠나시는가?' 그렇지 않습니다. 사울의 경우는 구약 시대의 이야기입니다. 구약 시대에는 하나님의 신이 임하기도 하고 떠나시기도 했습니다. 하지만 신약 시대에는 다릅니다. 성령으로 내 안에 늘 내주하시기 때문에 떠나시지 않습니다. 그러니까 우리는 구약과 신약을 구분할 수 있어야 합니다. 때문에 '하나님이 나를 떠나시면 어떻게 하나' 하는 염려는 하지 않으셔도 됩니다. 성령님은 말할 수 없는 탄식으로 내 안에서 고통스러우실지라도 떠나시지는 않습니다. 끝까지 기다려주십니다. 그러니까 하나님이 떠나실까 하는 염려는 하지 않아도 됩니다.

하나님은 다윗을 통해 역사하십니다. 왜 다윗은 이렇게 크게 쓰임을 받습니까? 다윗이 인격을 갖추었기 때문입니다. 하나님의 역사를 바라면서 어디 가서 몇날 며칠을 금식하는 사람들이 있습니다. 그런데 이 사람이 모르는 것이 있습니다. 하나님은 인격을 갖춘 사람을 통해 역사하신다는 사실입니다. 하나님의 역사하심에 쓰임 받고 싶다면 먼저 자신의 인격을 돌아보아야 합니다. 근본적으로 자신의 인격을 갖추어야 하나님이 내 안에 들어오십니다.

넉넉한 마음으로 사는 다윗

다윗을 보면 그렇게 마음이 넉넉할 수 없습니다. 저는 여러분들에게 넉넉한 마음으로 살자고 당부하고 싶습니다. 세상을 살다 보면 뭐든지 다 좋은 것도 없고 다 나쁜 것도 없습니다. 어차피 좋은 것 속에 나쁜 것 감수해야 하고, 나쁜 것 속의 좋은 것도 감수해야 합니다. 마음이 넉넉한 사람들은 이런 것을 알고 참습니다. 하지만 속이 좁은 사람들은 사소한 문제 하나만 있어도 참지 못합니다. 어떤 사람은 사소한 몇 가지로 이혼을 결정하기도 합니다. 이혼에 따른 더 큰 어려움은 보지 못하고 자기와 맞지 않는 사소한 몇 가지로 인해 파괴적인 결정을 합니다.

이제부터라도 넉넉한 마음으로 삽시다. 자식을 키우다 보면 속상할 때가 참 많습니다. '내가 저 녀석을 왜 낳았나' 하는 끔찍한 생각이 들기도 합니다. 하지만 그런 자식일지라도 있어야 나중에 병들면 병문안 오고 장례도 치러줍니다.

저희 집은 방앗간을 했습니다. 그런데 때때로 식구들이 모두 잠자는 밤 늦은 시각에 탈곡한 곡식들이 들어옵니다. 어떤 때는 밤 12시, 새벽 1시 이렇게 시도 때도 없이 들어옵니다. 그러면 어머니는 목청 높여 식구들을 깨우십니다. 그럼 일하는 사람들은 벌떡 벌떡 잘도 일어나 탈곡한 곡식들을 나릅니다. 하지만 자식들은 한 명도 일어나지 않습니다. 어떻게 보면 이렇게 말 듣지 않는 것이 자식이고 말 잘 듣는 것이 머슴인가 봅니다.

어머니는 화를 내시며 우리 형제들을 야단치십니다. 우리 어머님에게 있어 '썩을 놈' 정도는 욕에 속하지도 않는 표준어입니다. 여러분들이 듣기에는 좀 거북할지도 모르지만 저는 그런 말들에 아주 익숙합니다. 예수님을 늦게 믿으신 탓에 저희 어머님은 말이 좀 거치십니다. 욕을 섞어가며 아무리 큰 목소리로 깨워도 한 녀석도 일어나지 않자 어머님은 이렇게 말씀하십니다. "저 썩을 놈의 새끼들, 다 묶어 놔봐야 저 머슴 하나만도 못하네." 수도 없이 이렇게 혼났습니다. 아주 귀에 못이 박힐 정도로 이런 야단을 맞았습니다. 어머님은 "이놈의 자식들, 나한테 돈만 달라고 했단 봐라! 내가 주나!"라고 하십니다. 하지만 그렇다고 어머님이 저희가 필요한 곳에 쓰겠다고 돈을 달라는데 안 주십니까? 자식이니까 주십니다. 우리 어머님이 입버릇처럼 하시던 말씀이 또 있습니다. "저 놈들 키워서 내가 무슨 상덕을 보겠다고."

그렇게 몇 십 년이 흘렀습니다. 어느덧 우리 형제는 장성한 어른이 되었고 우리 어머님은 할머니가 되셨습니다. 어머니가 연세 드시게 되니 예전의 호통은 온데 간데 없고 여기 저기 편찮으십니다. 제가 간호를 하면서 농담 삼아 하고 싶어 목까지 올라오는 말이 있었는데 참느라고 혼난 것이 하나 있습니다. "어머니, 자식 놈 다 묶어 놓아봐야 머슴 놈 하나밖에 못하다고 하시더니 그 머슴 놈들 다 어디 갔대요?"

자식이란 존재 자체가 우리에게 슬픔과 기쁨을 동시에 가져다줍니다. 남편도 마찬가지입니다. 기쁨도 안겨주지만 때로는 우리에게 슬픔도 가져다줍니다. 그렇다면 역으로 생각해 봅시다. 여러분은 뭐 다른 식구들에게 기쁨만 주면서 사십니까? 나 또한 남편이나 자녀들에게 기쁨과 슬픔을 동시에 안겨줍니다. 기쁨만 주는 아내가 있다면 이 또한 정상적인 사람은 아닙니다. 내가 남편에게 기쁨이요, 슬픔이요, 괴로움이요, 고통이 되듯 남편 역시 내게 그럴 수 있고 자식들이나 부모님들도 내게 그럴 수 있습니다. 이렇게 복합적인 관계 속에서 우리는 살아가는 겁니다.

그러니까 단편적으로만 보고 못살겠다고 한다든지, 이렇게 사느니 살지 않는 게 낫다느니 그런 철없는 소리를 하지 마십시오. 여러분이 인생을 다 아십니까? "범사에 감사하라." 성경에 언제 좋을 때만 감사하라고 했습니까? 범사, 즉 모든 일에 감사하라고 합니다. 제게 어려움을 말하는 사람들을 보면 문제 그 자체가 문제인 경우보다 그 사람의 마음이 좁기 때문인 경우가 많습니다. 마음만 조금 넉넉하게 갖는다면 인간 세상에서 일어나는 일들은 다 거기서 거기입니다.

그렇게 마음이 넓어지려면 어느 정도 세월이 필요합니다. 제가 보니까 나이가 들면 확실히 이해심이 넓어집니다. 여러분도 그렇지 않습니까? 옛날에는 조그마한 일이 있어도 밤에 잠이 오지 않습니다. 그런데 요즘은 아무리 큰 일이 있어도 잠이 잘 옵니다. 왜 그렇습니까? 상황이 변해서가 아니라 마음이 넉넉해졌다는 증거입니다.

대부분의 사람들은 나이가 들면 들수록 선한 쪽으로 마음이 넓어집니다. 그런데 반대로 악한 쪽으로 마음이 넓어지는 사람들도 있습니다. 시집올 때는 정말 순수하고 깨끗했던 새색시가 모진 시집살이를 살다 보니 악할 대로 악해져서 악바리가 된다면 옳지 않습니다. 시집오기 전에는 아주 못되고 속이 좁았을지라도 시집 와서 자식 낳고 살다 보니까 포용력도 생기고 이해심도 생기고 남도 배려하는 마음도 생기더라, 이래야 된다는 말입니다.

우리 집사람이 제게 이런 말을 한 적이 있습니다. 살면서 분명히 좋지 않은 말들도 했을 것인데 그런 것은 하나도 생각나지 않고 이렇게 좋은 말만 오래 기억합니다. 예전에는 자기 성질이 급하고 불같아서 좋지 않은 꼴을 보면 그냥 넘어가지를 못했답니다. 그런데 저와 오래 살면서 이제는 다른 사람이 이해가 되고 마음도 조금씩 넓어지는 것을 느낀다고 합니다. 그러면서 이렇게 자기를 변화시켜주어서 고맙답니다. 그 말을 듣고 얼마나 기분이 좋아졌는지 모릅니다.

다윗을 봐도 얼마나 마음이 넉넉한지 모릅니다. 심지어 자기를 죽이려고 혈안이 되어 있는 사울을 향해서까지 넉넉하게 대합니다. 하나님께서 다윗에게 사울을 죽일 수 있는 기회를 여러 번 주셨습니다. 아마 다른 사람 같으면 하늘이 원수 갚을 기회를 내려준 것이라고 생각하고 놓치지 않았을 겁니다. 그런데 다윗의 마음은 달랐습니다. 하나님께서 여러 번의 기회를 주시지만 직접 나서지 않고 모두 하나님 앞에 미룹니다.

다윗은 악으로 악을 갚지 않는 넉넉함이 있었습니다. 악으로 악을 갚으면 속이 시원하고 그것으로 끝일 것 같습니까? 그렇지 않습니다. 그렇게 악을 행하면 그 악이 떠나지 않고 붙어 다닙니다. 이런 사실을 아신 하나님께서 우리에게 선으로 악을 갚으라고 하신 겁니다. 이 사실을 잊지 말아야 합니다. 그런데 선으로 악을 갚으라는 것에는 영적으로 보다 깊은 의미가 담겨있습니다. 악한 것은 그리스도의 속성이 아니라 마귀의 속성입니다. 그러니까 마귀의 속성을 빌려서 악한 행동을 하면 그놈의 마귀란 녀석이 내게서 떠나지 않는다는 말입니다. 다윗은 악으로 악을 갚지 않고 선으로 악을 갚습니다. 그러자 의로움이 항상 다윗을 떠나지 않습니다. 다시 말해서 하나님의 성령이 다윗에게서 떠나지 않았다는 것입니다.

요즘도 보면 하나님께서 기름 부으신 자를 악으로 갚으려는 사람들이 있습니다. 왜 하나님 앞에 맡기지 못하고 본인이 직접 악으로 갚으려고 하십니까? 저는 지금까지 기름 부음을 입은 자에게 악으로 갚은 사람 치고 잘되는 사람을 본 적이 없습니다. 명심하십시오. 악으로 악을 갚으면 그 악이 떠나지 않습니다. 이것이 바로 인격입니다. 다윗에게는 자기를 죽이고자 하는 사람을 향해서, 죽을지도 모르는 상황에서도 하나님께 맡기는 넉넉한 인격이 있었습니다.

사울과 요나단이 죽었을 때 그 소식을 다윗에게 전한 아말렉 사람을 기억하십니까? 그는 다윗으로부터 대단한 상이라도 탈 줄 알고 와서 자기가 사울을 죽였다고 고합니다. 그때 다윗이 뭐라 말합니까?

> 다윗이 저에게 이르되 네가 어찌하여 손을 들어 여호와의 기름 부음 받은 자 죽이기를 두려워하지 아니하였느냐 하고 소년 중 하나를 불러 이르되 가까이 가서 저를 죽이라 하매 그가 치매 곧 죽으니라 다윗이 저에게 이르기를 네 피가 네 머리로 돌아갈찌어다 네 입이 네게 대하여 증거하기를 내가 여호와의 기름 부음 받은 자를 죽였노라 함이니라 하였더라 (삼하 1:14-16)

요나단의 사망 소식을 듣고 다윗은 몹시 슬퍼합니다. 요나단은 친구라 그렇다 하더라도 자기를 죽이려고 했던 사울 왕이 죽었다고 하는 소식에도 다윗은 슬퍼 웁니다.

그렇다면 다윗과 요나단, 그리고 사울의 관계를 한번 생각해봅시다. 사울은 왕이었고 그 후계자가 바로 아들 요나단입니다. 그리고 다윗은 사울의 사위입니다. 그러니 엄밀하게 말해서 요나단과 다윗은 라이벌 관계입니다. 엄밀히 말하면 요나단이 다윗에게 라이벌 의식을 느끼고 죽이려고 한다면 말이 됩니다. 그런데 요나단에게는 그런 마음이 없었습니다. 그런데 사울은 수천 명이나 되는 군사를 데리고 다니면서 다윗을 죽이려고 혈안이 되어 있습니다. 잠시 그러고 마는 것이 아니라 죽을 때까지 평생 다윗을 죽이는 데 집중합니다. 그러다 결국 나라까지 망치고 맙니다.

물론 우리에게 국가적인 규모의 원수가 있는 것은 아닙니다. 하지만 가정 안에서만 생각해도 원수가 있습니다. 사울은 원수도 아닌 다윗을 죽이겠다는 일념 하나로 혈안이 되었는데 결국은 원수를 갚지도 못하고 인생 허비하는 비운의 왕이 되고 맙니다. 여러분은 사울 같은 어리석은 인생을 살지는 않습니까? 사소한 원수도 아닌 원수로 인해 인생을 소진하고 있지는 않는가 말입니다.

그런데 참으로 신기한 것은 평생 원수라고 생각하는 사람일지라도 막상 그 사람이 죽으면 얼마나 슬프게 우는지 모릅니다. 그런데 왜 그 사실을 깨닫지도 못하고 그렇게 인생을 허비하십니까? 우리에게 이런 나쁜 감정이 있는 이유를 깊이 들어가보면 간단합니다. 자기가 그 사람으로 인해 손해를 보았다는 겁니다. 그렇다면 손해 좀 봤다고 해서 원수입니까? 그럼 당신은 살면서 누구에게도 손해를 끼치지 않고 살았습니까?

어떤 부인은 신랑이 자기 청춘을 빼앗아갔다고 한탄합니다. 그런데 왜 여러분으로 인해 신랑의 청춘 역시 빼앗겼다는 생각은 하지 못합니까? 그러니 이런 웃기는 소리는 하지 말자는 겁니다. 어떤 집사님은 "내가 만일 그때 당신하고 결혼하지 않고 아무개하고 결혼했다면 비행기 타고 다닐 것이고 좋은 차 타고 다닐 것인데"라고 합니다. 이런 말도 하지 마십시오. 신랑도 마찬가지입니다. 그때 다른 여자 만났다면 훨씬 더 잘 살았을지도 모릅니다. 그러니 제발 쓸 데 없는 소리하고 다니지 마십시오. 왜 이렇게 인생을 주관적으로만 생각하면서 사는지 참으로 안타깝습니다.

사울 왕 때만큼 나라가 쇠할 때도 없었습니다. 왜 그랬습니까? 이미 사울에게는 자기 마음이 아닌 다른 마음이 들어가 있었기 때문입니다. 악신이 들어갔습니다. 정작 원수로 지낼 요나단과 다윗은 더없는 친구관계로 지냅니다. 웬만한 내외간보다도 더 친할 정도로 보기 힘든 우정을 쌓으면서 살았습니다. 정작 원수로 지낼 라이벌은 이렇게 우정이 좋은데 상관도 얼마 없는 사울이 왜 이랬는지 모르겠습니다. 그러니 사울은 자기 마음이 아니라 마귀의 마음, 악신의 마음으로 산 것입니다.

여러분들에게 다윗처럼 엄청나게 훌륭해지라는 것은 아닙니다. 단지 지금까지 미워했던 사람이 있다면 회개하시고 바른 인격을 갖추시기를 바랍니다. 넉넉한 마음으로 사십시오. 그런 넉넉한 마음속에 하나님이 임하십니다.

책임감이 강한 다윗

다윗은 책임감이 상당히 강했습니다. "네가 지극히 작은 것에 충성하였으니 열 고을 권세를 차지하라"(눅 19:17)는 말씀을 기억하십니까? 작은 일은 어영부영하면서 큰 일만 잘하려는 사람들이 있습니다. 하지만 다윗은 그렇게 하지 않았습니다.

다윗은 막내다 보니 자연히 집안의 작은 일들, 특히 양치는 일 같은 것은 그의 몫이었습니다. 그런데 어린 다윗이 양을 치니까 사자나 이리 같은 짐승들이 양을 잡아먹으려고 달려듭니다. 그때 다른 사람 같았으면 무서워서 도망갔을 겁니다. 하지만 다윗은 이리의 입을 찢습니다. 왜 그렇게 합니까? 책임감 때문입니다. 자기가 맡고 있는 일에 대해서는 최선을 다하고자 하는 책임감.

우리는 문제를 만날 때마다 하나님을 원망합니다. 하지만 목회를 하면서, 인생을 살면서, 은혜를 받고 난 후 하나님의 뜻을 알게 되면서 말씀 가운데 하나님을 만나다 보니까 전적으로 우리들의 문제는 우리 자신으로 인한 문제더라 이 말입니다. 절대로 하나님의 문제가 아닙니다. 그런데 여전히 하나님만 탓하는 사람들이 있습니다.

하나님은 작은 일에 충성하는 다윗의 책임감을 보셨습니다. 이렇게 작은 일에 충성하는 모습을 보시고는 나라까지 맡기시는 분이 바로 하나님입니다. 물론 다윗이 하나님의 계획을 알고 그렇게 작은 일에 충성한 것은 아닙니다. 하지만 하나님은 이런 모든 다윗의 모습까지 다 보고 계십니다.

그런데 자신에게 맡겨진 일은 꼭 뭐같이 해놓는 사람일수록 자기에게는 은혜를 주시지 않는다고 원망합니다. 복 받기 원하십니까? 그렇다면 먼저 복 받을 짓을 하십시오. 복 받을 인격을 갖추십시오. 그런 다음에 복을 주시든 주시지 않든 하나님께 맡기십시오. 양심의 거울에 물어보십시오. 여러분은 과연 복 받을 인격을 갖추었습니까?

내게 큰 일이 주어졌든 작은 일이 주어졌든 맡겨진 일에 최선을 다하는 책임감은 참으로 중요합니다. 때론 살림하는 것이 아주 작은 일처럼 보일지도 모릅니다. 하지만 살림 하나를 하더라도 깔끔하게 해야 됩니다. 집안 살림도 깔끔하게 하지 못하는 사람이 어찌 나가서 큰일을 한다는 말입니까? 다윗은 큰일을 맡든 작은 일을 맡든 최선을 다해 책임감 있게 그 일을 합니다.

인물이 좋은 다윗

다윗은 인물도 참 괜찮았다고 기록되어 있습니다. 사무엘상 16장 12절을 보겠습니다.

> 이에 보내어 그를 데려오매 그의 빛이 붉고 눈이 빼어나고 얼굴이 아름답더라

이렇게 말씀드리면 꼭 반문하시는 분들이 계십니다. "목사님, 그럼 인물이 없는 사람은 큰일을 못한다는 말씀이십니까?" 그래서 말씀드리기 참 조심스럽습니다. 제발 이런 식으로 반문하지 맙시다. 그냥 다윗이 잘생겼다 이렇게 받아들이면 되는 겁니다.

외모에 대해 두 가지로 나누어 말씀을 드리겠습니다. 무엇보다 얼굴은 그 사람의 내면의 표현입니다. 30년 만에 초등학교 동창들을 한 자리에서 만난 적이 있습니다. 동창들 중에는 참 예뻤던 아이로 오랫동안 기억되는 아이들도 있었습니다. 어린 마음에도 '참, 저런 아이는 왜 날 좋아한다고 하지 않지?' 이런 생각도 했습니다. 그런데 30년 만에 동창회에서 그 아이를 보고 얼마나 놀랐는지 모릅니다. '정말 저 아이랑 결혼했더라면 큰일 날뻔했다' 반대로 학교 다닐 때는 얼마나 못생겼는지 '저렇게 못생긴 아이도 나중에 시집갈 수 있을까?' 싶은 아이가 있었습니다. 그런데 30년 만에 보니까 '얼굴이 왜 이렇게 예쁘냐?' 싶을 정도로 변했습니다. 저는 이 두 친구를 통해 참 많은 생각을 했습니다.

제 식대로 하는 표현이니까 다소 거북하시더라도 이해해주시기 바랍니다. 얼굴도 보면 양반 얼굴이 있고 쌍놈 얼굴이 있는 것 같습니다. 얼굴이라고 똑같은 얼굴이 아닙니다. 양반 얼굴이 있고 쌍놈 얼굴이 있다는 말입

니다. 이목구비가 뚜렷하고 잘생기고 이런 것을 말하려는 것이 아닙니다. 아무리 못생겼어도 착하고 은혜 받고 기쁘게 사는 사람의 얼굴은 세월이 흐르면서 그 안에서 풍겨 나오는 양반의 분위기가 있더라는 말입니다. 은혜 속에서 배어나오는 아름다움이 있습니다. 제가 말하는 아름다움이란 바로 이런 것입니다. 하지만 태어날 때는 아무리 미인으로 만들어졌을지라도 살면서 모질고 악하게 살게 되면 그 얼굴에서 삶의 모습대로 독한 분위기가 풍겨 나옵니다.

본인의 얼굴들을 객관적으로 제대로 쳐다보십시오. 근본적으로 잘생기고 못 생기고는 내 소관이 아니라 부모님의 소관입니다. 또 피부색깔이 검은가, 흰가 하는 것 역시 전혀 내 소관이 아닙니다. 저 역시 노력해서 제 얼굴을 희게 만들 수 있다면 아마 노력했을 겁니다. 하지만 이런 것들은 우리 의지로 되지 않습니다. 하지만 흑인이라고 해서 잘생긴 사람이 없습니까? 그렇지 않습니다. 마이클 조단은 흑인이지만 얼마나 멋지게 생겼는지 모릅니다. 머리카락이 하나도 없는데도 그렇게 멋질 수 없습니다. 율브리너 역시 대머리지만 멋있기만 합니다. 그러니까 머리 스타일, 피부색이 그 사람의 아름다움을 결정적으로 좌우하지는 않는다는 말입니다. 아름다움을 위해 가장 중요한 것은 내면입니다.

저는 다윗의 인물이 좋았다는 것, 잘생겼다는 것 역시 겉모습만 멋지다는 말씀을 드리려는 것이 아닙니다. 다윗 안에 있는 믿음과 책임감, 정의감과 같은 인격들이 우러나올 때 풍기는 진정한 아름다움을 말씀드리려는 겁니다. 타고나는 외모는 내 소관이 아닐지라도 후천적인 아름다움은 전적으로 내 몫이란 말입니다. 그러니까 여러분도 은혜를 받고 마음에서 기쁨이 우러나 진정한 아름다움을 가꾸시길 바랍니다.

아무리 잘생긴 남자라도 매일 술 마시고, 입에서 담배가 떠나지 않고, 온 갖 못된 짓은 찾아다니면서 하고, 노름으로 날을 새우고, 아내와 날마다 싸운다면 5년 안에 그 사람이 어떻게 변하는지 아십니까? 하지만 아무리 못생긴 사람일지라도 은혜 받고 성령 충만해서 말씀보고 전도하면서 기쁜 하루하루를 보낸다면 몇 년 안에 그 사람의 외모에서는 유유히 흐르는 내 면의 아름다움이 있을 겁니다. 후천적인 아름다움은 노력으로 99%를 이룰 수 있습니다.

사실 어쩔 수 없는 1%가 있기는 합니다. 사람마다 가지고 있는 틀이 있 습니다. 사장은 사장 틀이 있고, 직원은 직원 틀이 있고, 사병은 사병 틀이 있고, 장군은 장군 틀이 있습니다. 하지만 노력하면서 최대한 고치면서 살 자는 말입니다. 목사님들도 마찬가지입니다. 기왕이면 머리 스타일만 해 도 단정하게 하고 다니면 참 좋으련만 어떤 분은 영 그렇습니다. 타고난 인물이야 그렇다 하더라도 단정함은 얼마든지 본인이 노력해서 고칠 수 있지 않습니까? 그런 분들을 보면 목회도 크게 못합니다. 목회자를 보면 머리나 옷차림만 봐도 대강 어느 정도의 목사님이신지 가늠이 됩니다. 좋 은 상표, 비싼 옷을 말하는 것이 아닙니다. 지금 제가 사치하고 좋은 옷을 입어 외모를 가꾸라는 말씀입니까? 아닙니다. 할 수 있는 범위 내에서 품 위에 맞는 옷을 입고 다니자는 겁니다. 내가 할 수 있는 부분은 부지런히 가꾸어서 살자는 겁니다.

비싼 주름개선 화장품은 사서 바르지 못하더라도 평상시에 깨끗하게 관 리하고 하다못해 영양크림이라도 바르면서 자신을 가꿉시다. 특히 돈 아 낀다고 아무 곳에나 가서 머리하지 마십시오. 어떤 분들은 심지어 무허가 로 머리하는 곳을 찾아다닙니다. 아낄 곳은 아껴야 하겠지만 자신을 소중히 여겨야 하는 부분에 있어서만큼은 좀 과감하게 투자하면서 사십시오. 남자가 되었든 여자가 되었든 아름다움이란 참으로 중요합니다.

어떤 사람은 보면 아예 인생을 포기하고 사는 것 같습니다. 저는 그런 사람을 보면 외모도 외모지만 그렇게 사는 마음가짐이 더 안타깝습니다. 자기 자신을 소중히 여기지 못하는 그 마음이 안타깝습니다. 내 몸을 소중히 아끼고 가꾼다는 마음가짐이야말로 참으로 소중한 것입니다. "놔두어라. 발톱이 길면 어떻고 때가 끼면 어떻고…" 이런 마음으로 살지 맙시다. 우리의 인생은 포기하기에는 너무 아름답고 황홀합니다.

성령 충만한 사람 다윗

> 사무엘이 기름 뿔을 취하여 그 형제 중에서 그에게 부었더니 이날 이후로 다윗이 여호와의 신에게 크게 감동되니라 사무엘이 떠나서 라마로 가니라 (삼상 16:13)

그렇습니다. 다윗은 성령 충만한 사람이었습니다. 다윗이 정말 위대한 인생의 빌딩을 세울 수 있었던 이유는 그가 성령 충만한 사람이었다는 겁니다. 인격이 훌륭한 것도 중요하지만 이것 역시 지하실입니다. 성품 역시 지하실입니다. 타고 난 외모 역시 지하실입니다.

못 생겨도 괜찮습니다. 잘생기고 악한 영에 사로잡혀 사는 것보다는 못생기고 성령충만한 사람이 훨씬 더 낫습니다. 사사기와 선지서를 읽어보면 나라를 구원한 사사 치고 똑똑해서 그 일을 해낸 사람이 없습니다. 그들에게는 유일한 공통점 '여호와의 신이 크게 임했다' 는 사실만이 있을 뿐입니다.

삼손이 얼마나 힘이 센 사람이었습니까? 기둥을 밀어서 건물을 무너뜨릴 정도의 힘을 가진 사람입니다. 그런 삼손일지라도 하나님이 떠나시니까 그저 맷돌 돌리는 소 같은 인생으로 전락하고 맙니다. 그렇습니다. 사람의 문제가 아니라 하나님이 임하시는가, 아닌가의 문제입니다. 그런데 하나님의 문제가 결국 무엇에 의해 좌우됩니까? 사람의 문제였습니다. 그렇습니다. 모든 것은 이렇게 고리로 연결이 되어 있습니다. 모든 인간 만사는 다 이렇게 연관되어 있습니다.

아프가니스탄에서 전쟁을 하고 있다고 해서 우리나라와 직접적인 연관이 있습니까, 없습니까? 사실 우리와는 직접적으로 아무런 상관이 없습니다. 하지만 분명 연관이 있습니다. 전쟁은 중동 지역에서 하는데 우리나라와 관계가 있더란 말입니다. 그로 인해 우리나라의 주식이 떨어지는가 하면 오르기도 합니다. 이처럼 모든 세계가, 모든 영적인 세계가, 모든 지체가 다 연관되어 있습니다. 이것을 잊어서는 안됩니다.

마음은 기쁜데 몸이 아플 수 없으며 몸은 기쁜데 마음이 아플 수 없습니다. 몸이 아프면 마음이 아프고 마음이 아프면 또 몸이 아픕니다. 마찬가지로 신랑은 기쁜데 아내는 지옥이고, 아내는 기쁜데 신랑은 지옥일 수도 없습니다. 대체로 그렇습니다. 기쁘면 함께 기쁘고 슬프면 함께 슬픕니다. 모두 연관되어 있기 때문입니다.

온 세상이 이렇게 연관되어 있다면 과연 누가 좋은 세상을 만들기 위해 시작해야 합니까? 나부터 만들기 시작해야 합니다. 나와 연관된 모든 관계에서부터 아름다운 시작을 만들어 가십시오. 나부터 기쁨이 시작되고, 나부터 축복이 시작되고, 나부터 은혜가 시작되고, 나부터 기도가 시작되고,

나부터 전도가 시작되고…. 좋은 것들은 다 나부터 시작이 되시길 바랍니다.

우리 교회 하나가 열심히 전도하고 기도하고 성장했다면 우리 교회 일로 끝나는 일입니까? 아닙니다. 그런 열심은 분명 한국 교회와 세계 교회에 영향을 미친다는 겁니다. 하지만 반대로 우리 교회가 잘못된다면 우리 하나의 문제가 아니라 옆으로 옆으로 파급이 됩니다.

언젠가 제가 춘천에 부흥회를 갔다가 운동을 하려고 운동복 차림으로 축구공을 들고 길을 나선 적이 있습니다. 그런데 그 낯선 곳에서 어떤 분이 저를 알아보지 뭡니까? "어머나, 세상에 목사님이 여기는 웬일이세요?" 얼마나 놀랐는지 모릅니다. 어느 곳이 되었든 옷도 함부로 입고 다니면 안 되겠다는 것을 생각했습니다.

하나님의 신이 감동될 때 사사들이 나라를 살려냅니다. 그러니까 하나님의 문제 같습니다. 하지만 하나님의 신이 감동되기까지는 사람이 문제라는 말입니다. 힘을 잃었을 때나 힘이 강했을 때나 삼손은 똑같은 삼손입니다. 성령이 충만하다고 해서 사손이 되고 악령이 충만할 때는 이손이 되고 그런 것이 아닙니다. 똑같은 삼손인데 하나님 앞에 말씀에 순종하고 주님의 뜻대로 살 때 성령이 충만하니까 블레셋을 물리치고 나라도 구원합니다.

여러분도 마찬가지입니다. 여러분은 동일한 인물이지만 여러분이 어떻게 사는가에 따라서 하나님의 신이 충만하면 여러분으로 인해서 가족과 교회와 나라가 구원받고 여러분 하나가 악한 영에 사로잡히면 예수님 파는 가룟 유다 같은 인생도 될 수 있다는 겁니다. 그러니 나 하나가 얼마나 중요한지 아시겠습니까?

다윗이 위대하다면 다윗 자체가 위대하기 때문이 아닙니다. 그가 위대할 수 있었던 것은 성령이 충만한 결과임을 잊지 마십시오. 우리도 마찬가지입니다. 주님이 떠나가시면 우리는 아무 것도 아닙니다. 그런데 이렇게 다윗이 성령을 받기까지 그의 삶을 보면 하나님 보시기에 잘했다고 칭찬받을 만했다는 데 우리는 주목해야 합니다. 지금부터는 다윗이 잘한 일에 대해 말씀드리려고 합니다.

하나님의 체면을 세우는 다윗

다윗에게 있어 결정적인 인생의 전환기는 골리앗과의 싸움입니다. 골리앗의 키가 어느 정도였는지 아십니까? 자그마치 290cm입니다. 제가 180cm이니까 저보다 110cm가 더 큽니다. 우리나라에서 제일 크다고 하는 농구선수가 서장훈 선수입니다. 그 선수의 키가 207cm 정도이니 어림잡아 보아도 서장훈 선수보다도 80cm나 더 큽니다. 이렇게 어마어마하게 큰 골리앗 장군이 쳐들어왔습니다.

만일 골리앗이 쳐들어왔을 때 사울 왕이 여전히 하나님의 성령이 충만한 사람이었다면 사실 골리앗이 얼마나 센 인간인가 하는 것은 문제가 되지 않습니다. 골리앗 정도야 겁낼 것이 되지 못합니다. 골리앗과 사울 왕의 관계에서 중요한 것은 골리앗이 크고 강한 인간이라는 사실이 아니라 사울에게서 이미 하나님의 신이 떠나고 말았다는 사실입니다. 이것이 중요한 것입니다. 우리는 그것을 바로 깨달아야 합니다.

베드로는 비자 앞에서조차 예수님을 모른다고 부인하고 심지어는 저주까지 하지 않습니까? 베드로가 그렇게 한 가장 중요한 이유는 비자의 등장이 아니라 이미 그때 베드로의 믿음이 약해졌다는 사실입니다. 만일 베드로의 믿음이 강했다면 "그래, 내가 예수님의 제자다, 어쩔래?" 아마 이랬을 겁니다. 제 생각이 아니라 근거를 가지고 드리는 말씀입니다. 믿음이 약했을 때 베드로는 비자 앞에서조차 예수님을 부인합니다. 하지만 베드로가 성령충만을 받자 죽을지도 모르는 상황에서도 "베드로와 요한이 대답하여 가로되 하나님 앞에서 너희 말 듣는 것이 하나님 말씀 듣는 것보다 옳은가 판단하라 우리는 보고 들은 것을 말하지 아니할 수 없다 하니"(행 4:19, 20)라고 담대히 선포합니다. 분명 같은 사람 베드로입니다. 사람은 달라지지 않았는데 그 안에 믿음이 강해지고 성령충만을 받자 이렇게 다른 행동이 나온다는 말입니다.

그렇습니다. 우리도 살면서 종종 어려운 환경, 문제에 봉착했을 때 지금 이렇게 힘든 것은 이러저러한 문제 때문이라고 속단하고 맙니다. 하지만 좀더 깊이 들어가 보면 문제의 본질은 환경에 있는 것이 아니라 결국 내 자신 속에 있다는 겁니다. 결국 내 안에 하나님이 내주해 계시는가, 내주해 계시지 않는가, 성령충만함 가운데 거하고 사는가, 그렇지 않은가를 보면 문제를 푸는 열쇠를 찾을 수 있습니다.

대체로 골격이 큰 사람들은 목소리도 큽니다. 그리고 큰 키에 맞는 얼굴이 있습니다. 때문에 얼굴만 봐도 키가 큰지 아닌지를 어느 정도는 짐작할 수 있습니다. 그러니 한번 상상해봅시다. 그 엄청난 거구 골리앗이 그 큰 목소리로 소리를 지르고 있습니다. 그때 다윗의 형들은 군인이었습니다. 사실 다윗이 골리앗을 만나게 된 경유도 형들의 안부도 알아보고 먹을 것도 전하려고 찾아 나섰다가 그렇게 된 겁니다.

가보니 블레셋 진영하고 이스라엘 진영하고 딱 붙어있습니다. 그런데 블레셋 진영에 싸움 돋우는 자가 있습니다. 여러분은 싸움 돋우는 자가 뭘 하는 사람인지 아십니까? 요즘도 깡패들의 세계에서는 종종 이런 모습을 볼 수 있습니다. 이쪽 파와 저쪽 파가 싸울 때 모두 붙어서 싸우는 것이 아니라 각 파에서 제일 잘 싸우는 한 사람이 대표로 나와서 붙는 것입니다. 그래서 대표로 뽑은 사람이 지면 그 파 전체가 지는 것이고 이기면 전체가 이기는 것입니다. 이런 대표자가 바로 싸움 돋우는 자입니다.

이렇게 블레셋 진영에서 싸움 돋우는 자로 내세운 사람이 바로 골리앗입니다. 그러니 290cm 장신 골리앗에게 누가 감히 붙으려고 하겠습니까? 이스라엘 진영에서는 아무도 나서지 못하고 그저 벌벌 떨고만 있습니다. 그런데 마침 그때 골리앗이 결정적인 실수를 범하고 맙니다. 만일 골리앗이 "나랑 싸울 사람은 나와봐라!" 딱 여기까지만 했다면 상황은 달라졌을지 모르겠습니다. 그런데 그는 결정적으로 여호와의 이름을 망령되이 일컫습니다. "이스라엘의 하나님이 누구냐?"라고 외치는 골리앗의 소리에 다윗이 의분을 일으킵니다.

'아니 저것이 사람을 무시하는 것은 그렇다 치더라도 감히 우리 하나님의 이름을 무시해?' 정신이 번쩍 든 다윗은 사울 왕 앞으로 나아갑니다. "임금님, 제가 저 놈을 죽이겠습니다." 그런데 사울이 볼 때 다윗은 아무리 봐도 도저히 안되겠습니다. 어느 정도는 엇비슷해야 싸움이 되는 것인데 다윗은 아직 소년의 티도 벗지 않은 어린아이입니다. 골리앗과 비교하자면 완전히 아기입니다. 게다가 골리앗은 어려서부터 용사였던 사람입니다.

만류하는 사울 왕에게 다윗이 고합니다.

> 다윗이 사울에게 고하되 주의 종이 아비의 양을 지킬 때에 사자나 곰
> 이 와서 양떼에서 새끼를 움키면 내가 따라가서 그것을 치고 그 입에서

새끼를 건져내었고 그것이 일어나 나를 해하고자 하면 내가 그 수염을 잡고 그것을 쳐죽였나이다 주의 종이 사자와 곰도 쳤은즉 사시는 하나님의 군대를 모욕한 이 할례 없는 블레셋 사람이리이까 그가 그 짐승의 하나와 같이 되리이다 (삼상 17:34-36)

이렇게 말하는 다윗을 보고 사울 왕은 이스라엘의 싸움 돋우는 자로 다윗을 내보내기로 결정합니다. 다윗에게 자신의 갑옷을 입힙니다. 입히고 나니 완전히 도포자루입니다. 다윗은 그 갑옷을 벗습니다. 이렇게 다윗이 나가기는 하지만 사울 역시 다윗이 이길 것이라고 기대하지는 않습니다. 누가 보더라도 거의 이길 확률이 없는 싸움이기 때문입니다. 제가 생각할 때 아무도 나서지 않으니까 그저 지푸라기 잡는 심정으로 내보낸 것이 아닌가 싶습니다.

다윗은 손에 물매를 가지고 블레셋 사람에게로 나옵니다. 골리앗은 젊고 붉고 용모가 아름다운 다윗을 보자 업신여기면서 이렇게 말합니다.

네가 나를 개로 여기고 막대기를 가지고 내게 나아왔느냐
(삼상 17:43)

내게로 오라 내가 네 고기를 공중의 새들과 들짐승들에게 주리라
(삼상 17:44)

하지만 다윗은 블레셋 사람에게 이렇게 이릅니다.

너는 칼과 창과 단창으로 내게 오거니와 나는 만군의 여호와의 이름 곧 네가 모욕하는 이스라엘 군대의 하나님의 이름으로 네게 가노라 오늘 여호와께서 너를 내 손에 붙이시리니 내가 너를 쳐서 네 머리를 베고 블레셋 군대의 시체로 오늘날 공중의 새와 땅의 들짐승에게 주어 온 땅으

로 이스라엘에 하나님이 계신 줄 알게 하겠고 또 여호와의 구원하심이
칼과 창에 있지 아니함을 이 무리로 알게 하리라 전쟁은 여호와께 속한
것인즉 그가 너희를 우리 손에 붙이시리라 (삼상 17:45-47)

저는 이 말씀을 읽으면서 골리앗이 하나님의 이름을 이렇게 망령되이
일컫고 있는데 어찌 쳐부수겠다고 나서는 놈이 하나도 없었는가 하는 생
각을 해봅니다. 제가 볼 때는 하나님이 몹시도 섭섭하고 답답하셨을 것 같
습니다. '네가 하냐? 내가 하지.' 이렇게 생각하시지는 않았을까 싶습니
다. 만일 그때 다윗마저 나가지 않았다면 이스라엘은 어떻게 되었을까요?
이처럼 하나님의 문제가 곧 사람의 문제이고, 사람의 문제가 곧 하나님의
문제입니다. 이처럼 하나님과 인간은 상호 의존 속에서 역사를 이루어가
십니다. 여러분과의 관계도 마찬가지입니다. 하나님과 여러분도 상호 의
존하는 관계 안에서 역사를 이루어가십니다.

많은 사람은 구원에 대해서도 이렇게 생각합니다. '하나님이 하면 뭐가
걱정이야? 하나님이 천사들 풀어서 교회에 나가지 않으면 안되게끔 역사
만 해주신다면 누가 교회 안 나가겠어. 하나님이 하시면 될 거야.' 그렇다
면 하나님께서 이런 인간의 생각을 하시지 못해서 '전도'라고 하는 미련한
방법으로 구원을 이루시는 것입니까? 아닙니다. 분명 하나님은 전도라는
방법으로 영혼 구원하기를 기뻐하십니다. 하나님은 전능하신 분이지만 우
리가 전도하지 않으면 영혼 구원이 힘들어집니다. 이런 것을 일찍이 알았
던 바울은 "내가 복음을 전할찌라도 자랑할 것이 없음은 내가 부득불 할
일임이라 만일 복음을 전하지 아니하면 내게 화가 있을 것임이로라"(고전
9:16)라고 고백합니다. 그렇다면 과연 이 모든 것이 바울 혼자의 힘으로 하
는 것입니까? 아닙니다. 일단 우리가 외치기만 하면 나머지는 하나님께서

하십니다. 이것이 바로 성경이 주는 교훈입니다.

하나님께서 답답하실 때 속 시원하게 나서는 사람이 바로 다윗입니다. 그때 하나님께서 결정적으로 '이새의 아들 다윗, 네가 내 속을 시원하게 해주니 너는 내 마음에 합한 자다'라고 생각한 것이 아닌가 싶습니다. 다윗의 이 모습을 보시고 하나님의 능력을 나타낼 사람, 하나님의 입장을 세워줄 사람으로 세우신 것은 아닌가 하는 생각을 합니다.

'체면을 세워준다'는 말이 있지 않습니까? 제가 초등학교에 1학년으로 입학한 지 얼마 되지 않았을 때입니다. 저희 학교에 장학검열하시는 분들이 오셨습니다. 지금도 그런 제도가 있는지는 모르겠지만 옛날에는 때때로 장학검열을 하러 학교에 사람들이 오고 그랬습니다. 수업시간에 갑자기 위엄 있어 보이는 어른들이 교실로 들어옵니다. 그리고 이 분들이 교실 뒤에 쭉 섭니다. 그러자 우리 담임선생님의 얼굴이 갑자기 빨개집니다.

선생님은 긴장하셨는지 조금 더듬거리면서 떨리는 목소리로 수업을 진행하십니다. "여러분, 생일날이 되면 집에서 부모님들이 뭘 해주시나요? 생일이면 왜 기분이 좋지요?"라고 질문하십니다. 그런데 그날따라 친구들이 아무 대답도 하지 않습니다. 선생님은 무안하신 표정으로 다시 질문하셨습니다. "그럼 생일 날 아무 일도 없이 그냥 지나갔어요?" 그때 "선생님, 저요!" 하고 제가 손을 들었습니다. 벌떡 일어나서는 "저희 집은요, 생일이 되면 할머니가 떡도 해주시고요, 우리 어머니가 맛있는 것 많이 해주세요. 그래서 저는 생일이 기다려져요. 저는 세상에서 생일이 제일 좋아요." 씩씩한 제 대답으로 선생님은 위기를 모면하셨습니다.

지금으로부터 거의 40년도 넘게 지난 일인데도 가끔 선생님을 만나면 "경동아, 네가 그때 내 체면 살려주었다"라고 하십니다. 그렇다고 선생님을 위기에서 모면해드리겠다는 기특한 생각으로 제가 그렇게 말했던 것은 아닙니다. 단지 선생님의 질문에 대답한 것뿐인데 아마도 제가 그렇게 하지 않았다면 선생님께서 다소 곤란하실 수도 있었다고 하십니다. 그래서 선생님은 저를 만날 때마다 제가 선생님의 체면을 살려주었으니 고맙다고 하십니다. 다윗도 마찬가지가 아닌가 싶습니다. 다윗은 의분을 참지 못하고 그냥 나간 것뿐입니다. 하지만 이런 다윗을 볼 때 하나님은 참 기특하시지 않았나 하는 생각을 합니다.

하나님의 역사하심에 쓰임 받는 다윗

다윗의 돌을 맞고 골리앗은 쓰러집니다. 저는 바위에 눌려서 죽은 사람은 보았지만 돌 맞아 죽은 사람은 본 적이 없습니다. 보통은 돌을 맞으면 깨져서 피가 나기는 하지만 죽지는 않습니다. 혹시 수백 수천 개의 돌을 맞는다면 말은 달라집니다. 하지만 어떻게 돌멩이 하나에 290cm의 장신이 죽는단 말입니까? 그것이 과연 가능한 겁니까? 지금 다윗이 던진 것은 미사일이 아니라 돌입니다. 그러니 이 안에도 분명히 하나님의 역사하심이 있었음이 분명합니다.

지금부터 드리는 말씀을 잘 듣고 생각해보십시오. 정해진 과녁 한가운데를 맞추는 것은 굉장히 어렵습니다. 하지만 조금만 순서를 바꾸면 아주 간단하게 누구나 쉽게 과녁의 한 중앙을 맞출 수 있습니다. 과녁을 먼저 그리고 화살을 쏘는 것이 아니라 화살을 먼저 쏜 다음에 과녁을 그리는 겁니다. 쏘아진 화살을 중심으로 과녁을 그려 넣는다면 얼마나 쉽습니까? 과녁 한 중앙을 맞추기란 웬만한 훈련으로는 가당치도 않은 일입니다. 하지만 아무 곳에나 쏘고 그 다음에 과녁을 그린다면 어린아이들도 얼마든지 할 수 있습니다.

저는 우리의 인생에 이 원리를 적용하려고 합니다. 분명 하나님께서 우리 인생을 향해 정해진 곳을 맞추어 살라고 명령하신 부분도 있습니다. 하지만 때로는 '네가 아무렇게나 말씀 안에 살기만 하면 내가 10점짜리 과녁을 그려서 넣어주마' 라고 하시는 부분도 있더란 말입니다. 그런데 뭘 염려하면서 사십니까?

말씀에서 벗어나지 않은 범위 내에서 하나님의 뜻이 분명하다면 일단 아무 곳에나 쏘십시오. 그럴 때 하나님께서 여러분이 쏘아놓은 화살을 중심으로 동그라미 다섯 개의 과녁을 그려주신다는 말씀입니다. 많은 사람들은 다윗의 실력이 뛰어나서 골리앗이 급소를 맞고 죽었다고 합니다. 하지만 제가 볼 때는 다윗은 하나님께서 주신 감동으로 의분의 힘으로 돌을 던진 것뿐입니다. 그런데 그 돌에 하나님께서 미사일의 힘을 넣어주신 겁니다. 그러니 사람이 던진 돌이 머리에 박힐 수 있었던 것입니다.

그러니 정확하게 따지자면 골리앗을 죽인 실제 주인공은 다윗이 아니라 하나님이십니다. 물론 겉보기에는 다윗이 한 일 같습니다. 하지만 실제로 다윗 안에서 역사하신 분은 하나님이십니다. 저와 여러분도 이런 마음으로 사시길 바랍니다. 저는 제가 강단에 서서 드리는 말씀조차도 저의 말이 아니라고 생각합니다. 저는 오로지 하나님이 주신 믿음으로 선 것뿐입니다. 제가 말씀을 읽으면서 느낀 그 성령의 인도하심과 감동을 전할 뿐입니다. 만일 여러분이 제가 전하는 말씀을 통해 은혜를 받고 감동함이 있다면 그것은 하나님께서 역사해주시기 때문입니다. 하나님은 그렇게 다윗이 던진 돌 속에서 그리고 하나님의 말씀 속에서 역사하십니다.

그렇습니다. 저는 여러분이 드리는 기도 속에서도 하나님께서 역사하시길 간절히 바랍니다. 아무리 여러분이 기도드릴지라도 하나님께서 역사하시지 않는다면 그것은 그저 단어의 나열에 불과합니다. 하지만 하나님께서 여러분의 기도를 들으시고 역사하실 때 여러분이 드리는 기도는 더 이상 단어의 나열이 아니라 응답받는 능력 있는 기도가 되는 것입니다.

그렇습니다. 다윗이 훌륭한 일을 이룬 것은 사실입니다. 하지만 그 숨은 주인공을 찾자면 다윗이 훌륭해서 훌륭한 일을 이룰 수 있었던 것이 아니라, 다윗 안에서 하나님께서 역사해주셨기 때문입니다. 다윗은 골리앗을 죽이고 이 일이 계기가 되어 사울의 사윗감으로 낙점이 되고 맙니다.

왕이 되기 전에 연단 받는 다윗

목동에 불과하던 다윗이 왕의 사위가 되고 이제 출세 길을 보장받습니다. 요즘 말로 표현하자면 하루아침에 떴습니다. 그런데 그것으로 다윗의 인생이 평탄하게 끝난 것이 아닙니다.

다윗이 골리앗을 죽이자 백성들은 "사울은 천천이요 다윗은 만만이로다"라고 외칩니다. 사실 이것은 말에 불과합니다. 백성들이 그렇게 말한다고 해서 달라지는 것이 있습니까? 없습니다. 그런데 유독 사울은 이 말에 상당히 민감하게 반응합니다. 사실 인격을 갖춘 사람이라면 이런 소문에 그렇게 민감하게 반응하지 않습니다. 그런데 사울 왕은 극도로 예민하게 반응합니다.

사실 많은 남자들이 사람들의 말, 특히 여자들의 말에 민감하게 반응합니다. 만일 여러분들이 신랑 앞에서 다른 남자가 괜찮더라고 계속 칭찬해

보십시오. 그렇게 말한다고 해서 달라지는 것은 아무 것도 없습니다. 어차피 나하고 아무런 상관없는 남자에 불과한데 남편들은 이런 아내들의 태도에 굉장히 예민하게 반응합니다. 물론 많이 예민하고 조금 예민하고 그 정도의 차이는 있을 수 있지만 남자들에게는 보편적으로 그런 면들이 있습니다.

초행길을 가는 태도만 봐도 남자와 여자가 얼마나 다른지 모릅니다. 여자들은 잘 모르는 길을 갈 때 사람들에게 쉽게 물어봅니다. 하지만 남자들은 다릅니다. 아무리 헤매고 돌고 또 돌아도 다른 사람에게 물어보지 않습니다. 계속 돌면서도 그렇게 계속 헤매면서도 묻지 않습니다. 그러니 여자들 입장에서는 얼마나 답답한지 모릅니다. "여보, 이러지 말고 차 좀 세우세요." 그리고 유리 문 열고 밖에 지나가는 사람에게 묻습니다. "아저씨 우리 어디 가려고 하는데 어떻게 가면 되나요?" 그리고 그 차는 사람들의 도움으로 쉽게 길을 찾습니다. 아내는 기세당당하게 이렇게 말합니다. "거봐요. 이렇게 물으면 금방 찾을 것을 엉뚱한 곳에 가서 그냥 헤맸잖아요. 진작 물어보고 오지." 하지만 남편들은 이런 말만 들어도 마음이 상합니다. 남자들에게는 이런 심리가 있습니다.

아내가 보니까 남편이 왠지 마음이 좋지 않은 것 같습니다. 왜 그러느냐고 물어도 남편은 묵묵부답입니다. 나중에야 이렇게 말합니다. "나도 한 바퀴만 더 돌면 찾을 수 있는데 왜 물어봐!" 이런 것이 바로 남자들의 고집스런 부분입니다. 다소 합리적이지 못하고 고집스럽더라도 그런 은밀한 부분까지 세워주는 아내가 현명한 아내입니다.

남자들은 존경과 자존심 하나로 삽니다. 이것이 무너지게 되면 남자들은 맥을 놓게 됩니다. 그러니까 나중에 상처받은 남편 수습하느라 애쓰지 말고 미리 남편을 세워주는 현명한 아내가 되시길 바랍니다. 기회 있는 대로 '당신이 최고'라고, '난 당신 능력을 믿는다'고 칭찬해주십시오.

실제로 있었던 일입니다. 될 수 있으면 남편 칭찬을 하라는 설교를 들은 할머니가 집에 와서 할아버지에게 칭찬할 것이 있나 두루 살펴봅니다. 그런데 아무리 봐도 뭐 딱히 칭찬할 것이 없습니다. 머리카락은 다 빠지고 그나마 남은 머리카락은 새하얗습니다. 이도 성한 것이 없고 얼굴도 쭈글쭈글 주름투성이입니다. 뭐 칭찬할 것이 없나 싶은 할머니가 할아버지를 살피고 있는데 할아버지가 웃옷을 벗더랍니다. 그런데 보니 팔에 알통이 조금 나왔습니다. 그래서 할머니가 "아이고, 당신 알통 봐라!" 하면서 칭찬을 해주었답니다. 그랬더니 할아버지가 머쓱한 목소리로 "뭐 하는 짓이여!" 하더랍니다. 그런데 다음날부터 할아버지가 종종 어디를 가는지 잘 보이지 않습니다. 할머니가 할아버지를 찾았는데 지하실에 계시더랍니다. 그래서 뭐 하는가 봤더니 아령 들고 운동하면서 알통 키우고 있더랍니다. 그렇습니다. 할머니에게 들은 칭찬 한 마디가 할아버지를 이렇게 만든 것입니다.

그러니까 오늘 이후로 절대로 신랑 기죽는 소리 좀 하지 마십시오. 모든 남자들이 조금씩 열등감을 가지고 사는데 특히 우리나라 남자들의 경우는 그 정도가 심합니다. 정력 면에서만 봐도 그렇습니다. 우리나라의 남자들이 다른 나라의 남자들에 비해 절대로 건강이 뒤지지 않습니다. 그런데도 정력에 좋다는 것이 있으면 유난히 찾아다니면서 밝힙니다. 열등감이 있기 때문입니다. 이렇게 열등감을 준 장본인이 누구인지 아십니까? 바로 아내들입니다. 아내들이 자꾸 기를 죽여 놓았기 때문에 이렇게 된 것입니다. 그러니 제발 남편의 사기를 좀 올려 주십시오. 당신 정도면 참 건강한 사람이라고, 당신 정도면 참 능력 있는 사람이라고 격려해주십시오. 기회 있는 대로 남편에게 칭찬하십시오. 혹 지나친 것이 아닌가 싶더라도 그렇게 하는 것이 좋습니다. 도가 지나친다 할지라도 차라리 기죽어 사는 것보다는 훨씬 낫습니다.

앞에서 말씀드렸듯이 제 아내가 가지고 사는 이론이 하나 있습니다. "남편을 위해서 죽어라." 언뜻 보면 영 손해나는 것 같고 시대에 처진 사고구조 같습니다. 하지만 이것만큼 현명하고 지혜롭고 실속 있는 생각이 없습니다. 아내들이 이런 마음으로 남편을 세워준다면 그렇게 기가 산 남편들이 밖에서 얼마나 능력 있게 사회활동을 하겠습니까? 그렇게 해서 돈을 많이 벌어오면 결국 그 돈은 누가 씁니까?

반대로 아내들이 빽 하면 남편의 기를 죽여 무능력자를 만들었다고 칩시다. 그래서 남편이 밖에 나가 제대로 사람 구실도 못하고 돈도 제대로 벌어오지 못한다면 결국 누가 고생해야 합니까? 그러니 당장은 손해 보는 것 같아도 최대한 남편을 올려주십시오.

이런 심리는 비단 사람에게만 있는 것이 아닙니다. 짐승들의 세계를 봐도 그렇습니다. 암컷 앞에서 수컷은 얼마나 강해지는지 모릅니다. 원래 이스라엘은 박토입니다. 그래서 뭘 심으려면 소들이 그 땅을 갈아야 합니다. 그런데 신기한 것은 그렇게 박토일지라도 황소 한 마리면 얼마든지 넓은 땅을 간다고 합니다. 일단 황소 한 마리에 멍에를 메고는 밭을 갈게 합니다. 그러다 소가 힘을 잃어 침을 흘리면 그때 암소가 곁에서 혀로 침을 핥아줍니다. 그러면 어디서 그런 힘이 생겼는지 벌떡 일어나 죽을 힘을 다해서 결국은 그 밭을 다 갈고 만답니다.

사울은 백성들의 말 몇 마디에 결국 인생을 망치고 맙니다. 자신만 망한 것이 아니라 나라도 망칩니다. 물론 집밖에 있는 '여자들'의 말도 중요합니다. 하지만 집안에 있는 '여자'의 말이 더 중요합니다. 그래서 남편의 직위가 높을수록 아내가 내조를 잘해야 합니다. 괜히 집안에서 바가지를 긁으면 그 스트레스가 부하직원들에게까지 내려갑니다. 그럼 일이 복잡하게 됩니다. 남편이 출근길이라면 최대한 남편의 기분을 좋게 만들 막중한 책임이 아내에게 있습니다. 그래야 회사에서 부하 직원들이 뭘 좀 잘못할지라도 관대하게 넘어가 줄 수 있는 인격 좋은 상사가 됩니다. 집안에서 바가지 긁히면서 사는 남편들에게는 이런 넉넉함이 없습니다. 늘 예민하고 융통성이 없습니다. 그러니 부하 직원이 작은 실수만 해도 "너 회사 그만두려고 작정했냐?" 뭐 이런 소리까지 합니다. 직장을 상당히 살벌하게 만듭니다. 다소 비약이기는 합니다만 아내 한 사람의 태도에 따라 다른 사람의 직장생활까지 좌우된다는 말입니다. 그러니 아내들은 가족들을 대할 때 특히 남편을 대할 때 상냥하셨으면 좋겠습니다.

다윗은 백성들 사이에서 떠도는 "사울은 천천이요 다윗은 만만이로다"라는 소문으로 인해 엄청난 연단을 받기 시작합니다. 잠깐 받고 끝나는 것이 아니라 장장 10년 동안 도망 다니는 신세가 됩니다. 그런데 이 시기가 비단 도망자의 삶으로 끝나는 것이 아닙니다. 도망자의 삶을 살면서 다윗은 나중에 왕으로서 선정으로 나라를 다스릴 수 있는 기반을 닦습니다. 연단 받고 고생하면서 그는 민초의 고통을 읽을 수 있게 되기 때문입니다. 백성들의 심정을 헤아리는 왕이 됩니다.

회사도 마찬가지입니다. 종업원을 해보지 않은 사람이 사장이 되면 그 밑에서 일하는 종업원들은 얼마나 힘이 드는지 모릅니다. 한번은 어떤 분으로부터 이런 말을 들었습니다. "목사님, 직장 생활하기 너무 힘이 듭니다." "왜 그렇습니까?" 사연은 이렇습니다. 사장님은 창문 바로 앞에 산이 보이니까 아주 쉽게 저 산 좀 갔다 오라고 합니다. 그런데 정작 사장님은 그렇게 산을 다녀오는 것이 얼마나 힘든지 모른다는 겁니다. 말은 쉬우니까 아주 간단하게 저 산을 갔다오라고 하십니다. 그런데 산이라는 것이 멀리서 보면 풍경도 좋고 완만해 보이지만 정작 그 산중으로 들어가면 개울도 건너야 하고 가시도 찔려야 합니다. 보는 것과 가서 그 산을 밟는 것에는 엄청난 차이가 있습니다. 그런데 사장님은 한번도 그 산에 가본 적이 없으니까 아주 쉽게 일을 시킨다는 겁니다. 때문에 지도자는 반드시 밑바닥부터 경험해보아야 합니다. 다윗에게 있어 10년의 도망자 시기는 일종의 하나님의 수업이며 연단이 되었습니다.

사울에게까지 인정받는 다윗

> 사울이 다윗에게 이르되 내 아들 다윗아 네게 복이 있을찌로다 네가
> 큰일을 행하겠고 반드시 승리를 얻으리라 하니라 다윗은 자기 길로 가고
> 사울은 자기 곳으로 돌아가니라 (삼상 26:25)

다윗의 정말 훌륭한 점은 자신을 죽이려고 하는 사울에게까지도 인정을 받았다는 겁니다. 정말 얼마나 어려운 일인지 모릅니다. 저는 여러분들도 원수에게 인정받는 사람이 되시길 바랍니다. 여러분이 정말 훌륭해지려면 먼저 시어머님이나 시누이에게 인정받아야 합니다. 시어머니나 시누이가 원수라는 말은 아닙니다. 하지만 가장 칭찬받기 어려운 대상이라는 점을 생각할 때 이들에게 인정받으면 정말 훌륭한 사람이라는 말입니다. 친정

어머니에게 인정받는 것은 해당되지 않습니다. 다윗 역시 그를 추종하던 사람들에게 인정받은 것은 사실 별 것이 아닙니다. 그런데 다윗은 자신을 죽이려던 사울에게조차 인정을 받았다는 말입니다. "너 복 있다." "너 훌륭하다."

인간관계를 소중히 여기지 않는 사람들이 얼마나 많은지 모릅니다. 이 사람하고 틀어지면 나머지 사람하고 잘 사귀면서 살면 된다고 생각합니다. 하지만 이것은 잘못된 생각입니다. 어차피 이 세상은 내 편만 가지고는 살 수 없습니다. 원수가 도와주지 않으면 살지 못하는 것이 바로 이 세상입니다. 장사도 마찬가지입니다. 단골손님만 가지고 어떻게 돈을 법니까? 뜨내기들이 와 주어야 합니다. 단골손님으로 손익분기점을 만들고 뜨내기로 이득을 보아야 합니다.

하나님의 은혜를 받는 다윗

다윗이 하나님의 마음에 합한 점이 무엇인 줄 아십니까? 다윗은 단을 잘 쌓습니다. 사울과 다윗을 비교하다 보면 아주 중요한 차이점을 발견할 수 있습니다. 이 두 사람은 모두 실수를 합니다. 사울만 실수하고 다윗은 항상 옳게 살았던 것이 아니라 사울도, 다윗도 동일하게 실수하면서 삽니다.

사울의 대표적인 실수가 뭡니까? 스스로 단을 쌓았다는 것입니다. 원래 단은 제사장이 쌓아야 하는 것입니다. 사울 당시의 제사장은 사무엘입니다. 그러니 마땅히 사무엘이 와서 단을 쌓는 것이 옳습니다. 그런데 사울은 급한 마음에 자신이 직접 단을 쌓는 실수를 하고 맙니다. 다윗은 어떤 실수를 합니까? 간음을 합니다.

이렇게 두 사람 모두 실수를 합니다. 그런데 중요한 것은 이 두 사람이 실수를 했다는 사실이 아닙니다. 인간은 누구나 다 연약한 존재입니다. 그래서 쉽게 실수를 저지를 수 있습니다. 그런데 그 다음 어떻게 반응하는가 이것이 판이하게 달라집니다.

사울의 실수에 대해 사무엘이 책망하고 다윗의 실수에 대해 나단이 책망합니다. 먼저 사울이 실수에 대한 책망을 받을 때 그가 어떻게 대처하는지 봅시다.

> 사울이 가로되 내가 범죄하였을찌라도 청하옵나니 내 백성의 장로들
> 의 앞과 이스라엘의 앞에서 나를 높이사 나와 함께 돌아가서 나로 당신
> 의 하나님 여호와께 경배하게 하소서 (삼상 15:30)

사울의 말을 보자니 정말 정신을 못 차리고 있습니다. 사울의 말을 보니 '내가 실수를 하기는 했지만 내 체면을 봐서 사람들 앞에…' 이런 마음으로 가득합니다.

하지만 다윗은 다릅니다. 나단 선지자가 다윗을 책망할 때 어떻게 그가 대처하는지 보도록 하겠습니다. 당시 다윗은 왕의 자리에 있었습니다. 그러니 누군가 자신을 책망한다면 "네가 감히 어찌 내게 잘못했다고 하느냐? 저 놈을 잡아 죽여라!" 충분히 이럴 수도 있는 자리입니다. 하지만 다윗은 나단 선지자의 책망하는 소리가 떨어지기가 무섭게 알아서 무릎을 팍 꿇습니다. 그리고 곧 회개합니다. "맞습니다. 내가 바로 그런 사람입니다."

하나님께서 보실 때 이런 다윗의 태도가 마음에 합하셨던 것입니다. 사람은 누구나 잘못할 수 있습니다. 문제는 잘못을 회개하는 마음이 사울의

마음과 같은가, 아니면 다윗의 마음과 같은가에 따라 엄청나게 다른 결과를 초래한다는 말입니다. 여러분의 삶도 마찬가지입니다. 여러분도 살면서 얼마든지 잘못할 수 있습니다. 실수할 수 있습니다. 그러나 실수로 인생을 끝내는 어리석은 사람이 되지 않기를 간절히 바랍니다. 실수 속에서도 하나님 앞에 바로 서는 여러분들이 되시길 간절히 바랍니다.

누구나 출생함으로 인생을 시작해서 사망함으로 인생의 막을 내립니다. 그리고 우리는 지금 출생한 시점에서 시작되어 사망으로 가는 그 선 어딘가에 살고 있습니다. 현재를 중심으로 지난 것은 과거라고 하고 앞으로 있을 일은 미래라고 합니다. 우리는 육체를 입고 있기 때문에 누구도 시제를 초월할 수 없습니다. 지나간 것은 과거, 지금은 현재, 그리고 앞으로는 미래입니다.

하지만 하나님은 우리 인간과 다릅니다. 우리에게는 과거 현재 미래의 구분이 분명합니다. 하지만 하나님에게 있어서는 과거도 현재고, 현재도 현재고, 미래도 현재이십니다. 모든 순간이 다 현재이십니다. 우리 인간들은 미래를 모르면서 삽니다. 하지만 하나님은 아십니다. 그렇습니다.

하나님은 우리의 인생도 그 미래의 끝까지 꿰뚫어 보십니다. 우리는 미래를 모르고 사니까 아직 우리의 인생이 끝난 것이 아니지만 하나님이 보실 때는 이미 그 끝도 함께 보신다는 겁니다. 중요한 이야기를 합니다. 이미 하나님이 보실 때 끝난 인생을 내가 굳이 애걸복걸하면서 살 필요가 있습니까? 우리는 그저 하나님의 뜻대로 하나님께 맡기면서 살면 되는 겁니다.

다윗은 하나님 앞에 범죄를 했습니다. 간음을 했습니다. 죽어 마땅한 죄를 지었습니다. 그러니 죽어 마땅합니다. 하지만 하나님은 이런 다윗에게도 용서와 사랑을 베푸십니다. 왜 그렇습니까? 하나님은 다윗의 과거, 현재, 미래를 따로따로 보시는 것이 아니라 모든 것을 하나로 합해서 한 순간으로 보시기 때문입니다. 하나님에게 있어 다윗은 간음한 죄인 그 한 모습만 올라오는 것이 아니라, 회개하는 모습은 물론 나중에 주를 위해 사는 모습까지 전체적으로 올라온다는 말입니다. 우리는 지금 간음하고 있는 다윗만 놓고 평가하지만 하나님은 다릅니다.

우리는 세상을 살면서 나 자신에 대해서나 다른 사람에 대해서 흔히 현재만 놓고 이러쿵저러쿵 평가하고 입방아에 올립니다. 하지만 하나님은 여러분 역시 다윗을 보신 것과 동일하게 인생 전체를 놓고 평가하고 계심을 잊지 마십시오. 굉장히 고차원적인 이야기입니다. 우리는 인생의 순간으로 사람을 평가하지만 하나님은 인생 전체를 놓고 평가하신다는 말입니다. 우리는 사람을 볼 때, 심지어 나 자신에 대해서도 한 사건, 한 사건 따로 떼어서 평가합니다. 그러니까 어떤 때는 나 스스로도 괜찮은 여자였다가 또 어떤 때는 다시 나쁜 여자가 되었다가 이렇게 바뀝니다. 하지만 하나님은 그런 것을 모두 뭉뚱그려서 한 순간으로 보십니다.

그러니까 간음하고 살인하는 다윗만 놓고 보면 죽어 마땅한 죄인이지만 그의 평생을 한순간으로 보실 때에는 다윗은 그래도 괜찮은 사람이 된다는 말입니다. 그러니까 하나님은 다윗을 용서하십니다. 우리는 이 용서를 일컬어 '은혜'라고 합니다. 반대로 사울은 그의 인생 전체 인생을 놓고 평가해 보니까 도무지 안될 사람입니다. 결국 사울은 비참한 인생의 말로를 걷게 됩니다.

간음하다 현장에서 잡힌 여자를 기억하십니까? 비록 간음하는 현장에서 잡힌 여자지만 주님은 그에게 은혜를 베푸십니다.

예수께서 가라사대 나도 너를 정죄하지 아니하노니 가서 다시는 죄를
범치 말라 하시니라 (요 8:11)

주님의 눈에는 지금 간음하다 현장에서 잡힌 사실만 보이는 것이 아니
라 앞으로 회개하고 평생 주를 위해서 사는 아름다운 모습까지도 한 순간
에 보이십니다. 그러니 다른 사람들은 현재 이 사건만 가지고 이 여자를
죄인이라고 하겠지만 예수님이 보실 때는 전체적인 이 여자의 인생이 그
리 나쁘지 않습니다.

베드로도 마찬가지입니다. 그는 비자 앞에서조차 예수님을 모른다고 부
인했습니다. 그 순간만 본다면 베드로 역시 벼락이라도 맞고 죽어야 마땅
한 인생입니다. 인간적인 눈으로는 그것밖에 보이지 않으니 당연한 일입
니다. 하지만 하나님께서는 우리와 다르게 보십니다. 베드로 인생 전체를
한순간으로 딱 받아보니까 나중에는 하루에 3천명씩 5천명씩 회개시키며
삽니다. 하나님께는 하나님의 나라를 위해 순교하는 아름다운 모습까지도
한순간에 올라오는 것입니다. 그러니 하나님은 베드로에게 은혜를 베풀어
주십니다.

실패하는 인생들을 보면 그들만의 공통점이 있습니다. 사실 최후의 만
찬 자리에 있는 가룟 유다는 잠시 후에 죄를 지을 예정이기는 하지만 그때
까지는 아직 죄를 짓기 전의 상황입니다. 그런데도 예수님께서는 유다를
향해 뭐라고 말씀하십니까? "너는 이 땅에 차라리 태어나지 아니하면 더
좋을 뻔했다"고 하십니다. 예수님이 어떤 분입니까? 간음하다 현장에서
붙잡힌 그 여인까지 용서해주신 분이 바로 예수님이십니다. 그런데 아직
지은 죄도 아닌 것을 가지고 왜 이렇게 말씀하셨겠습니까? 유다의 평생을
한순간에 받아보니까 결국은 자살해서 지옥에 가는 인생인 것을 보셨기

때문입니다.

어떤 사람들은 각각 따로 놓고 보면 참 좋은데 도무지 한 교회는 섬길 수 없는 관계를 가진 사람들이 있습니다. 얼마나 심한지 한 사람을 잡으면 저 사람이 나가겠다고 하고, 또 저 사람을 잡으면 이 사람이 나가겠다고 합니다. 그런데 이렇게 나타나는 현상은 크지만 그 원인을 소급해서 올라가보면 참 별것도 아닙니다. 문제는 이 두 사람의 속이 좁다는 사실입니다. 한 사람은 이렇게 말합니다. "저 사람, 학교 다닐 때 얼마나 웃겼는지 아세요?" 웃기면 좀 어떻습니까? 지금 잘하면 되는 것 아닙니까? 하나님은 아무런 평가도 하지 않으시는데 왜 서로들 이러는지 모르겠습니다. 물론 쉬운 일은 아닙니다. 하지만 우리가 지금 가지고 있는 사람을 보는 관점을 버립시다. 그리고 하나님의 관점을 가지도록 노력하자는 말입니다. 하나님은 아무 말씀도 하시지 않는데 왜 우리가 이러쿵저러쿵 말이 많습니까? 하나님은 모두 뭉뚱그려 한순간으로 보시는데 여러분들은 왜 현재만 놓고 쉽게 평가하십니까?

다윗은 분명 간음을 저질렀으니 그 사실 하나만 놓고 본다면 죽어 마땅합니다. 하지만 하나님께서 그의 평생을 한순간으로 보시니까 괜찮더라는 말입니다. 그래서 다윗은 은혜를 받습니다. 어느 누구도 완벽하게 살 수 없습니다. 잘못한 것을 하나하나 열거하자면 그 어느 누구도 살 자격이 없습니다. 여러분 역시 온전한 인생을 산 것은 아닙니다. 그런데 왜 감히 다른 사람을 놓고 뭐라고 한단 말입니까?

여러분은 지금 하나님의 은혜를 받으면서 살고 있습니다. 그렇다면 미래까지 한꺼번에 보시는 하나님이 보실 때 여러분의 인생이 괜찮더라는 말입니다. 그 확신과 든든함이 오늘 여러분에게 임하시길 바랍니다. '나의 지난 과거도 잘못 살았고 오늘의 현재도 문제가 있지만 그래도 여전히 하나님께서 나를 사랑해주시고 은혜 주신 것을 보니까 내 인생을 모두 뭉뚱그리면 나도 괜찮은 인생인가 보다' 이렇게 생각합시다. 물론 내 인생의 정확한 평가는 하나님 앞에 가봐야 알 수 있지만 믿음으로 미리 당겨 살아가자는 말입니다. '내 인생도 뭉뚱그리면 괜찮다' 라는 자부심으로 사시길 바랍니다. 내 인생도 한순간으로 몰아넣으면 괜찮다는 말입니다. '내가 은혜 받고 회개한 후 살게 되는 이후의 삶은 하나님이 보시기에 괜찮아 보이시는구나' 하는 자부심을 가지고 사십시오.

그렇습니다. 사울과 다윗은 동일하게 잘못을 저지르지만 그 잘못을 지적받았을 때의 반응이 판이하게 다릅니다.

법궤를 소중히 여기는 다윗

다윗이 잘한 것 가운데 하나가 법궤를 아주 소중히 여겼다는 겁니다. 제단을 잘 쌓았으니 어쩌면 법궤를 소중하게 여기는 것이 당연합니다. 다윗은 법궤를 모시고 옵니다. 법궤를 모셔 오다가 소가 움찔거리는 바람에 법궤가 떨어지려고 합니다. 그것을 잡으려던 웃사는 그 자리에서 즉사하고 맙니다. 거기에서 다윗이 놀랍니다. 다윗은 법궤를 가지고 오벳에돔 집으로 들어갑니다. 법궤가 거기에서 석 달을 머물게 되는데 이때 하나님께서 엄청난 복을 주십니다.

그리고는 다시 법궤를 모셔옵니다. 다윗의 마음속에는 하나님과 하나님의 법궤와 하나님이 계시는 전을 사모하는 간절하고 뜨거운 마음이 있었습니다. 때문에 다윗은 그 누구보다도 성전을 훌륭하게 지으려는 간절한 마음이 있었습니다. 다윗은 누구도 하지 못한 말을 남깁니다.

주의 궁정에서 한 날이 다른 곳에서 천 날보다 나은즉 악인의 장막에
거함보다 내 하나님 문지기로 있는 것이 좋사오니 (시 84:10)

이처럼 다윗은 하나님의 성전을, 하나님을 사랑했습니다.

여러분, 인생의 가치가 어디에서 나오는지 아십니까? 그의 외모가 잘생겼는가, 그의 인품이 훌륭한가 뭐 이런 데서 나오는 것이 아닙니다. 진정한 인생의 가치는 얼마나 그 사람이 하나님을 사랑하는가에 좌우됩니다. 이 비밀을 깨달은 사람이 바로 다윗입니다. 오늘 본문을 보면 아브라함과 다윗 이 두 사람이 등장합니다. 이 둘의 특징이 뭔지 아십니까? 아브라함은 하나님을 최우선순위로 사랑한 사람입니다. 물론 하나님을 사랑한 사람은 성경에도 많이 있습니다. 자신의 생명을 다 바쳐서 하나님을 사랑하는 사람도 많습니다. 하지만 아브라함은 다른 사람과는 그 정도가 다릅니다. 그는 자기 생명보다 10배나 더 귀중한 아들보다도 하나님을 더 사랑합니다. 물론 여느 집의 자식일지라도 다 귀하고 소중합니다. 하지만 아브라함에게 있어 이삭은 정말 특별한 자식입니다. 100세에 낳은 독자, 정말 두 번 다시 낳을 수 없을 것 같은 자식입니다. 자기 목숨 정도와는 비교도 할 수 없을 만큼 소중한 자식이 이삭입니다. 그런데 이런 자식도 바칠 수 있을 정도로 아브라함은 하나님을 사랑합니다. 아브라함이야말로 인간이 하나님을 향해서 할 수 있는 최고 극치의 사랑을 한 것이 아닌가 하는 생각을 합니다. 이런 믿음과 사랑을 보시고 하나님은 믿음의 조상으로 인정을 받습니다.

그렇다면 다윗은 어떻게 하나님을 사랑합니까? 평생 동안 모은 것으로

하나님의 성전을 짓습니다. 다윗에게 있어서는 자식을 드린다는 것은 별 의미가 없습니다. 원체 많아서 자식을 바치는 것으로는 하나님을 사랑한 다는 표현이 되지 않습니다. 사랑이 무엇입니까? 자신의 가장 귀한 것을 줘도 아깝지 않은 것이 사랑 아닙니까? 하나님은 우리에게 가장 소중한 것을 요구하십니다.

만일 하나님께서 아브라함에게 돈을 요구하셨다면 그것은 아브라함에 게 있어 아주 간단한 일입니다. 하지만 하나님은 아브라함에게 돈을 요구하시지 않고 돈보다 더 소중한 독자를 요구하십니다. 다윗에게는 자식을 요구하시지 않으십니다. 하도 자식이 많아 어느 놈이 어느 놈인지 모를 다윗에게 있어 자식은 별 의미가 없습니다. 그러니까 다윗은 자신의 전 재산을 담아서 드립니다.

다윗이 드렸던 마지막 아름다운 모습들을 보시겠습니다.

> 내가 환난 중에 여호와의 전을 위하여 금 십만 달란트와 은 일백만 달란트와 놋과 철을 그 중수를 셀 수 없을 만큼 심히 많이 예비하였고 또 재목과 돌을 예비하였으나 너는 더할 것이며 (대상 22:14)

금이 십만 달란트라고 합니다. 예수님이 달란트 비유를 하실 때 일꾼들에게 얼마씩을 맡깁니까? 한 달란트, 두 달란트, 다섯 달란트를 맡깁니다. 그런데 다윗이 성전 건축하느라 든 돈이 얼마인지 아십니까? 금만 따져도 십만 달란트입니다.

> 내가 환난 중에 여호와의 전을 위하여 금 십만 달란트와 은 일백만 달란트와 놋과 철을 그 중수를 셀 수 없을 만큼 심히 많이 예비하였고 또 재목과 돌을 예비하였으나 너는 더할 것이며 또 공장이 네게 많이 있나

니 곧 석수와 목수와 온갖 일에 익숙한 모든 사람이니라 금과 은과 놋과 철이 무수하니 너는 일어나 일하라 여호와께서 너와 함께 계실찌로다 (대상 22:14-17)

이 돈의 액수가 얼마나 되는지 어떤 목사님이 한번 계산해 보았답니다. 놀라지 마십시오. 그랬더니 매일 천만원씩 이 천년을 드려도 못 드릴 액수라고 합니다. 성전 하나 짓기 위해 다윗은 이처럼 모든 것을 드립니다.

내가 이미 내 하나님의 전을 위하여 힘을 다하여 예비하였나니 곧 기구를 만들 금과 은과 놋과 철과 나무며 또 마노와 박을 보석과 꾸밀 보석과 채석과 다른 보석들과 화반석이 매우 많으며 성전을 위하여 예비한 이 모든 것 외에도 내 마음에 내 하나님의 전을 사모하므로 나의 사유의 금, 은으로 내 하나님의 전을 위하여 드렸노니 (대상 29:2, 3)

다윗은 하나님의 성전을 짓고자 공금과 사금을 가리지 않고 모든 진액을 다 빼서 드립니다. 그 것뿐만이 아닙니다. 9절을 보겠습니다.

백성이 자기의 즐거이 드림으로 기뻐하였으니 곧 저희가 성심으로 여호와께 즐거이 드림이며 다윗 왕도 기쁨을 이기지 못하여 하니라

그러니까 자기 재산만 드린 것이 아니라 백성까지 드립니다.

부와 귀가 주께로 말미암고 또 주는 만유의 주재가 되사 손에 권세와 능력이 있사오니 모든 자를 크게 하심과 강하게 하심이 주의 손에 있나이다 (12절)

이렇게 엄청난 것으로 성전을 지은 다윗인데도 그는 이렇게 고백합니다.

> 나와 나의 백성이 무엇이관대 이처럼 즐거운 마음으로 드릴 힘이 있
> 었나이까 모든 것이 주께로 말미암았사오니 우리가 주의 손에서 받은 것
> 으로 주께 드렸을 뿐이니이다 주 앞에서는 우리가 우리 열조와 다름이
> 없이 나그네와 우거한 자라 세상에 있는 날이 그림자 같아서 머무름이
> 없나이다 (14-15절)

우리는 여기에서 다윗의 물질관을 엿볼 수 있습니다. 다윗은 철저하게 모든 것이 하나님께로 와서 하나님께로 간다고 고백합니다. 정말 대단합니다. 그런데 우리는 어떻게 생각하면서 삽니까? 하나님이 주시면 그 순간부터 다 내 것이라고 생각합니다. 하지만 다윗은 그렇게 생각하지 않습니다. 지금은 내가 가지고 있지만 여전히 모두 하나님의 것이라고 생각합니다.

우리는 내 것을 드린다고 생각해 내 형편에서 조금만 분에 넘치는 헌금을 하려고 해도 마음이 짠합니다. 하지만 다윗은 그 근본이 다릅니다. 하나님의 것을 하나님께 드리는 것이기 때문에 기쁜 마음으로 드립니다. 이 것이 바로 다윗의 신앙의 질이고 수준입니다. 그러니 하나님은 다윗의 그런 모습을 보시고 "이는 내 마음에 합한 자로다"라고 하신 것입니다. 정말 다윗은 행동 하나 하나가 너무도 훌륭합니다.

역대상 29장 17절을 보겠습니다.

> 나의 하나님이여 주께서 마음을 감찰하시고 정직을 기뻐하시는 줄 내
> 가 아나이다 내가 정직한 마음으로 이 모든 것을 즐거이 드렸사오며 이
> 제 내가 또 여기 있는 주의 백성이 주께 즐거이 드리는 것을 보오니 심히
> 기쁘도소이다

다윗은 정직하게 드렸습니다. 뿐만 아니라 기쁨으로 드렸습니다. 여러

분은 이것을 아셔야 합니다. 출애굽기 25장을 보면 하나님은 즐거움으로 드리는 것을 받으신다고 기록되어 있습니다. 고린도후서 9장 7절도 보면 사도 바울이 이런 말을 했습니다.

> 각각 그 마음에 정한 대로 할 것이요 인색함으로나 억지로 하지 말찌니 하나님은 즐겨 내는 자를 사랑하시느니라

즐거운 마음으로 하라고 하십니다.

그러니까 우리는 즐겁게 신앙생활을 해야 합니다. 뭐든지 즐거움으로 해야 합니다. 그런데 가만히 생각해 보십시오. 즐거우면 내가 좋습니까, 아니면 하나님이 좋습니까? 내가 좋은 것입니다. 짠한 마음으로 헌금하면 누가 나쁩니까? 내가 나쁜 것입니다. 그것 보십시오. 하나님은 어떻게든지 우리를 좋게 하시려고 하는 분입니다.

"아이고 목사님, 다 가져다 내는데 뭐가 좋아요?" 그렇다면 하나님은 우리에게 독생자를 주셨는데 뭐가 좋겠습니까? 그것이 바로 사랑의 차이입니다. 그것이 바로 성숙의 차이입니다. 그것이 바로 믿음의 차이입니다.

말년은 물론 다음 세대까지 복을 잇는 다윗

다윗이 모든 것을 드렸을 때 그가 망했습니까? 그렇게 해서 다윗이 손해를 봤습니까? 보십시오. 다윗은 세상에서 그 누구도 듣지 못한 말을 듣습니다. 역대상 29장 28절입니다.

> 저가 나이 많아 늙도록 부하고 존귀하다가 죽으매 그 아들 솔로몬이 대신하여 왕이 되니라

인생을 이렇게 끝내는 사람이 어디 흔합니까? 늙도록 부하고 존귀하였다고 합니다. 젊었을 때는 모든 사람들이 다 빤짝빤짝 합니다. 그런데 늙어 말년은 그렇지 못한 경우가 얼마나 많은지 모릅니다. 젊었을 때는 부자로 괜찮게 살지만 말년이 될수록 초라한 사람들이 얼마나 많은지 모릅니다. 물질도, 권력도 마찬가지입니다.

그럼 여러분은 젊었을 때 잘 나가다가 말년이 비참한 것이 낫습니까, 젊었을 때는 힘들지라도 말년이 윤택한 것이 낫습니까? 누구나 다 말년이 좋기를 바랍니다. 하기야 젊어서도 윤택하고 말년도 윤택하면 더욱 좋을 것입니다. 정말 안타까운 인생은 젊어도 힘들게 살고 말년도 힘들게 사는 사람들입니다. 다시 말해서 젊어서도 시원치 않고 늙어서도 마찬가지입니다.

여러분은 어떤 삶을 원하십니까? 그렇게 여러분이 원하시는 대로 살다 간 사람이 있으니 바로 다윗입니다. 다윗은 삶도 너무 아름답고 죽음도 너무너무 아름답습니다. 정말 다윗이 위대한 것은 죽는 그 순간까지 아름다웠다는 사실입니다. 그런데 살면서 보면 믿음의 사람들 중에서도 의외로 말년이 좋지 않은 사람이 더러 있습니다. 변질되었기 때문에 그렇습니다. 어떤 사람은 젊었을 때는 욕심 없이 정결하게 살다가 늙어서 노욕을 부립니다.

저나 여러분이나 젊어서도 아름답게 살고 늙어서도 아름답게 사시길 간절히 바랍니다. 사는 것도 주를 위해서 아름답게 살고 인생의 마무리도 정말 주를 위해서 아름답게 마무리지을 수 있다면 얼마나 좋겠습니까? 사울 왕을 보면 시작은 괜찮았습니다. 그런데 말년은 자살해서 죽는 비참함으로 끝이 납니다.

다윗의 인생에서 있어 더 중요한 것이 있습니다. 다윗이 인생의 말년을 아름답게 마무리지었다고 하는 사실보다 더 중요한 것이 있습니다. 뭔지 아십니까? 그 다음에 나온 이야기입니다. "솔로몬이 왕권을 이어가니라." 무슨 말입니까? 다윗의 축복을, 기름부음을 솔로몬이 이어갔다는 말입니다.

그럼 한번 사울을 생각해 봅시다. 사울 왕에게 있어 다음 왕권은 당연히 누가 이어갔어야 합니까? 요나단입니다. 마땅히 요나단이 왕이 되었어야 합니다. 부모의 마음은 그렇습니다. 어느 순간이 되면 자신이 잘되는 것보다 자식이 잘되는 것이 더 기쁩니다. 사울도 마찬가지였을 것입니다. 자기가 왕이 되는 것보다 요나단이 왕이 되는 것이 더 기뻤을 겁니다. 그런 부모의 마음을 누가 아십니까? 하나님이 아십니다. 그렇기 때문에 하나님의 축복 가운데 백미가 바로 자식이 잘되는 것입니다. 이 사실을 하나님이 더 잘 아신다 이 말입니다. 젊었을 때는 아무래도 내가 잘되는 것이 삶의 중심입니다. 하지만 어느 순간에 이르면 자식이 잘되는 것이 더 좋습니다.

우리는 경쟁 사회에서 삽니다. 보면 나 이외의 모든 사람이 다 경쟁자가 됩니다. 때론 선한 경쟁자가 되고 또 때론 악한 경쟁자가 됩니다. 어찌 되었든 상대방은 나와 싸워서 이겨야 할 대상이 됩니다. 그런데 신기하게도 한없이 져주고 싶은 대상이 딱 하나 있습니다. 바로 자식입니다. 그래서 부모에게 있어 자식은 참 희한한 존재입니다.

장동건이 저보다 잘생겼다고 하면 사실인데도 기분이 별로입니다. 장동건도 잘생겼지만 목사님도 잘생겼어요. 뭐 이런 것이 좋습니다. 뭐 꼭 그렇다는 것이 아니라 말을 하자면 그렇게 된다 이 말입니다. "목사님 동생이 목사님보다 훨씬 나아요." 그럼 저는 '아마도 안경 쓸 때가 되었나보다' 이렇게 생각할 겁니다. 사실 제가 그렇다는 말이 아니라 말을 만들자면 그렇다는 말입니다. 그런데 제게 누가 와서 "목사님, 어떻게 그렇게 아드님이 잘나셨어요" 이러면 '사람 볼 줄 아네' 싶습니다. 왜 그럴까요? 자식은 영원히 져주고 싶은 놈이기 때문입니다.

모든 어머니의 마음도 이럴 것입니다. 아무리 시집간 딸일지라도 그 딸이 아이 낳느라 고생하는 것을 보면 차라리 내가 낳을 수만 있으면 다 내가 낳고 싶은 심정 말입니다. 얼마나 힘든지 알기 때문에 자식이 그런 고통을 당하는 것이 너무 가슴 아픈 나머지 그런 생각까지 듭니다. 설령 자라면서 아무리 심한 마음고생을 시킨 녀석일지라도 그 순간은 지난 과거는 온 데 간 데 없이 '내가 낳을 수만 있으면 내가 낳겠다' 싶습니다. 진통이 와서 소리라도 질러댄다면 '내가 낳을 수만 있으면 내가 낳겠다' 싶은 생각이 더욱 간절한 것이 바로 어머니의 마음입니다.

하나님은 이런 부모의 마음을 너무도 잘 아셨습니다. 다시 말해서 하나님은 아버지 된 다윗의 심정까지 헤아리시고는 그 마음의 소원을 이루어주십니다. 하지만 사울은 못되니까 이것도 되지 않습니다. 당연히 왕이 되어야 할 요나단을 제하고 다윗을 왕으로 세우십니다. 하지만 다윗에게는 그의 아들 솔로몬이 왕위를 잇게 하십니다. 많은 사람들이 이것을 간과하지만 사실은 참으로 중요한 진리가 이 안에 들어있습니다.

다윗이 가진 마지막 소원이 하나 있다면 그것이 뭐겠습니까? 그저 내 자식들이 잘되는 것 아닙니까? 그것까지도 하나님이 책임져주십니다. 그저 다윗이 하나님의 마음에 합한 자라는 사실만 알았는데 일단 이렇게 마음이 합하게 되니까 부수적인 은혜와 축복과 능력은 물론 왕권의 계승까지 주십니다. 다윗은 이런 모든 것까지 겸해 주시는 복을 받습니다.

저는 여러분에게 간절히 바라는 바가 하나 있습니다. 다윗처럼 하나님의 마음에 합한 자가 되시길 바랍니다. 더불어 다윗처럼 그런 복을 계승해 나가는 여러분들이 되시길 주님의 이름으로 부탁합니다. 하나님의 마음에 합한 마음을 가진 그 다윗의 마음이, 곧 여러분의 마음이 되시고 또 그가 마지막까지 누리는 영광이 곧 여러분의 영광이 되시길 바랍니다.